普通高等学校武术与民族传统体育专业教材

武术散打教程

国家体育总局科教司 组编

马学智 主编

中国教育出版传媒集团

高等教育出版社·北京

内容简介

　　本书为国家体育总局科教司组织编写的运动员文化教育统编教材，也是普通高等学校武术与民族传统体育专业教材之一。本教材突出中华武术精神和中华武德的价值引领作用，构建了教学、训练、竞赛的内容体系，突出理论与实践相结合。本书共八章，包括武术散打概论，武术散打技术，武术散打战术，武术散打教学，武术散打训练，武术散打竞赛组织编排、规则与裁判法，武术散打运动损伤，武术散打科学研究等内容。

　　本教材为新形态教材，根据普通高等学校武术与民族传统体育专业学生的学习需求编写，其可作为武术与民族传统体育专业武术散打专项的课程教材，也可作为武术散打教学与训练的参考用书。

编写组成员

主　编：马学智

副主编：张雷　周小青　张成明　耿宝军

编委会成员：

马学智	教授	北京体育大学
毛浓选	教授	西安体育学院
叶　伟	教授	首都体育学院
曲润杰	教授	沈阳体育学院
李印东	教授	北京体育大学
周小青	教授	北京体育大学
周　武	教授	杭州师范大学
杨祥全	教授	天津体育学院
耿宝军	教授	山西工程技术学院
梁亚东	教授	武汉体育学院
陈　超	国家级教练	北京体育大学
张成明	副教授	北京体育大学
李俊峰	副教授	北京体育大学
胡平清	副教授	北京体育大学
李　杰	副教授	北京体育大学
次春雷	副教授	吉林体育学院
许金锋	副教授	中国公安大学
木志友	副教授	北京警察学院

许　文　副教授　　　　　北京联合大学

廖建媚　副教授　　　　　厦门理工学院

黄　鹂　讲师　　　　　　湖南工学院

翟寿涛　国家级教练　　　国家武术散打队

侯建强　主治医师　　　　国家武术散打队

张　雷　武术搏击部主任　国家体育总局武术运动管
　　　　　　　　　　　　理中心

匡　芬　武术套路部副主任　国家体育总局武术运动管
　　　　　　　　　　　　理中心

前　言

　　新时代，新征程。近年来，党和国家对我国学校体育工作提出了更高的要求，体育学科建设工作也随之开启了新局面，迈向了新征程。2020年10月15日，中共中央办公厅、国务院办公厅印发了《关于全面加强和改进新时代学校体育工作的意见》（以下简称《意见》），明确指出要"加强体育课程和教材体系建设"，同时指出要"认真梳理武术等传统体育项目，融入学校体育教学、训练、竞赛体系"。武术散打是从中华武术宝库中汲取营养形成的现代体育运动，是中华优秀传统文化"创造性转化、创新性发展"的代表作。《意见》的印发明确了新时代武术散打人才的培养目标，为本教材的编写指明了方向。

　　本教材是国家体育总局科教司组织的"高等学校体育专业教材与在线学习平台建设项目"的项目之一，是武术与民族传统体育专业散打专项教材。它既可作为武术散打教学、训练用书，亦可为广大爱好者提供科学锻炼指导。

　　在编写过程中，本教材编写组采访了20余位经历散打运动从试点到壮大的亲历者，考证、梳理了武术散打运动40多年的发展历史；总结、分析了10余版武术散打教材；征求了国内外多位优秀武术散打教练员和运动员，研究武术散打、体育教学、运动训练等方面的专家学者的建议；并经国内相关领域专家审稿，经过多轮次的论证、修改，终成定稿。此版《武术散打教程》有以下几个特点：

　　1. 突出思想性

　　为贯彻落实党的二十大精神，本教材以落实立德树人根本任务为总遵循，突出中华武术精神和中华武德对学生的价值引领作用，注重将"知识传授、能力培养、价值塑造"三者有机融合，主动融入三全育人理念，力求做到育才与育人相结合，突出了教材的思想性。

　　2. 突出主体性

　　本教材的主要受众群体是普通高校武术与民族传统体育专业散打专项学生和散

打运动员，教材编写以生为本，从学生已有的知识水平和未来升学就业需要出发，学习目标明确、学习任务全面、学习难度层次递进，注重引导学生主动学习，突出学生的主体性。

3. 突出实用性

根据武术与民族传统体育专业的培养目标，武术散打专项学生应当具备本专项教学、训练、科研、管理等多种能力。因此，在编写过程中注重学以致用，发展实践能力，突出可操作性，教材内容和形式遵循符合学生的认知规律和学习兴趣，突出教材的实用性。

4. 突出创新性

本教材的编写突破了传统教材的知识模式，把武术散打置于"根系中华武术，着眼国际搏击"的广阔视野之中，突出中华民族传统体育的创新生产，符合格斗搏击项目的国际化、职业化、竞技化等特点。教材在内容结构、知识体系、学习形式等方面有所创新，增添了案例、视频和图片，实现了教与学的互动，突出了教材的创新性。

本教材由北京体育大学中国武术学院马学智教授主编。全书共分为八章，大致分工如下：第一章：马学智、耿宝军、李俊峰、杨祥全；第二章：张成明、周小青、木志友、许金锋；第三章：李杰、翟寿涛、黄鹂；第四章：胡平清、李俊峰、梁亚东、次春雷；第五章：李杰、张雷、毛浓选、张成明；第六章：周小青、曲润杰、李印东、匡芬；第七章：胡平清、侯建强、叶伟；第八章：耿宝军、周武、廖建媚、许文；全书由马学智统稿。

本教材的编写得到了国家体育总局武术运动管理中心、北京体育大学、国家武术散打队、武汉体育学院、西安体育学院、沈阳体育学院、天津体育学院、吉林体育学院、首都体育学院、山西工程技术学院、杭州师范大学等单位的专家、学者及有关人员的大力支持。另外，在编写过程中引用了诸多专家学者的研究成果，在此表示衷心的感谢。

特别鸣谢：张山、王玉龙、杨战旗、朱瑞琪、杨玉峰、刘玉福、章王楠等武术散打发展亲历者提供的翔实史料。

本教材尚存不当之处，敬请各位读者批评指正。

《武术散打教程》编写组
2023 年 3 月于北京

目　录

第一章
武术散打概论

本章导读

　　武术散打是以踢、打、摔为技法，以双方格斗为形式的现代竞技体育项目，是中华武术徒手搏击的组成部分。武术徒手格斗的名称在历史演变过程中，称谓不同，古称角觝、手搏、相搏、相散手、白打、打擂台等，现称散打，是中华武术文化与现代体育文化相融合而生，具有显著的对抗性、民族性、体育性、观赏性和崇德性等特点。随着散打运动在国内外的发展，它体现出防身自卫、健康身心、文化武育、产业经济等功能价值。新时代武术散打运动应面向大众、面向国际、面向未来，切实做好国际化、竞技化、现代化、大众化、科学化，在中西方文明互鉴中践行文化自信，在服务国家战略和社会需求中肩负起应有的历史使命。

学习目标

1. 了解武术徒手格斗的历史渊源、演变及沿革。
2. 掌握当代武术散打不同发展阶段的主要特征及任务。
3. 了解散手和散打概念之间的关系。
4. 把握武术散打的特点和功能。
5. 明确新时代武术散打发展的历史使命与担当。

第一节　武术散打的起源与发展

中华武术历史悠久、内容丰富，在不同的时代，武术的名称、内容、功能以及形式不尽相同，且随着时代变迁不断变化。武术的起源可追溯到原始社会的人类为了生存而进行的防身自卫、捕食劳动等实践活动。当时"人民少而禽兽众"，生产力低下，在"与兽斗"的过程中不断创生了徒手和使用石器、木器等工具进行搏斗的经验，这些经验的总结和积累就形成了最初的武术形式。随着人类社会的进一步发展和文明程度的不断提高，武术开始逐渐摆脱生产劳动，其防身自卫的技击元素不断融入战争、巫术、祭祀、竞技、娱乐、教育、宗教等实践活动之中，从而衍生出"角抵""相搏""相散手""武舞""套子"等不同形式的武术。

古代金属冶炼技术的发展，使武术器械的暴力属性更加凸显，历代统治者均忌惮其潜在的政治风险，因而出现了秦代"收天下兵"，元代"习用角抵之戏，学攻刺之术者，师弟子并杖七十七"等禁武政策。虽然禁武政策在中国古代高压且持久，但人类"尚武""尚力"的自然性不会因此而消亡，甚至出现了触底反弹、愈禁愈劲的现象，使徒手武术活动在民间广为流传，表现形式更加多样、技术水平愈发高超，尤以明代以来逐渐形成的武术拳种为盛。武术的本质是技击，技击是武术从古至今发展的主线，对技击的不同认识在实践中形成了不同的技击方向，也就形成了风格迥异的拳种，而套路、散打均为武术拳种的练习手段和比试的方法，具备防身、健身、娱乐的功能。明清之际，武术拳种流派体系形成，主要有套路、散打、功法三种运动形式。散打主要是拆招、喂招等对抗形式进行比试。武术拳种是地域性的技击文化，目前经过挖掘整理，符合"源流有序、拳理明晰、风格独特、自成体系"特点的拳种共131种。

随着社会的发展、变迁和进步，散打的本质属性也随之变化。到了现代，散打从武术拳种中汲取了技法，按照现代人体运动科学进行了改造，以现代体育竞赛的要求赋以标准、系统的规则，最终形成一项现代体育运动项目。目前，散打运动已经走过了40多年的发展历程，人们在不断认识实践、再认识、再实践中已形成新的概念，并反映了散打项目的本质，即：散打是以踢、打、摔为技法，以双方格斗为形式的现代竞技体育项目，是中华武术徒手搏击的组成部分。虽然当代的武术散打与古代的"手搏""散手"相比样貌已大有不同，但均属同一武术谱系，是同一文化基因的传承和延展。

一、古代武术徒手格斗的演变

古代的徒手格斗最早记载为"搏",从字源上讲,"搏"的字义与"捕"字相通,是"捕"的引申字。"搏"字最早出现在先秦古籍中的狩猎生产活动,如"田猎搏兽也",从中可以看出早期的搏斗主要是"与兽斗"。随着人类历史的进展,私有制成为主要的社会制度,部落战争开始频繁出现。在工具匮乏的年代,始于狩猎活动的徒手搏斗逐渐摆脱其生产属性,"与兽斗"不断向"与人斗"发展,搏斗经验的总结使其成为一种专门的技术,并且得到不断的丰富。

早在周代就有了徒手搏斗活动的记述,《礼记》载:"孟冬之月,天子乃命将帅讲武,习射御角力。"这里的"角力"是一种军事训练经常使用的徒手搏斗形式。春秋战国时代的古籍中明确出现人与人搏斗的记载,如《谷梁传·僖公元年》载:"(鲁)公子友谓莒曰:'吾二人不相悦,士卒何罪?'屏左右相搏。"《左传·僖公二十八年》载:"晋侯梦与楚子搏。""搏,手搏也。"这些记载说明"搏"已经脱离了"捕"的基本意蕴,逐渐演变为一种代表徒手格斗技术的专门术语。由"捕"至"搏"的字形字义演变也证明了古人将捕猎经验上升到手搏技术的过程。《释名》曰:"搏,四指广(搏)亦以击之也","然且始举手击要,终在扑也",这些记载表明了当时的手搏技术已经发展到了较高的技击水平,技术内容包括打和摔,技法上也体现了击其要害,使其倒地的高超技击艺术。除了技术,在《荀子·议兵营》和《资治通鉴》中还记载了战术的应用:"用手臂捍头目而覆脑腹也""沂而袭之与先掠而后击之",从中可以看出徒手相搏已有指上打下、声东击西的佯攻战术的运用。

秦汉、三国时期处于封建国家统治的上升时期,"手搏、角抵"在当时极为盛行。秦朝的角抵,只限于摔法,以角力为主,更多地用于娱乐和表演。1975年在湖北江陵县凤凰山出土的秦墓中发现一木篦,弧形背面有彩绘的"角抵"比赛场面,上有三个男子着短裤,腰间束带,足穿翘斗鞋,右边两人在进行"角抵"比赛,左边一人双手前伸,作裁判状,台上挂有帷幕飘带表示比赛在台上进行。

汉代的徒手格斗也称为"卞""弁""白打"。《汉书·哀帝纪赞》载:"哀帝……雅性不好声色,时览卞射武戏。"《汉书·甘延寿传》载:"试弁,为期门,以材力爱幸。"从这些汉代文献中可发现,"卞"或"弁"的含义与"手搏"相通。

《说文解字》中"卞"的本字是"拚"，由于同音，古籍中常借用为"卞""弁"。"拚""拊手也"，因此，清代文字训诂学家段玉裁认为"拚"是由"拊手"引申为"两手相搏也"，即"手搏"，所以"卞""弁"实为"手搏"的异称。《汉书·艺文志》"兵技巧"中收录了《手搏》六篇，可说明古代的徒手格斗不仅在技术上已有相当水平的发展，而且在理论上已有专门的论述。《居延汉简甲编》第1304号简有六个字，释文为："相错畜，相散手"。我国著名古文字学家、考古学家陈邦怀先生认为这支汉简正是《汉书·艺文志》中《手搏》一书的轶文，其意思是："相错畜，言二人之手交错相聚畜，其意即搏也；相散手，言由搏手而散手。"在这里，"散手"的作用正是"习手足""以立攻守之胜者也"的兵家之"技巧"。

两晋南北朝后期，徒手格斗对抗的形式虽然得到广大人民的喜爱，但统治阶级则把这种形式当作追求刺激和消遣玩赏的内容。拳搏与角抵活动在此时也有较多的开展。

隋唐五代，徒手对抗的手搏、角抵倍受重视。当时开展的格斗活动类似的名称还有角力、相搏及相扑等。这一时期的角抵复苏兴盛，上至宫廷，下至民间，开展普遍。有的君主不仅喜好角抵戏成癖，还亲自参加角抵比赛活动。民间角抵比试经常在正月十五及七月中元节进行。隋唐五代的手搏、角抵的比赛有了基本规则：不按体重分级；主要用踢、打、摔的技法；活动场地多在方形台上进行；没有护具，比赛时多赤身短裤；犯规处罚不明显；获胜者给予重奖。

宋代的相扑活动极为兴盛，当时的相扑也叫"角抵""争交"，其服装沿袭汉唐以来的旧制。比赛双方上身完全赤裸，下身光腿赤足，仅在腰胯束短裤，头上一般是留髻不带冠，也有时足下穿靴式鞋。宋代相扑活动主要有两类，一类平常在瓦舍等平民游艺场所表演；另一类是作为正式比赛，有所谓打擂台的性质。比武时，可以"拽直拳""使横拳""使脚剪"，但不准"揪住短儿""拽起胯儿"。说明在宋代冲拳、掼拳已是散手中的主要拳法，并使用了地趟摔法。比赛优胜者的奖品有旗、帐、银杯、彩缎、锦袄、马匹等。吴自牧《梦粱录》记载："若论护国寺南高峰露台争交，须择诸道州郡膂力高强，天下无对者，方可夺其赏。"这种露台争交类似后来的打擂台，是中国古老的武术竞赛形式。宋代的相扑比赛是不分体重等级的，以巧智、勇力决胜负，注重方法和技巧。宋代调露子《角力记·述旨川》记载："夫角力者，宣勇气、量巧智也。然以决胜负，骋趫捷，使观之者远怯懦、成壮夫。已勇快也。使之能斗敌，至敢死者人之教勇，无勇不至。"宋代的相扑比赛已有正

第一章
武术散打概论

式的规则，称为"社条"。社条中最重要的原则是保证双方公平的竞争，不准施行不正当的手段。在比赛中执行规则的裁判叫部署。可见宋代的相扑已形成较为完备的体系，这种以打擂出现的比武形式，已经形成。

元代，虽然统治阶级禁武，但徒手的搏斗与角抵仍是当时流行的武艺节目。其技术特点并不完全是摔跤，有时还夹杂拳击、擒拿的动作。

明清之际是中国武术大发展的时期，其间对古代武术的记载、解释有很高的可信程度。明万历年间，谢肇淛撰《五杂俎》，其中列举的十八般武艺中前十七种均为兵器名称，而第十八种为"白打"，意即不使兵器，也就是指徒手搏斗的技艺。明代朱国桢的《涌幢小品》云："白打即手搏之戏。"清代周亮工的《闽小记》也记载了："白打，即为之手搏，名短打者也。昔日白手不持寸铁为白战，武艺十八，终以白打为终。"明代徒手对抗性的比武，如手搏、摔跤等有了极大发展。"由于徒手相搏相角的运动形式在台子上进行"，故又称"打擂"①。这种设擂比试的方式为武术散打的搭台比武奠定了场地基础。袁宏道著《嵩游记》："晓起出门，童自分棚立乞观手搏，主者曰：山中故事，试之多绝技"，正规的比武叫打擂台。擂台叫作"献台"，裁判叫"布署"，比赛有一定规则，"不许暗算"，先败下台者认输。比赛时，"当思搏法，此临地着也，敌强宜用抽御，敌均宜用裆抄，敌弱宜用冲燥"，反映了比赛中攻守进退的战术多样化，从形式上看，更接近竞技体育的要求。清代，"打擂"在民间也广为流传，诸如过春节，或其他节日集会，擂主在公开场合搭上擂台，迎战攻擂者。这种比赛不用事先报名，来自各地的拳师只要对方同意就可以上台比试。

传统拳种成熟后，"散手"的这一基本意蕴被传统拳种吸收而成为练功手段和练功的一个阶段。"打练合一"的传统拳种为达到防身、修身、健身的目的有一整套完整的修炼程序。这一程序有不同的表达方式，如八极拳概括为"八桩—八式—八母—连环—进手—散手"，太极拳概括为"着熟—懂劲—神明"，形意拳概括为"炼精化炁—炼炁化神—炼神还虚"。传统拳种的这套修炼程序主要通过功法、套路和散手来完成。其中功法主要用来调养身体、锻炼专项素质，套路则以技击动作为主要素材构成，既能表演，又是记忆、演练的基本攻防技术；散手则是把本门套路

---

① 《中国武术散手》编写组. 中国散手［M］北京：人民体育出版社，2001：1.

中的动作拆成单式，在师徒以及师兄弟之间进行"拆招""喂招"乃至直接的两人对抗，以锻炼习武者的自卫能力。

传统拳种中的散手具有以下几个特点：单式训练多是本门中的经典动作、实用动作；多在本门中进行；目的是熟练本门动作，掌握自卫能力；讲究以巧取胜，不分级别，不分男女。正因为此，传统武术各门派中大都有散手阶段的练习，如太极散手、八卦散手、形意散手、螳螂散手等。

角抵、手搏、相搏、相散手、白打等古代徒手格斗形式为以后散打运动的开展奠定了基础。此阶段可视为武术散打运动的自身积累期，中国自生自长的徒手格斗为以后武术散打运动的开展积累了技法、规则等方面的素材。

二、近代武术徒手格斗的沿革

近代以来，冷兵器的军事使命被终结，1901年"武举制"正式废止，用于战场征杀的"武术"被迫退出了战争舞台。辛亥革命之后，觉醒的中国人民认为中国近代之衰败，不仅在于"器不如人"，更在于"体不如人"，尚武尚力的思潮得以回归，如孙中山提出"强国强种""尚武精神"等口号，毛泽东（1917年）提出"文明其精神，野蛮其体魄"。伴随着西学东渐的思潮，现代体育思想也逐渐传入我国，一大批有识之士展开了对现代科学技术（包括体育思想）的学习、吸收、实践，武术的发展也受其影响，主要表现在以下两个方面：

（一）武术（体育）组织的兴起

民国时期，在一些大中城市兴起了以"提倡武术"与"研究体育"为宗旨的民间组织，如上海精武体育会、北京体育研究社、天津进德武术研究会、沪江体育学校、天津中华武士会等。这些民间组织兴办专业研究刊物、招揽民间拳师任教、办学传授武术及体育、培养武术人才，产生了很大影响。以精武体育会为例，1909年，霍元甲以中外融合的出发点将"精武"与"体操"合在一起创办"精武体操学校"。1916年，为了适应进一步发展的需要，"精武体操学校"更名为"精武体育会"，以"提倡武术，研究体育，铸造强毅之国民为主旨"[1]，不但开设各类武术课程，而且还开设足球、网球、篮球、铁饼、射击等现代体育课程，达到了中西会通、全面发展的教学效果。

（二）武术竞赛活动的开展

在近代文化体育思想影响下，武术开始向现代体育运动方向发展，逐渐规范化、科学化，举办了武术单项运动会、国术国考，并进入中华民国全国运动会。在这样的背景下，徒手搏击对抗项目（散手）开始了体育化改造的尝试。

1923年4月，在上海西门公共体育场举行的"中华全国武术运动会"是中国体育史上的第一次武术单项运动会。本次武术大会主要以表演为主，内容有拳术、器械的套路单练和对练及体现攻防技击的摔角，采用了近代体育竞赛的形式，改变了庙会献技与擂台打擂的传统方式。虽然这次大会没有制定评判规则，也没有裁判评定优劣，但它对促进武术进入运动竞赛行列有着积极的意义。

1928年10月15—20日，中央国术馆在南京中央体育场举行"第一次国术国考"。报名参赛的有400多人，经过预考后有333人参加了实际对抗比赛，最后决出17名优胜者。本次比赛主要规则为：

（1）大会设术科和学科考试，其中术科为"拳脚""摔角""持械"。

（2）经预试（单人表演）及格后方可参加正试。

（3）采用双败淘汰制，三局两胜。

（4）比赛在长方形的台子上进行。

（5）不分体重，临时抽签分组比赛。

（6）对抗不限流派。

（7）不戴任何护具。

（8）凡用手、肘、脚、膝击中对方任何部位得一点。

（9）击中对方眼部、喉部、裆部为犯规，犯规三次，取消比赛资格；严重者，一次取消资格。

---

[1] 国家体委武术研究院. 中国武术史［M］. 北京：人民体育出版社，1998：333.

1929年11月16日，浙江省国术馆举行第一次全国性的"浙江国术游艺大会"。大会由中央国术馆馆长张之江和原浙江省政府主席兼浙江国术馆馆长张静江担任名誉会长，李景林任会长兼评判委员长。来自全国各地男、女代表345人参加了大会，其中参加拳脚比试的有125人。大会16日开始表演，21日开始拳脚比试（期间穿插表演），27日决试，28日闭幕。拳脚比试分为四组，参加比试者均着大会统一的短装，扎红、白两色腰带。擂台高1.3米，长20米，宽18.6米，比试双方，在擂台中央划定的粉圈上相对而立，待评判长鸣第一声笛后，各上前互行鞠躬礼，再鸣笛开始比赛。另有两名监察委员会委员执红、白旗，在台上管理引导比赛，必要时制止犯规动作的使用。由于规则漏洞百出，边打边改规则。最后决赛时，评判委员会、监察委员会共议："拳脚一律解放，踢击各部位均可"。决赛结果，共录取最优奖10名、优等奖11名、中等奖9名。

1933年10月20—30日，中央国术馆举办"第二届国术国考"，438人参赛，其中女子9人。比赛共设9个项目，其中徒手对抗性项目包括拳术、摔跤、搏击（拳击）。主要规则大体为：

（1）点到为止，没有时间限制。

（2）凡用手脚击中对手任何一个部位都得一点。

1933年10月，在南京举办第五届中华民国全国运动会，首次增设国术项目，拳脚比赛以性别分组并按体重分级，采用棒球的护胸和足球的护腿为护具，头和裆部是禁区。击中禁区者算作犯规，将对方击倒胜一局，三局两胜制，比赛没有时间限制。队员为了将对手打倒取胜，比赛近似摔跤，一对选手比赛有的竟达一小时以上，当时报纸上评论"国术场成了斗牛场"。无论中央国术馆的"第二届国术国考"，还是中华民国全国运动会，散打比赛规则的缺点是只要用脚尖触及对方或手指摸到对方的头发也得点，故造成双方都不敢放开进攻，只得躲躲闪闪。

中央国术馆将旧时武科考试和近代体育竞赛结合起来进行国术考试，是张之江先生总结近代以来"物竞天择""动以救国"思想的结果，同时也是继承孙中山先生"尚武精神"的具体实践。竞技化是武术体育化发展的必然结果，在这一时期的徒手搏击对抗比赛中，尝试了使用护具、限定竞赛时间、限定攻击部位等规则，这是对武术理性认识的继续发展，把武术现代化改革由技术层面推进到制度层面。虽然受现代体育思想影响，当时的"拳脚"比赛有了一定的规则意识，但是对项目的本质属性认识还不够清晰，规则制定简单且不系统；另外受动荡的时局等因素影响，最终未能形成一项成熟的体育运动项目。

三、当代武术散打运动的开展

中华人民共和国成立之后，体育事业受到了党和国家的高度重视，在"发展体育运动，增强人民体质"的方针指引下，武术等民族传统体育的发展也提上了日程。1953年11月8—12日，中华全国体育总会在天津市第二人民体育场举办了全国民族形式体育表演及竞赛大会，其中武术是主要表演项目，共有143名运动员表演了140余种器械及套路。

此后，在贺龙同志提出的"发掘、整理、提高、推广"八字方针指导下，武术事业获得了迅速发展，特别是竞技武术套路在1956年列为国家正式比赛项目。与此同时，武术对抗性运动的发展也在武术界引起了讨论，但由于当时的社会、文化、思想等各方面环境尚未适宜而暂缓开展。但是散打作为一项历史悠久的中华武术对抗形式并没有因此销声匿迹，而是厚积薄发，积极等待适宜其"枝繁叶茂"的生长环境。

（一）试点发展阶段（1978—1988年）

20世纪70年代末，武术界发展武术对抗类项目的思想也开始萌动。发扬民族武术遗产，加以创新和发展，成为武术界人士共同考虑的问题[①]。1979年1月，国家体委武术研究院在《对当前武术运动中存在的问题及今后意见的调查报告》中对于中华武术对抗运动提出了"开展技击比赛"的建议。之后，在"安全第一、积极稳妥"的方针指导下，国家体育运动委员会（以下简称"国家体委"）决定按照竞技体育的模式首先在浙江省体育运动委员会、北京体育学院和武汉体育学院三个单位进行武术对抗性项目的试点训练，取得成绩后再全面铺开。

1979年5月，在广西南宁举行的全国武术观摩交流大会上，作了首次"武术对抗项目——散手"汇报表演，并于同年10月第4届全运会期间，在石家庄赛区进行了公开表演。1980年10月，国家体委调集武术散手试点单位的有关人员开始

---

① 张山. 武林春秋 [M]. 北京：人民体育出版社，2012：326.

拟定《武术散手竞赛规则》（征求意见稿），通过试验修改，于1982年1月制定了《武术散手竞赛规则》（初稿）。1982年6月22日—7月3日召开了第二次"全国武术第二次散手研究会"，对规则进行了进一步的完善。这次会议规模较大，是国内武术资深专家参会人数较多的一次研讨会议。1982年11月21—25日，首届"全国武术对抗项目（散手、太极推手）表演赛"在北京工人体育馆举行。本次表演赛对规则、技术进行了试验、检验、交流，陕西、上海、浙江等单位进行了不戴头盔、不戴手套、不许攻击头部的表演，北京体育学院、山西、广东等单位进行了戴头盔、戴手套、允许攻击头部的表演。1982年是武术散打发展历史上极具里程碑意义的一年，在"武术对抗项目——散手"的实践与理论上统一了思想，达成了共识，确定了现代武术散打的技术体系和比赛规则，提出了发展方向和目标，为武术散打运动健康可持续发展奠定了坚实的基础。

1983—1988年，全国武术对抗项目（散手）表演赛先后在南昌（1983年）、潍坊（1984年、1986年）、太原（1985年）、哈尔滨（1987年）、兰州（1988年）举行。在1987年的散手表演赛中开始采用在平地上划定比赛场地范围、铺设帆布的方式进行"设擂台"的尝试，比赛中运动员如被击出设定场地，则视为"下擂"。在1988年的散手表演赛中，第一次正式设擂台比赛，台高60厘米，长、宽各为8米，中心有一幅醒目的太极图，更加突出了武术的民族色彩。自此，武术散手以开放式擂台进行比赛的形式被确定下来。

这一时期，经国家体委批准，1982年8月由江苏省武术馆主办，在南京体育馆举行了"中国武术国际友好邀请赛"，参加本次比赛的国内外武术界人士均认为武术国际推广必须建立国际组织。1984年，经国务院批准，中国武术协会邀请法国、联邦德国、意大利、日本、墨西哥、菲律宾、新加坡、瑞典、美国、泰国和中国香港、中国澳门等国家和地区武术组织的负责人到武汉观摩全国武术比赛，对成立国际武术组织和举办国际武术邀请赛等事项进行磋商，并达成共识，签署了备忘录，由中国牵头尽快筹备成立国际武术组织。1985年8月，中国武术协会在西安举办了第一届国际武术邀请赛。8月26日，来自17个国家和地区的与会代表一致同意成立国际武术联合会筹委会，筹委会秘书处设在北京。1986年11月，国际武术联合会筹委会在天津举办第二届国际武术邀请赛，其间成立了亚洲武术联合会筹委会。1987年9月，亚洲武术联合会筹委会在日本横滨举办第一届亚洲武术锦标赛，9月25日成立亚洲武术联合会。1988年10月，由中国武术协会主办，杭州、深圳共同承办中国国际武术节，同时杭州承办第三届国际武术邀请赛，深圳承办首届国际武术散手擂台邀请赛，来自15个国家和地区的近60名散手运动员参加了为期三天的激烈角逐。中国队获得了7个级别中的5个冠军。这一竞赛形式和办法，很快被参加比赛的各国代表队所接受，他们称赞"中国散手安全、刺激、有特色"。其间，受国际武术联合会筹委会委托，中国武术协会向亚洲、欧洲、美洲20多个国家和地区派出教练员和裁判员，举办了三期国际武术教练员训练班和国际裁判员培训班，为推进武术技术和规则逐步规范化做了大量工作。

（二）专业发展阶段（1989—1998年）

1. 国内发展

自1989年开始，武术散手比赛逐渐从每年一届的全国武术对抗项目表演赛中独立出来，并获批列为国家体育正式比赛项目，这意味着试点工作已经结束，武术散手的发展掀开了新篇章。各省（市、自治区）、各体育学院以及各行业体协纷纷成立武术散手专业队。1980年，在江西宜春举行了第一次全国武术散手正式比赛——"全国武术散手擂台赛"。1990年，经国家体委审定，《武术散手竞赛规则》正式出版，散手比赛的评分也采用电子计分器，并实行裁判员、运动员等级制度。1990年，国家体委正式公布实施《武术散手技术等级标准》。

1989年11月14日，武术研究院向国家体委综合司提交了《关于建议将武术散手列为七运会竞赛项目的请示》并获批准。1991年，第一次全国武术散手工作会议在河南焦作召开，这次会议总结了10年试点的经验；通报了散手已获批正式列入第七届全运会的情况，要为赛事筹备和参赛组织做好准备；邀请了过去10年试点工作突出的单位，分享教学训练、科研投入、队伍管理、思想教育等方面的经验。时任国家体委副主任、武术研究院院长徐才同志在讲话中指出："研究武术散手的深刻意义有三：一是实现传统技击武术向现代竞技体育的转变；二是弘扬我国优秀民族文化遗产；三是完整地把武术推向世界。"[1]这段讲话准确地解释了武术散手的"初心"和"使命"。1993年，第七届全运会设男子武术散手团体金牌1枚，第八届全运会金牌增至3枚，第九届全运会又增加到6枚。1994年12月，在天津

---

[1] 张山. 武林春秋［M］. 北京：人民体育出版社，2012：330-331.

举行的全国武术训练工作会议上明确武术散手技术的发展要坚持"技法全面，实力为本，快、准、巧、变，落在实战"的技术发展原则，为武术散手技术的发展指明了方向。

2. 推向国际

"武术源于中国，属于世界"。为了让世界了解武术、让武术走向世界，1990年10月国际武术联合会成立后，1991年2月在北京成功举办了"讯华杯"国际武术散手邀请赛。1991年10月，在北京举办的第一届世界武术锦标赛上，武术散手被列为表演项目，同年制定了《国际武术散手竞赛规则》。经中国武术协会提出，国际武术联合会批准，1993年10月，在马来西亚吉隆坡举办的第二届世界武术锦标赛上，武术散手被列为正式比赛项目，设8个级别。经中国武术协会提出，亚洲武术联合会的批准，1992年，在第三届亚洲武术锦标赛上，武术散手被列为正式比赛项目，设8个级别。此后，在每两年一届的世界武术锦标赛、亚洲武术锦标赛上，武术散手都被列为正式比赛项目。在此基础上，亚洲武术联合会积极推进，1998年，在泰国举办的第13届亚运会上，武术散手成为比赛项目，并设5枚金牌。同时，中国武术协会选派专家组赴越南、印度尼西亚、缅甸、菲律宾、泰国等国家和中国香港、中国澳门等国家和地区进行指导，并迎接菲律宾、越南、缅甸、意大利、墨西哥、法国等国家和中国香港、中国澳门等国家和地区的武术教练员、运动员前来参加培训，为中华武术国际交流的规范化、专业化发展作出应有的贡献。

3. 科学研究

随着武术散手专业队的建设，相关的科研、医疗保障也随之获得巨大发展。为提高运动员的竞技水平，探索武术散手运动的发展规律，探求武术散手的技术特点，探究运动员的生理生化监控和身体恢复机制，创新教学与训练的手段、方法，摸索运动队、优秀运动员的管理模式，教练员、科研人员把运动训练学、运动生理学、运动生物力学等学科理论不断应用到武术散手训练之中，将总结提炼出的有价值的竞赛训练研究成果发表在不同学术刊物上，也在综合运动会、单项比赛中的学术报告会上发表了研究成果，使武术散手竞赛训练的标准化、科学化水平不断提高。1990年9月，由中国武术协会组织编写的《中国散手》一书由人民体育出版社出版发行，为武术散手训练提供了教材。1990年、1996年、1998年相继进行了竞赛规则的修改，特别是1998年，为了提高比赛的观赏性，加大比赛的精彩、激烈、刺激，促进运动员竞技能力水平的提升，同时保护运动员的安全，多次对规则进行调整，试验不穿戴护头、护胸、护腿和护脚背，增加比赛局数。在试验赛中，进一步探索规则的开放性和科学性，为武术散打进入市场，迈向商业化和职业化发展道路奠定了坚实的理论与实践基础。

（三）全面发展阶段（1999—2011年）

1. 武术散打的现代化发展

随着武术散打专业化的快速发展，比赛日益激烈，武术对抗项目的时代性、系统性、标准性、科学性等特点体现得更加明显，促使武术散打向更高领域发展。1998年，国家体育总局武术运动管理中心在广泛征求意见基础上，把"散手"更名为"散打"。武术对抗项目试点之初，原国家体委运动司武术处组织专家对历史资料进行了考证，如汉代《居延汉简甲编》录有的"相错畜，相散手"，讲的是二人交错相搏，由搏而散的技巧[1]。为传承发展武术徒手格斗的技术技法，把试点运用"拳腿摔"进行比赛的武术对抗项目称为"散手"。后在1989年11月武术研究院提交的《关于建议将武术散手列为七运会竞赛项目的请示》中确定了"武术散手"为正式称谓，简称散手。1998年提出将"散手"更名为"散打"，基于"散打的'打'字表示使用技法的性质和用途，'打'字在散打这个名称概念中起反映事物本质属性的作用。'散'和'打'这两个不同含义的字组成的名词，成为武术对抗项目的名称，不管从哪一个角度来衡量都是正确的。"[2]一是反映了事物的表象和本质，即运用武术徒手格斗的技术技法通过现代竞技体育的方式进行实战，比出胜负；二是大众见其词、明其意，通俗易懂；三是武术散打市场化运作的需要。新名称与"散手"的传统蕴义区分明显，更加突出了散打项目的体育性和现代对抗性的运动特点，在1999年的"全国武术锦标赛散打团体赛"中首次体现，并沿用至今。

为推动武术散打运动的系统性、全面化发展，1999年，国家体育总局竞体司批准增设了全国青少年武术散打锦标赛，2001年增设了全国武术馆校散打比赛（2006年更名为全国武术学校散打比赛）。为稳妥推进女子散打项目开展，2001年9月在上海市卢湾体育馆举行了全国首届女子武术散打邀请赛，经过总结研判，

---

① 陈邦怀. 居延汉简偶谈［J］. 考古，1963（10）：565-566.

② 曾于久，陈星潭. 武术散打运动30年的回顾与展望［J］. 体育科学，2009，29（06）：3-8.

2002年6月在大连举行的全国武术散打锦标赛，增设了女子散打比赛项目。至此，武术散打比赛设置中，有各省（市、自治区）专业队运动员参加的成人组锦标赛，也有各省（市、自治区）体校、武校运动员参加的青少年组比赛，各赛制均有男子和女子运动员参赛。同时，国际武术联合会、亚洲武术联合会增设了世界青少年武术散打锦标赛、亚洲青少年武术散打锦标赛。国际武术联合会按照"武术要努力进入世界上的各种运动会，为武术运动推广提供广阔空间"的方针，积极争取，在南亚运动会、东南亚运动会、东亚运动会等综合性运动会上先后增设了武术散打项目，分设男子、女子运动员参赛。

为科学规范地推进武术散打运动的持续发展，国家体育总局武术运动管理中心组织专家对武术散打教练员、医务人员进行专业培训，摆脱传统经验指导训练的束缚，促进武术散打训练现代化发展进程。在国家武术散打队实践训练中，组成教练员、科研人员、后勤保障人员等训练团队，采用一系列现代化训练监控手段，对参赛运动员的身体素质、心理状况、生理生化指标、疲劳恢复、营养膳食等方面进行有效监控、综合评定和科学指导，对提高运动员竞技水平取得了显著的成果。

为保证武术散打比赛的公平、公正、公开，国家体育总局武术运动管理中心引进科技元素，研发使用武术散打电子计时计分系统。武术散打电子计时计分系统具有全程记录及监控功能，可以对边裁判员出现评分偏差进行纠正，让评判结果更加公平、公正；武术散打电子计时计分系统对公众实时显示各个边裁判员评分过程的功能，实现了除当值边裁判员之外的其他人都可以看到实时评分的过程，使竞赛信息更加公开；武术散打电子计时计分系统对运动员的单元成绩、下一单元出场顺序的处理更加及时、准确。

2. 武术散打的国际化发展

1999年6月，国际奥委会执委会全会通过决议，承认国际武术联合会为暂定会员组织。2001年12月，国际武术联合会主席李志坚致函国际奥林匹克委员会主席："代表国际武术联合会和全体武术运动员，申请将武术运动列入奥林匹克运动会。"2002年2月7日，在盐湖城举行的国际奥委会第113次会议上，承认国际武术联合会为国际奥委会会员组织。2006年10月15日，国际奥委会北京奥运会协调委员会主席维尔布鲁根、国际奥委会奥运会执行主任费利出席了第二届世界传统武术节闭幕式并观看了专场武术表演，2007年8月9日，国际奥委会主席一行在郑州观看由国际武术联合会和中国武术协会组织的武术专场表演，现场多次鼓掌致意，为中华武术的魅力所感染，对武术运动所具有的体育性、民族性、对抗性表示了高度赞许。2008年，武术作为北京奥运会特设项目举办了"北京2008武术比赛"，比赛设10枚武术套路金牌、5枚武术散打金牌。2011年，国际武联第三次向国际奥委会提交武术入奥申请。同年7月，国际奥委会执委会在南非德班作出决定，将武术列为2020年奥运会8个候选项目之一。在2012年国际奥委会执委会上，武术进入第三轮投票，但遗憾出局。此外，在亚洲奥林匹克理事会主办的亚洲运动会，武术散打被列为正式比赛项目。这一期间国际武术散打其他赛事也接连拉开帷幕。

3. 武术散打的商业化发展

1999年以来，中国职业体育的发展经过足球等项目的尝试已经显现出蓬勃的生机，武术界也意识到，职业化道路是未来搏击对抗项目发展的必然趋势。与此同时，国家体育总局武术运动管理中心围绕提高散打比赛的观赏性，使得比赛更加激烈、精彩、刺激，对散打比赛规则进行了相应调整。散打运动迎来了由"全护式"向"点护式"跨越的新阶段，即运动员在正式比赛中只佩戴护齿、护裆、拳套。为把武术散打推向市场，国家体育总局武术运动管理中心做了大量有益的尝试：2000年3月25日，中国武术散打王争霸赛在北京奥林匹克中心开战，经过三年卫视直播、转播，2002年中国武术散打王争霸赛在国内收视率位居全国体育赛事第三位。中国武术散打王争霸赛（以下简称"散打王"）的举办影响深远，其在商业上取得的成功，已成为中国体育项目通过市场由商业化向体育项目职业化发展的经典案例。

1999年12月，"中国功夫——美国职业拳击争霸赛"在美国犹他州圣乔治城迪希体育中心举行，使武术散打的竞技水平在国际上得到了检验，在国际搏击界产生了影响，为武术散打走出国门进行商业化发展积累了经验。这一时期，中国武术协会、国际武术联合会通过市场化运作模式相继举办了国际武术散打商业化比赛。2000年7月在广州举行了中国功夫对美国职业拳击争霸赛，2001年9月和12月分别在广州和泰国曼谷举行了中泰搏击对抗赛，2001年12月在西安举行了中国武术—法国自由搏击对抗赛，2002年5月在澳门举行了中泰冠军拳王争霸赛。2002年由国际武术联合会主办的首届武术散打世界杯在上海举行，来自17个国家和地区的44名运动员参加，均为获得第六届世界武术锦标赛各级别前四名的选手。武术散打世界杯每两年举办一次，为全球散打精英提供了职业竞技展示平台。2006—2010年，中国武术协会连续五年在重庆举办了国际武术搏击王争霸赛

（Kung Fu King，KFK）。2010年，世界体育总会创办首届世界武搏运动会比赛，每四年一届，武术散打被列为正式比赛项目。

武术散打的商业化转向使运动员竞技水平与比赛精彩程度大幅提高，比赛的商业价值和赛事运作模式受到广泛推崇，各类专业性商业化武术散打比赛百花齐放、百花争艳，武术散打运动正式走上商业化、职业化的发展道路，古老的武术散打以一种崭新的姿态被各国人民接受和喜爱。

第二节　武术散打的特点

武术散打源自几千年的中华武术，吸收了100多年的中西体育文化融合的成果，经历了40余年的发展演变，现在的武术散打项目已臻于成熟，其主要特点可归纳如下：

一、对抗性

武术散打的根本特性是对抗性，而其对抗性最早同源于古代生产活动中的生存技术，这些生存技术孕育了散打技能。古代军事武艺、古代武术徒手格斗与现代散打运动同源异流。现代武术散打的对抗性表现为：其一表现为一种"两两相当"的个体性技艺较量，而这一较量又以个体双方的攻防转换为主要对抗形式表现出来，攻防双方在规则规定的范围内进行较技、较勇、较智的实战，去战胜对方、决出胜负。这种对抗性首先表现在运动员相互之间运用拳、腿、摔进行的互击、互打、互摔，以及抵抗击打摔的身体适应、意志品质能力上。其二表现在运动员进攻、防守和防守反击反应时机的把握和踢打摔的准确性，以及技法攻防中的距离感、空间感和触感上。其三表现在运动员对抗中相互之间的控制与反控制、限制与反限制、制约与反制约上。赛场瞬息万变，时机稍纵即逝，因此，双方运动员竞技能力的对抗决定了技战术的运用也是随机的。要想战胜对手，在运用一定的技术方法进攻对手时必须以对手动作的转移为转移，根据对手的变化而采取相应的技术方法，就要时刻根据对手的实际状态进行随机转换，这种对抗是动态的。其四表现在运动员的实战要长效，只有长期保持良好的竞技状态，才能更好地控制、制约、限制对手，才能取得比赛的胜利。武术散打所有技术方法的运用都是建立在攻防矛盾的基础上进行的，只有把握了这种内在的矛盾转化规律，方可克敌制胜。为此，制定课程目标时也应从对抗性的特点出发，尤其在技法、技术、技能、实战目标构建上要尽可能体现散打的对抗性特点。

二、民族性

武术散打的民族性具体表现为以下几个方面：

第一，鲜明的中华民族文化特点。武术散打是中华武术的重要组成部分，是中华民族传统身体文化的重要代表。武术散打不仅传承了中华民族"爱国""尊师重道""仁爱谦和""重诺守信""坚毅恒勤""侠义勇敢"的文化精神，同时，继承了中华优秀传统文化中"和"与"合"兼容并包的文化思想。武术散打不以致人伤残为目的，在竞赛规则上，禁止使用肘、膝、反关节、地面擒技等技法降服对手的技术方法，规定一方倒地后另一方不允许进攻，并以打点得分、倒地、下台等方式为制胜手段，这正是中华优秀传统文化中"仁""止戈为武""以和为贵""开放包容"的体现。在武术散打练习中，"武德"贯穿散打运动教学训练全过程，而儒家的"仁义礼智信"等思想也深深地烙印于武术散打的"武德"观念之中，并成为其内核精髓。

第二，鲜明的中华民族技击思想。武术散打的技术发展受到了"天人合一"整体观的思维影响。在这种观念的影响下，武术散打形成了全面的技术体系，这有别于世界其他格斗项目，如拳击、跆拳道等以单一拳法或腿法为主要技法的项目。作为现代竞技体育项目，在技术体系上，武术散打吸收了中华传统身体文化的整体观思想，创立了拳、腿、摔完整的技术体系，体现了武术"远靠腿、近靠手、贴身靠擒拿摔"的技击理念，形成了以直线型和弧线型的拳腿技术加上接腿、勾绊、抱腿等摔法的技术特征，展现了远踢、近打、贴身摔的技术风格和传统技击术中快速、灵活、巧妙的技击特点。在现代竞技体育比赛中，武术散打延续了中华古代兵家文化根脉，为战胜对手，运动队牢固树立"知己知彼，百战不殆""昔之善战者，先为不可胜，以待敌之可胜""欲强人者，必先自强"等战略行动思想，运动员充分运用"出其不意，攻其不备，避实就虚、攻防兼备"的战术行动思想，融合技战术打法，创造最佳运动成绩。

第三，鲜明的中华民族特色比赛形式。在比赛场地设计上，散打项目延续了中国古代设擂比武的传统习俗，搭建高80厘米、长800厘米、宽800厘米的擂台，运动员在台上较勇较技，比试高低；擂台中心有直径120厘米中国武术协会会徽，表明设擂主办方；擂台采用开放式无围栏设计，喻示欢迎天下武林同仁相聚擂台、切磋武艺、交流技艺、相互学习、共同提高，赢者有荣耀，输者有尊严，彰显了中华民族"仁爱谦和"的民族气度。无围栏擂台比赛可以将对方踢、打、摔出擂台，突出比赛观赏性，同时，现代擂台台面铺有软垫，软垫上铺有盖单，台下四周铺有高30厘米、宽200厘米的保护软垫，可以有效地避免因台上倒地、下擂等造成的运动损伤。另外，武术散打运动注重礼仪文化，强调"以礼始，以礼终"。每场比赛裁判员、运动员向观众行"抱拳礼"，比赛前运动员须向本方教练员行"抱拳礼"，比赛后须向对手、裁判员、对手教练员行"抱拳礼"。"抱拳礼"是武术散打运动区别于其他搏击类运动项目的独特礼节。具体表现形式为：并步站立，左手为掌，右手为拳，胸前合抱，两臂撑圆，反映了中华传统文化中所倡导的"礼让"思想，表达了君子之争的谦逊、尊重和友好。

三、体育性

首先，武术散打的体育性体现在指导思想上。武术散打运动从初步研究到试点开展，从经验总结到全国推广，直至成为现代体育竞赛项目，这与国家体委经过试验、论证后的以"增强体质、交流技艺、防身自卫、提高技术水平"为指导思想的理念是分不开的。从现在的武术散打运动形式来看，武术散打从中华武术徒手格斗术中取舍动作，以踢、打、摔等技击动作为素材，遵照一定的规则，两人较技、较智、较勇，形成的竞技项目，以此增强身体素质，培养坚定意志，训练格斗技能的体育活动，使散打成为体育，即寓技击术于体育之中。

其次，武术散打的体育性还体现在严密的竞赛规则和系统的竞赛体制上。中国古代传统的"打擂台"中没有体重、时间等明确限制，在散打试点的过程中，经历了护具使用、比赛时间、击打部位、裁判法、竞赛法等多因素的试验和尝试，终于使武术散打成为一项国际体坛广泛认可的现代竞技体育项目，安全、科学、规范是其体育性的具体体现。在当代体坛，武术散打本着"更快、更高、更强——更团结"的奥林匹克精神，与国际竞技体育接轨，深受世界青少年的喜爱。

最后，武术散打运动经过40多年的总结、完善和发展，已发展成为具有较强群众基础的体育健身活动。通过长期规律的参加散打运动，练习人员不仅能在一定程度上改善机体形态，增强身体机能，具备攻防技能，更能从散打运动中领悟并获得"尊师重道""重节爱国"等优秀品质与品德。散打之所以具有很强的感染力，由于项目的发展不仅符合新时代散打发展的需求，而且也满足了社会大众的运动与观赏的需求，更在为世界人民的团结、友谊、健康作出重大的贡献。

四、观赏性

武术散打是独具中国特色的技击艺术，具有很强的观赏性。武术技击对抗比赛，历来受到广大人民群众的喜爱，许多古籍史料和文学名著中有打擂台热闹情况的描写，围观者"人山人海，群情沸腾"。《角力记》有载："观者如堵，巷无居人，从正月上元至五月方罢。"[1]司马光《涑水纪闻》载："世衡下令较手搏，倾城人随伍观之。世衡谓观者曰：汝曹先为我致庙梁，然后观手搏。众欣然下山，共举之，须臾而上。"[2]可以看出，古代"角力""手搏"比赛深受欢迎。2000年3月举办的中国武术散打王争霸赛，精彩纷呈、场场火爆，每场收视观众达2 100万人，2002年达到5 200万人，还吸引了国内外多家电视台购买比赛版权。武术散打的观赏性由此可见一斑。

在武术散打比赛中，对阵双方攻防交错、斗智斗勇，比赛情势此起彼伏，比赛过程悬念迭起。武术散打运动员展示出高超的技巧之美、变化之美、拼搏之美、身体之美。正如现代奥林匹克运动之父顾拜旦所言："啊，体育，你就是乐趣！想起你，内心充满欢喜，血液循环加剧，思路更加开阔，条理愈加清晰。你可使忧伤的人散心解闷，你可使快乐的人生活更加甜蜜。"武术散打比赛中展示的敢于拼搏、富于进取的竞技体育精神，具有较高的观赏价值。

---

① 王云五. 啸旨 角力记 学射录 手臂录［M］. 太原：山西科学技术出版社，2012：17.

② （宋）司马光. 涑水纪闻［M］. 上海：上海书店，1990.

五、崇德性

武术在长期的形成和发展过程中，强调道德修养，并以"崇德扬善"来协调习武者与他人、与社会之间的关系，以达到"德"与"艺"境界的统一[①]。技战术水平是武术散打运动员立身的基础，但武德是其立身的根本。武术散打的崇德性体现在两个方面：其一是武术散打竞赛规则的规约。武术散打规则进行了多次修改，竞赛规则的修订对武术散打技战术的发展起到了引领作用，从而促进技战术水平不断提高，也使竞赛规则不断完善，最终目的是在保护运动员安全前提下提高武术散打的比赛水平。武术散打项目在最初挖掘整理时，吸收了中国传统武术的技法、打法和练习方法，明确禁止使用违反体育道德的动作，如肘膝、反关节技法和倒地后继续进攻，将比赛中双人对抗的伤害性降到最低，体现了中国武术点到为止的武德精神。其二在于武术散打的技击理念。古代中国武术虽常用于战场杀敌或化解致命冲突，但中国文化一直滋养着武术，如止戈为武，这也是崇德的体现。

第三节　武术散打的功能

一、防身自卫

在冷兵器为主的时代，士兵的技击能力影响着战争的胜负天平。近现代以来，火器的大规模使用使武术技击从军事领域"退场"，但"转场"民间反而使其获得更广阔的发展空间。从散手到散打的过程是中国传统徒手搏击去芜存菁和对域外武技兼收并蓄的过程，也是不断提升技击实效的过程。相较于武术其他运动形式，武术散打以攻防技击动作为素材，以徒手对抗格斗为基本运动特征，改变了传统武术中只注重"招法"的观念，在格斗过程中不设定动作顺序，互以对方技击动作随机

[①]　蔡仲林，袁镇澜. 武术　跆拳道　自由搏击［M］. 桂林：广西师范大学出版社，2003：3.

应变，斗勇斗技，以捕捉对手的弱点以长制所短。而武术散打技法内容的完整性与技法使用的高灵巧性，使其具有"远用腿、近用拳、贴身靠摔拿"的实用性，从而达到打击对方，保护自身的目的。通过习练武术散打可提高身体素质，如力量、灵敏、速度等，在一定程度上可提高格斗对抗能力。因此，武术散打可以作为防身自卫的技术手段。但是在进行防身自卫时，应具有防卫认识与防卫意志的能力。作为防身自卫技术，武术散打成为公安特警部门有效的防暴手段与能力，在维护社会稳定、社会安全上发挥重要作用。

二、健康身心

武术散打不仅在竞技体育中表现出其独特的魅力，在全民健身、全民健康过程中也发挥着重要作用。武术散打习练者通过长期科学、规律的练习，一方面可掌握攻防技法，并通过实战对抗获得防身自卫的本领；另一方面可提高身体素质和身体机能。

青年毛泽东在1917年就提出了"体育之效，至于强筋骨，因而增知识，因而调感情，因而强意志"。武术散打具有较强的对抗性，通过"强筋骨"达到"调感情"和"强意志"的效果，特别可以提升习练者的心理健康和社会适应能力。长期习练武术散打，可以培养勇敢、果断的心理品质，使性格更加宽容，不断提高心理适应能力。

"冬练三九，夏练三伏""恒练出高手"是武术散打训练的传统理念。因此，习练武术散打不仅能使身强体壮，更能培养出坚韧不拔、锐意进取、吃苦耐劳的意志品质和高尚的道德情操。

三、文化武育

武术散打不仅具有中华优秀传统文化的基因，同时它还是一项现代体育项目，具有浓郁的时代气息。其在继承中华优秀传统文化、弘扬民族精神、提倡尚武勇健、昌明武德素养等方面具有鲜明的教育功能。

（一）中华优秀传统文化的具身实践

文化是一个国家、一个民族的灵魂。党的二十大报告提到，"文化强国"是

"到二〇三五年，我国发展的总体目标"之一；"传承中华优秀传统文化"，要"不断提升国家文化软实力和中华文化影响力"。

中国文化的精神包括很多内容，但是最根本、最源头、最具特色的是《周易》中所讲的"自强不息，厚德载物"精神。[①]文化与武术紧密相连、须臾不离。文化是武术发展的土壤，武术是文化传播的桥梁。武术散打是中华优秀传统文化的重要载体之一，是我国文化软实力的一张名片。通过学习武术散打，可以了解、体悟中华优秀传统文化。例如，学习武术散打战术中渗透的中国传统兵法思想，如"知己知彼，百战不殆""致人而不致于人""兵不厌诈"等。

（二）崇德尚武、术道合一的心灵滋养

从"与兽斗"到"与人斗"再到今天规范化的武术散打比赛，无不体现出尚武勇健精神；从"手搏"到"散手"再到"散打"，无不体现出人类竞争的意识。对抗练习是散打的主要训练手段，在这种近乎原始的身体的直接撞击下，可以最直接地激发学生的竞争意识和进取心。

武德所提倡的"爱国敬业、尊师重道、谦和豁达、明礼诚信、正直勇敢、顽强勤奋"等，具有积极的教育价值。尤其在散打教学中的武德教育可以通过教学与训练中将道德教化落到实处，凸显武术在学校德育中的独特优势。武术散打虽然属于个人项目，但在教学、训练和练习过程中却同样需要协作。如技术练习时互相纠正，打靶训练的互相配合等。同时，武术散打的学习离不开一定的规范和要求，尤其是比赛规则和武德的约束，参加这种具有规则监督下的活动可以潜移默化地培养习练者的规则意识，昌明道德。

四、经济价值

体育产业是体育强国的重要抓手之一，武术散打创造经济价值的功能在2000年前后已经得到证明。武术散打在传播过程中所表现出来的经济价值及围绕武术散

---

① 杨建营，王家宏. 中国文化的基本精神"自强不息，厚德载物"及其现实价值［J］. 苏州大学学报（哲学社会科学版），2015，36（02）：37-42.

打所形成的产业，如服装、装备、竞赛表演、培训等成为武术散打可持续发展的重要经济基础。尤其是职业和商业武术散打赛事的蓬勃发展，武术散打的影响力逐渐扩大，以竞赛表演为核心的经济产业功能还不断向"吃住行，游购娱"等周边产业辐射。

武术散打具有强身健体、防身自卫的重要作用，在国内、国际上受到越来越多人的喜爱。目前，散打王、功夫王、武林风等武术散打赛事均显示出了武术散打巨大的市场潜力。大力开发武术散打的经济价值，服务全民健身国家战略，并将之打造成国际文化品牌，将会大力促进我国的经济发展，为国家经济社会发展奠定扎实的基础。

第四节　武术散打发展的新征程

习近平总书记在庆祝中国共产党成立100周年大会上向全世界庄严宣告："经过全党全国各族人民持续奋斗，我们实现了第一个百年奋斗目标，在中华大地上全面建成了小康社会，历史性地解决了绝对贫困问题，正在意气风发向着全面建成社会主义现代化强国的第二个百年奋斗目标迈进。"2021年3月13日，《中华人民共和国国民经济和社会发展第十四个五年规划和2035年远景目标纲要》正式发布，"体育强国"已写入其中，到2035年建成体育强国，从"大"到"强"，是新时代赋予中国体育事业的新定位和新使命。

站在"两个一百年"的历史交汇期，中国体育必将开启新的征程。武术作为中华民族传统体育的重要代表，它不仅在竞技、健身、防身等领域功能和价值突出，也是中华民族重要的文化符号，是中国精神、中国价值、中国力量的集中体现。作为武术的重要组成部分，在一代代武术人的不懈努力下，武术散打在国内广泛普及开展，国际知名度和影响力逐步提升，并以其独特的健康价值、精神特质和文化魅力得到国际社会的广泛认可。

一、世界搏击运动发展概况

在人类起源的过程中，为了生存，人们在与自然界斗争的过程中逐渐积累了搏击的方法和技巧，这是人类搏击运动的萌芽。随着人类文明的进步和社会文化的不断滋养，以及世界各地不同搏击技艺之间的交融，不同风格、不同文化内涵的搏击运动便形成了。当下流行的格斗项目如拳击、柔道、摔跤、跆拳道、自由搏击、巴西柔术、桑搏、综合格斗，均由古代的搏杀技术演变而来。

（一）奥运项目

奥运项目主要有拳击、柔道、跆拳道、国际式摔跤、空手道等。

现代拳击运动兴起于英国，发展于美国，流行于当代世界。[①]1890年至今的拳击运动被称为现代拳击运动。1904年美国圣路易斯奥运会，拳击被列入正式比赛项目，1912年斯德哥尔摩奥运会被取消，1920年安特卫普奥运会后逐渐稳定下来，2009年国际奥委会宣布女子拳击项目进入2012年伦敦奥运会正式比赛项目，[②]2021年东京奥运会拳击项目设金牌13枚，其中男子8枚，女子5枚。职业拳击赛事以四大职业拳击组织为主，即世界拳击协会（WBA）、世界拳击理事会（WBC）、国际拳击联合会（IBF）和世界拳击组织（WBO）。这四大职业拳击组织均有着严密的组织体系，各自在世界范围内对职业拳击赛事进行运营。

拳击被誉为世界上"吸金"能力最强的体育运动之一，以2015年帕奎奥对战梅威瑟的比赛为标志，比赛时间36分钟，赛事总价值超过5亿美元，PPV（付费电视）销售收入4亿美元，现场门票收入7 100万美元；梅威瑟获奖金1.8亿美元，帕奎奥奖金1.2亿美元。[③]拳击作为职业体育和奥运赛场的双料宠儿在世界搏击运动中依然一枝独秀，其霸主地位短期内无法被撼动。

除拳击外，柔道、跆拳道、国际式摔跤虽在职业市场影响力不及拳击，但在奥

---

① 杨庆玲，刘伟. 拳击文化与现代拳击运动的二元走向［J］. 北京体育大学学报，2011，34（07）：125-127.

② 刘卫军. 拳击运动教程［M］. 北京：北京体育大学出版社，2005：3-4.

③ 王艺达. 世纪之战——梅威瑟VS帕奎奥［J］. 体育博览，2015，34（06）：42-51.

运赛场依然屹立不倒。

柔道的前身是柔术，脱胎于中国武术，以投技、固技、当身技三部分为主要技术内容。1882年，嘉纳治五郎通过汲取众多柔术流派的长处，始创柔道。1964年东京奥运会，男子柔道首次列入正式项目，但在1968年取消，1972年再次被列为奥运会比赛项目，1992年女子柔道列入奥运会正式项目。2021年东京奥运会柔道项目设15枚金牌，较上届增加了1枚混合团体金牌。

跆拳道起源于朝鲜半岛，是以腿法为主的东方武技。1988年汉城奥运会跆拳道被列为示范比赛项目，1992年巴塞罗那奥运会开始被列为试验比赛项目，2000年悉尼奥运会开始成为奥运正式比赛项目，2021年东京奥运会跆拳道项目设8枚金牌。

摔跤被公认为世界上最早的竞技体育运动，希腊、埃及、中国等国的古代文明中都有摔跤的文字记载。摔跤是古代奥运会项目之一，在奥运会中占有重要的比重。1896年在雅典举行的第1届现代奥运会上，就设立了古典式摔跤项目，1904年在圣路易举行的第3届奥运会设立了自由式摔跤，2004年雅典奥运会女子摔跤被列为正式比赛项目。现代奥运会分为古典式摔跤和自由式摔跤两个跤种，统称为国际式摔跤，2020年东京奥运会摔跤项目设18枚金牌。

起源于日本的空手道有近500年的历史，最早称为唐手，是由日本的格斗术结合中国武术的拳法糅合而成。现代空手道以"寸止"规则为其最突出的特色，意为在击打对手时离对手头部仅1厘米处收手，最多也只能轻轻碰触对手，过分触及对手将被视为犯规。空手道被列为2020年东京奥运会正式比赛项目，设8枚金牌。

（二）非奥项目

泰拳、巴西柔术、俄罗斯桑搏、综合格斗（MMA）等非奥项目在世界各地也发展迅速。

泰拳发源于泰国，数百年来久盛不衰，素以攻击力猛锐著称，特别是特点鲜明的膝法和肘法运用，在世界搏击赛场上经常可以看到泰拳选手的身影。世界泰拳联合会（WME）是国际奥委会官方承认的泰拳组织机构，现有成员165个。

巴西柔术源于日本柔术，专攻降伏，以寝技见长，20世纪初由日本的前田光世传授给巴西人卡洛斯·格雷西，后者总结出了以"以柔克刚""以弱胜强"为指导方针，摔、拿为基本技术，循环、渐进式降伏为基本战术的柔术新流派。其主要运营机构是营利性组织——国际巴西柔术联盟（IBJJ）。

桑搏俄语意为"不带武器的防身术"，其主要技术特点以拳击、腿踢、摔跤、关节锁控为主，在摔寝技术方面广泛地吸收了柔道、柔术等技法，是一种东西方武道典型的结合体，有着东方武道的身体攻防技击特点，在运动竞技需求导向上又明显有着西方体育拼搏争胜的价值取向。[1][2]。虽然桑搏在俄罗斯只有80多年的历史，但俄罗斯政府积极推广，通过桑搏运动来强化国民的国家意识与激发爱国主义精神。国际桑搏爱好者联合会在全世界已经有80多个成员，遍布四大洲，全世界的桑搏爱好者已经超过10万人。[3]

综合格斗（Mixed Martial Arts，MMA）是20世纪世界武技大融合环境下成长起来的一种规则极为开放的竞技格斗运动，综合了拳击、巴西柔术、泰拳、摔跤、跆拳道、空手道、柔道、武术散打等多种格斗技术，可站立打击，亦可地面缠斗，被誉为搏击运动中的"十项全能"。目前，终极格斗冠军赛（Ultimate Fighting Championship，UFC）是世界上最具影响力的综合格斗比赛。我国运动员张伟丽、李景亮等均有不俗战绩，UFC的成功带动了世界范围综合格斗运动的发展。作为世界搏击运动后起之秀，其职业市场影响力和入奥呼声越来越高。

综上所述，现代搏击运动已是当今世界体育文化的重要板块，"凭借强烈的感染力、视觉效果、天生的暴力属性以及被利益主体无限放大的娱乐性和煽动性迅速成为当代炙手可热的体育项目"。[4]进入21世纪，世界搏击运动发展趋势已经发生了很大变化：技术更加综合，规则更加开放，与商业结合更加紧密，同时受众也更加广泛。我们只有把握武术散打未来发展的趋势，才能创造出更大的成就和辉煌。

---

① 徐泉森，郭明磊. "战斗民族"的格斗技：俄罗斯桑搏研究 [J]. 辽宁体育科技，2019，41（05）：88-92.

② 邢志杰. 国际搏击项目在国内的发展及影响 [J]. 拳击与格斗，2020（08）：79.

③ 黄劼偲. 公安院校开设柔术课程的可行性研究 [D]. 长春：东北师范大学，2012.

④ 李乐虎，黄晓丽. 搏击赛事狂热的动因及背后之隐忧 [J]. 体育文化导刊，2018（03）：77-81.

第一章
武术散打概论

二、新时代武术散打的新征程

在全球一体化的发展格局之下，"人类命运共同体"的概念已深入人心。武术散打扬长避短、兼收并蓄，不断充实武术散打技战术宝库，不断扩大中华武术文化的国际影响力。

（一）传承武术精神，突出价值引领

习近平总书记指出，"中华民族精神是中国人民在长期奋斗过程中培育、继承、发展起来的伟大民族精神"，并赋予其"历久弥新"的特质。中华民族精神的形成和发展是以中国人民几千年的实践活动为根基的，武术作为中国人民创造众多人类文明之一，其在实践过程中凝练的中华武术精神不仅在历史上具有举足轻重的意义，而且在新时代依然分量十足。

中华武术精神既是中华民族精神不可或缺的重要组成部分，又是中华民族精神生动的体现。武术精神实质上是以武术实践活动为基础的，考察中华武术的发展历史就会发现天人关系、人人关系与身心关系是武术实践活动的三大对象，而武术精神正是在处理这些关系的过程中得以形成与发展，并彰显出了完整的精神特征。

在当代宣传和提倡中华武术精神，对于弘扬中华优秀传统文化具有十分重要的意义，对于促进中华武术的创造性发展和创新性转化是不可或缺的推动力，对于在全社会培养文明精神和野蛮体魄具有很强的指引作用。武术散打作为中华优秀传统文化的重要载体，它自身便是术与德的统一体。中华武术精神为世人了解中华文化提供了最深刻、最真实的精神内核，能够帮助人们在以身习武的过程中，从根本上把握武之精髓，从而实现由形体层面到心性层面的超越。

（二）弘扬传统文化，践行文化自信

习近平总书记指出："我们要坚定中国特色社会主义道路自信、理论自信、制度自信，说到底是要坚持文化自信。""文化自信是更基础、更广泛、更深厚的自信，是更基本、更深沉、更持久的力量。""中华优秀传统文化是我们最深厚的文化软实力，也是中国特色社会主义植根的文化沃土，是我们坚定文化自信最为深厚的基础和来源。"以上论述充分体现了我们党鲜明的文化立场，彰显文化在中国特色社会主义事业全局中的重要地位。为此，要从全局和战略高度，深刻认识坚定文化

自信、弘扬中华优秀传统文化的重要意义。

中华武术源远流长、博大精深，是中华优秀传统文化的全息影像，外在是集技击、健身、表演等为一体的运动项目，内在是集毅力、谦逊、智慧等为一体的修行法门，其所蕴含的"自强不息""和谐包容""止戈为武""厚德载物"等思想内涵和价值理念与中华传统文化一脉相承。传承和弘扬中华武术这个"国粹"，用中华民族创造的精神财富以文化人、以武育人，既能坚定文化自信、增强文化自觉、强化文化担当，也能为人类文明进步作出贡献。

作为武术的重要组成，武术散打在弘扬武术文化，践行文化自信上有自己独特的价值和作用。人们习练武术散打的过程就是继承和弘扬传统文化的过程。对于民族文化的继承和弘扬，武术散打有具体的操作形式，通过具体的动作以及武礼等内容落到实处。进入新时代，武术散打成为中华民族的一个明亮的符号，正以其自身的优势、特有的魅力为弘扬中华民族优秀的传统文化发挥越来越重要的作用。

（三）普及大众散打，服务全民健身

武术是我国历史悠久、开展广泛的民族体育运动。通过科学合理的武术散打训练，可促进身体形态、身体机能和身体素质的提高，培养健康的体魄。目前，群众性武术散打活动蓬勃开展，正在为全民健身发挥积极作用。但目前武术散打的普及程度远远不够，特别是武术散打普及的质量更是亟待提高；广大群众对武术散打的认识存在误区，这些都是制约武术散打普及的重要因素，大众武术散打的推广工作任重道远。为此，第一，应建立健全大众武术散打的组织、制度，切实做好大众武术散打社会指导员的培训工作；第二，要加强对武术散打的改造，开发出适应不同群体的丰富多彩、简单易学的大众武术散打；第三，加强对大众武术散打的科研和引导，切实加强对群众性武术散打活动的指导；第四，做好武术散打的段位工作，充分发挥基层武术协会、社区体育组织等方面的作用。

中国武术段位制是根据习武者个人所从事的武术活动经历，掌握的武术技术和理论，形成的研究成果和武德修养，以及对武术发展所作出的贡献等内容，全面评价其武术水平等级的制度。1997年11月，由国家体育总局正式颁布中国武术段位制。武术段位定为九段：一、二、三段为初段位，四、五、六段为中段位，七、八、九段为高段位。考评内容由技术（武术套路或散手）、理论及武德三部分组成。武术散打的段位制考评包括散打基本技术、组合技术及实战内容，或按照散打竞赛

中国武术段
位制

规则进行比赛。考评组织工作根据不同段位要求由各地区各级武术运动管理部门、武术协会、体育院校参与组织考评。如今，中国武术段位制实行20余年，在经过多次修改、完善的基础上，不断丰富了武术运动的全民健身体系；在激励社会大众科学参与武术运动锻炼，促进群众性武术散打项目的健康发展方面作用显著；为进一步提升武术技术标准化、规范化、科学化水平，加快武术国际化的普及推广提供了坚实的制度保障。

切实做好大众武术散打尤其是学校武术散打的推广工作，不仅是武术散打发展的需要，满足人民日益增长的健身需求，更是服务全民健身国家战略的需要。武术散打在新时代理应因时、因地、因需开展群众身边的健身活动，研发适合大众锻炼的健身方法，丰富和完善全民健身活动体系，在促进全民健康、推进健康中国建设中发挥积极的作用。

（四）巩固竞技散打，坚持入奥战略

在竞技领域，武术自古就具有竞技功能和价值，特别是近现代以来伴随着东西方文化的交融，武术竞技逐渐步入规范化和现代化发展轨道。武术竞赛不仅拓宽了中国武术的发展空间，也丰富了武术的体育文化内涵。从一定意义上说，竞技武术对武术的国内、国际发展上起到了不可估量的推动作用。在竞技交流上，以1953年在天津举行的首次全国民族形式体育表演及竞赛大会为标志，现代武术竞赛已经走过70年的风雨历程。

武术散打竞赛体系逐步形成，主要有全运会、全国武术散打锦标赛、亚运会、世界武术锦标赛、世界杯武术散打比赛以及南亚运动会、葡语系运动会、世界大学生运动会等。

在奥林匹克规则指导下，进一步改进武术散打竞赛内容，完善竞赛体制和竞赛规则，加强裁判员队伍建设，为推动中国武术进入新发展新阶段发挥更大的作用。

（五）做大武术散打市场，做强武术散打产业

体育产业化是社会主义市场经济体制下我国现代体育发展的新趋势。武术散打所具有的技击、娱乐、健身、经济等多种功能，为武术散打产业化提供了重要基础。

在武术散打产业的发展上，为把武术散打推向市场，广大武术工作者做了大量

有益的尝试，如2000年开赛的中国武术散打王争霸赛影响非常大。由于武术散打市场化发展起步较晚，武术散打产业化在很多方面尚处于探索阶段，但融入市场的武术散打产业所带来的经济效益和社会效益，正越来越多地被人们所认识。因此，要活跃和规范武术散打市场，重视建立健全相关法规，有效改革管理体制，积极做好媒体宣传等，切实促进武术散打的产业化，培育包括技术培训市场、竞赛市场、表演及影视市场、产品等相关武术散打产业市场。

（六）坚守民族特色，稳步国际推广

只有民族的才是世界的，武术散打的民族性就是其走向世界的基础。武术散打在充分尊重民族性、保持特色的基础上进行改进、推广，使其既具有民族特色又保持时代活力。国际化是武术散打发展的趋势。越是本民族的，越是世界的。1982年全国武术工作会议首次提出"积极稳步地把武术推向世界"的武术国际推广战略方针，中华武术散打一直在"走出去"的道路上努力前行。40多年来，无论竞技比赛还是技术交流，无论推广培训还是文化传播，都取得了积极的成效，成为世界人民了解中国文化的一个重要窗口。尤其是党的十八大以来，以习近平同志为核心的党中央高度重视中华优秀传统文化的传承与发展，积极推动中外文化交流互鉴，这为新时期武术散打的国际推广提供了更为广阔的发展空间。

进入新时代，武术散打的国际化趋势将更加明显，须主动出击，采用多种形式，积极与国际交流。在推广过程中，要积极探索传播模式，加大对世界教练的培训力度，建立健全各项规章制度。在传播的同时，要推广中华优秀传统文化，让中华优秀传统文化在世界传播。

在新时代、新发展格局中，面对新挑战，武术散打理应发挥中华文化的独特优势，和世界其他搏击项目进行文明交流、文明互鉴，顺应世界搏击运动发展方向，在中华民族伟大复兴征程中肩负起应有的历史使命。

复习思考题

1. 简述古代徒手格斗运动的发展历程。

2. 何谓武术散打？其概念、特点及功能是什么？

3. 简述现代武术散打运动的发展历程。

4. 综述世界搏击运动发展现状。

参考文献

1. 全国体育院校教材委员会. 中国武术教程（下册）［M］. 北京：人民体育出版社，2004.

2. 蔡仲林，袁镇澜. 武术 跆拳道 自由搏击［M］. 桂林：广西师范大学出版社，2003.

3.《中国武术散手》编写组. 中国散手［M］. 北京：人民体育出版社，2001.

4. 国家体委武术研究院. 中国武术史［M］. 北京：人民体育出版社，1998.

5. 朱瑞琪. 武术散打技术理论与裁判［M］. 北京：人民体育出版社，2015.

6. 张山. 武林春秋［M］. 北京：人民体育出版社，2012.

7. 蔡仲林. 体教融合背景下学校武术改革方略［J］. 体育研究与教育，2021，36（01）：4-6.

8. 曾于久，陈星潭. 武术散打运动30年的回顾与展望［J］. 体育科学，2009，29（06）：3-8.

9. 刘海飞. 习近平体育思想的主要内涵［J］. 社会发展研究，2017，4（03）：207-222，246.

10. 李力研. "尚力思潮"第一人：严复——中国近代第一个体育思想家［J］. 天津体育学院学报，1991（04）：27-35.

11. 德虔，素法. 少林打擂秘诀［M］. 北京：北京体育大学出版社，1989.

12. 刘如强. 中国古代打擂文化研究［J］. 体育研究与教育，2015，30（02）：82-85.

13. 黄劼偲. 公安院校开设柔术课程的可行性研究［D］. 长春：东北师范大学，2012.

14. 翁士勋.《角力记》校注［M］. 北京：人民体育出版社，

1990.

15. 吴彬，江百龙. 散手运动溯源与发展刍议［J］. 武汉体育学院学报，1989（02）：70-73，46.

16. 王涛. 散打王"打"出广阔"钱"景［J］. 中国体育，2003（05）：93-96.

17. 李乐虎，黄晓丽. 搏击赛事狂热的动因及背后之隐忧［J］. 体育文化导刊，2018（03）：77-81.

18. 杨庆玲，刘伟. 拳击文化与现代拳击运动的二元走向［J］. 北京体育大学学报，2011，34（07）：125-127.

19. 刘卫军. 拳击运动教程［M］. 北京：北京体育大学出版社，2005.

20. 王艺达. 世纪之战——梅威瑟VS帕奎奥［J］. 体育博览，2015（06）：42-51.

21. 徐泉森，郭明磊. "战斗民族"的格斗技：俄罗斯桑搏研究［J］. 辽宁体育科技，2019，41（05）：88-92.

22. 邢志杰. 国际搏击项目在国内的发展及影响［J］. 拳击与格斗，2020（08）：79.

23. 陈占水，温建权. 散打的起源与发展［J］. 拳击与格斗，2002，（10）：31.

24. 陈邦怀. 居延汉简偶谈［J］. 考古，1963（10）：565-566.

25. 杨建营，王家宏. 中国文化的基本精神"自强不息，厚德载物"及其现实价值［J］. 苏州大学学报（哲学社会科学版），2015，36（02）：37-42.

26. 张岱年，程宜山. 中国文化与文化论争［M］. 北京：中国人民大学出版社，1990.

第二章

武术散打技术

本章导读

  武术散打技术是完成武术散打动作的方法，是武术散打运动员竞技能力水平的重要决定因素之一。本章系统介绍了武术散打基本技术和组合技术，主要包括站姿、步法、拳法、腿法、跌法、摔法、进攻、防守、防守反击、阻击、组合技术等，同时，结合图片、视频展示武术散打的基本技术和组合技术。

学习目标

1. 把握武术散打技术的基本结构和构成要素。
2. 学会武术散打基本技术的单个技术和组合技术。
3. 掌握武术散打基本技术的要求。
4. 熟悉武术散打技术的发力顺序。
5. 了解组合技术连接的关键环节。
6. 具备武术散打技术分析的基本能力。

第一节　武术散打技术概述

一、武术散打技术的定义

武术散打技术是指运动员在比赛中完成进攻与防守动作的方法，是运动员竞技能力水平的重要因素。

动作是技术载体，技术也通过动作反映出来，没有动作就不存在技术，技术是针对动作实现某种目的而形成的。武术散打技术具备稳定的动作结构，从技术与动作的不可分割性来讲，技术只能通过运动员身体动作表现出来，并在比赛中的取胜起到重要作用。因而人们长期将运动技术称为"技术动作""动作技术"或"技法"。

一个动作的结构由技术基础、技术环节、技术细节组成。武术散打的动作技术基础是按照动作活动规律的需要，按照一定顺序和路线构成完整动作的主体部分；武术散打技术环节是组成技术基础的分支部分，它由开始、运行、结束三个部分组成，在组合动作中一个动作的结束，是下一个动作的开始；武术散打的技术细节是技术环节的细小部分。

武术散打的技术动作构成包括身体姿势、动作轨迹、动作击打点、动作时间、动作速度、动作速率、动作力量、动作节奏等要素。这些要素是组成动作技术合理性的重要内容，每一个要素互相关联、共同作用于动作结构中。因此，进行技术分析、技术教学和技术训练，都要全面理解动作的要素，依据实战需要，确定技术规范，确定影响技术的因素，根据不同对象解决技术的重点和难点问题。

而武术散打的技术评定是指完成动作是否准确、熟练，动作技术是否能够合理地表现。其优异表现为动作结构稳定、因素合理，每一个环节连贯协调、轻松自然、注意力集中、动作感受灵敏、能量消耗少、机能能力强、应变快、得分效果好等。

由于技术动作合理性、有效性与取得比赛胜利目的是一致的，动作技术越合理有效，达到的比赛效果会越好。因此，武术散打技术要达到比赛胜利的目的，其技术运用必遵循合理性与有效性原则。合理性表现在技术动作符合运动生物力学原理，符合运动要素的原理，符合事物相生相克的原理，符合武术散打竞赛规则的原理。有效性表现在运动员能够最大限度地发挥身体的调节和潜在运动能力，以最小的消耗达到战胜对手、保护自己并取得胜利的目的。

二、武术散打技术的内容和分类

武术散打技术是指武术散打运动员在比赛中完成进攻与防守动作的方法，是武术散打运动员竞技能力水平的重要因素。武术散打技能是指在比赛中运用技术动作击中或摔倒对方的能力。技术与技能二者不可分割。

武术散打比赛规则中可用的技术有拳法、腿法和摔法。

根据动作的组成，可将武术散打技术分为单个技术和组合技术两大类。单个技术包括战姿、步法、拳法、腿法、摔法、防守法等；组合技术包括拳法组合、腿法组合、拳腿组合、拳摔组合等。根据动作的应用功能，可将武术散打技术分为主动进攻型技术和防守反击型技术两大类。在武术散打比赛中，运动员根据攻守平衡的对抗原理，将单个和组合技术不断地运用到进攻和防守当中。

第二节　武术散打基本技术

一、实战姿势

武术散打的预备式也称实战姿势，它是武术散打各种技术动作的预备姿势。站姿有正架、反架之分，左脚在前称为正架，右脚在前称为反架。本教材技术动作的战姿均以正架为例。

视频：实战
姿势侧面

（一）动作方法及要领

1. 动作方法

左脚在前，右脚在后，两脚之间的距离与肩同宽，两腿微屈，重心在两腿之间；两手握拳，手腕放松，拳心向内，左拳在前，右拳在后，两拳护住咽喉和面

视频：实战
姿势正面

部，位置略高于肩，两肘尖下垂，护于胸、肋；身体左侧正对前方，含胸收腹；头部略前顶，下颌内收贴近锁骨处，两眼向前平视，如图2-1。

图2-1　实战姿势（正架）

2. 动作要领

身体放松自然，不能前倾后仰，不可左右摇摆；两脚平均支撑身体重量，前脚掌主要接触地面，便于快速、灵活地移动；两臂要松肩垂肘，保持正确的姿势。

（二）技术要求

战姿必须从实战的需要出发，所以使用站姿时有以下要求：

1. 便于进攻

实战姿势两手的位置和两脚的距离至关重要。实战姿势应便于灵活地交换和运用各种进攻方法，并能使之发动迅速。

2. 便于防守

实战姿势是否有利于防守，着重体现在两个方面：一是身体的投影面积要小，即暴露给对手所击打的身体部位要少；二是防守的面积要大。

3. 便于移动

实战姿势应便于步法的移动，身体重心在两腿之间。做向前、后、左、右的移动时，都是等长距离，无须明显地倒换重心。另外，两腿微屈，使身体总是处于一种欲动的"弹性"状态，以增加步法移动的灵活性。

二、步法

步法是武术散打技术的应用基础。在实战和训练中，通过步法的移动来保持身体重心的平衡，控制与对手的距离，实现进攻和防守反击的转换，快速移动中达到平衡自如的攻防目的。在训练时要把步法作为重要的基础技术和制胜技能，要争取达到"拳到步到""身步协调""技法步法一体"的自然境界。

（一）动作方法及要领

1. 进步

（1）动作方法

从正架实战姿势开始，上体保持不变，右脚蹬地，重心前移，左脚微离地面，向前移动半步，右脚随之跟进半步，以前脚掌着地，迅速、轻灵而富有弹性，整个动作完成后仍为原来的实战姿势，如图2-2。

（2）动作要领

进步的距离不可过大，后脚跟进时基本姿势不变，左、右脚的连贯越快越好。

2. 退步

（1）动作方法

从正架实战姿势开始。左脚蹬地，重心后移，右脚稍微离地面，向后移动半步，左脚随之后移半步，整个动作完成后仍保持原来的实战姿势，如图2-3。

（2）动作要领

退步的距离不可过大，两脚要保持开立以维持平衡。

图2-2　进步　　　　　　　　　　　图2-3　退步

3. 闪步

（1）动作方法

从正架实战姿势开始。左（右）脚向左（右）侧略微移半步，紧接着右（左）脚蹬地向左（右）滑动一步，同时身体右（左）转45°，动作完成后仍为实战姿势，如图2-4和图2-5。

（2）动作要领

闪步的步法移动应保持重心平稳。闪步要靠髋部的力量带动脚步的移动，身体与脚步应协调一致移动，要做到自然流畅，不飘不僵。

图2-4 左闪步   图2-5 右闪步

4. 垫步

（1）动作方法

从正架实战姿势开始，身体重心前移，右脚蹬地向左脚内侧移动，并且脚跟斜向前方；同时，左腿屈膝提起，做各种相应的腿法动作，如图2-6。

视频：垫步

（2）动作要领

后脚应快速向前脚并拢，前脚提起与后脚并拢要快速连贯，一气呵成，垫步要贴地移动，身体不要腾空，不起伏，平稳地完成动作。

5. 上步

（1）动作方法

从正架实战姿势开始，身体左转180°，左脚以前脚掌为轴，脚跟内转，右脚向左脚前方跨出一步，两脚变成反架实战姿势；同时，两臂进行前后位置的交换，如图2-7。

视频：上步

图2-6 垫步   图2-7 上步

（2）动作要领

上步时身体不能前后摆动，上步与双手交换要同时。

6. 撤步

（1）动作方法

从正架实战姿势开始，左脚向右脚后方后退一步，身体左转180°，右脚以前脚掌为轴，脚跟外转，两脚变成反架实战姿势；同时，两臂进行前后位置的交换，如图2-8。

（2）动作要领

撤步不宜过大，重心移动不能明显。

7. 换步

（1）动作方法

双脚同时蹬地起跳，在空中左、右腿前后交换，转体180°，同时，两臂进行前后位置的交换，动作完成后成反架实战姿势，如图2-9。

图2-8　撤步

图2-9　换步

（2）动作要领

转换步时要以髋关节带动双腿，身体不能明显向上腾空。

（二）技术要求

武术散打运动中除了以上常用的进步、退步、垫步、上步、撤步、闪步、换步等步法，还有纵步、跨步、跳闪步、环绕步等。步法的快慢，移动距离的大小，直接影响攻防效果。因此，武术散打对步法的技术要求有：

1. 活

活是指步法移动、变换要灵活敏捷。步法要活，力量是基础，膝关节、踝关节弹性要好。站立时两脚相距不宜太宽，两膝弯曲程度不能过大，身体重心尽可能不向一边倒，实战中身体应该呈"动态"，尽量避免"静止"。

2. 疾

疾是指步法移动的速度要快。双方交手前都处在相持和观察状态之中，双方保持着一定的距离，任何一方发动进攻，必须以快速的步法接近对手，在有效距离施以技法，进攻才能生效。同样，防守一方也必须具备快速的后退和躲闪能力。

3. 稳

稳是指步法移动的稳定性。掌握了对手的身体重心及移动的规律后，破其稳定，才可以巧取胜。例如，有的运动员冲拳时只注重力度而使身体重心过分前移，过分地超出支撑面，对手如顺势一带就失去平衡。

4. 准

准是指步法移动的准确性。准确地移动步法，能为进攻、防守和防守反击赢得时间。把握步法移动的准确性，主要取决于运动员的时空感觉能力，而这种能力的获得有赖于长期实践和不断摸索。

三、拳法

拳法技术在武术散打的技术体系中占有重要地位，特别是在中、近距离的攻防上有着重要作用。在实战中，拳法多运用于头部的攻防，其威力和威慑力巨大。此外，拳法还可以作为掩护腿法和摔法进攻的方法。直线型拳法有左、右冲拳；弧线型拳法有左、右掼拳，左、右鞭拳，上下型拳法有左、右抄拳等。

（一）动作方法及动作要领

1. 冲拳

冲拳以拳面为发力点，向前冲击的路线为沿着直线运行。

（1）左冲拳

① 动作方法：从左架实战姿势开始，右脚蹬地，身体重心前移；左拳向正前方沿直线快速冲出，力达拳面；眼看攻击的方向，如图2-10。

② 动作要领：冲拳时上体不可前倾，腰稍微右转，以拳领先，上臂推前臂，拳内旋成拳心向下，快出快收，切勿停顿，迅速还原成实战姿势。

（2）右冲拳

① 动作方法：从左架实战姿势开始，右脚蹬地，身体重心前移；右拳向正前方直线冲出，力达拳面，左拳同时屈臂护于胸前；眼看攻击的方向，如图2-11。

② 动作要领：右冲拳的发力顺序是起于右脚蹬地，传送到腰（上体左转至臂与胸的夹角为90°），冲拳（由肩、臂传送力）最后达于拳面；还原时以腰带肘，臂膀放松，主动收回。

视频：左冲拳

视频：右冲拳

图2-10　左冲拳　　　　　　　　　　　图2-11　右冲拳

2. 掼拳

掼拳是以拳面为发力点，拳冲击的路线是沿左右两侧弧线运行的拳法，可以分为左掼拳和右掼拳两种。

（1）左掼拳

① 动作方法：从正架实战姿势开始，右脚蹬地，重心前移；上体略微向右转，前臂与上臂夹角为80°～160°，可随意调整，左拳向正前方横向弧形击出，力达拳面，拳心向下，右拳屈臂护于右下颌处；眼看攻击方向，如图2-12。

② 动作要领：力从腰发，腰绕身体纵轴向右转动；发力时屈臂，肘抬至与肩平。

（2）右掼拳

① 动作方法：从正架实战姿势开始，右脚的前脚掌略蹬地外展，重心前移，胯部内合并向左转腰；前臂与上臂夹角为80°～160°，可随意调整，右拳向正前方横向弧形击出，右拳快速向左前方横向弧形击出，力达拳面，左拳屈臂护于左下颌处；眼看攻击的方向，如图2-13。

② 动作要领：右脚稍内扣，转胯、转腰与掼拳的发力要协调一致。

视频：左掼拳

视频：右掼拳

图2-12　左掼拳　　　　　　　　　　图2-13　右掼拳

3. 转身鞭拳

（1）转身左鞭拳

① 动作方法：从正架实战姿势开始，右脚上前一步，左脚向右脚后插步，身体向左后转180°，动作不停，上体继续向左转体180°，同时左臂反臂由屈到伸向外、向左横向鞭打，拳眼朝上，发力于腰，力达拳背，右拳屈臂护于右下颌处，眼看攻击的方向，如图2-14。

图2-14　转身左鞭拳

② 动作要领：插步转体要快，以头领先，连贯不停顿，支撑要稳，鞭拳时以腰带臂，前臂鞭打甩拳。

（2）转身右鞭拳

① 动作方法：从正架实战姿势开始，右脚向左脚后方插步，身体向右后方转180°，动作不停，上体继续向右转体180°，同时右臂反臂由屈到伸向外、向右横向鞭打，拳眼朝上，发力于腰，力达拳背，左拳屈臂护于左下颌处；眼看攻击的方向，如图2-15。

② 动作要领：插步转体要快，以头领先，连贯不停顿，支撑要稳，鞭拳时以腰带臂，前臂鞭打甩拳。

图2-15　转身右鞭拳

4. 抄拳

抄拳以拳面为发力点，拳运行的路线一般由下向斜上或由下向前。抄拳分为左抄拳和右抄拳。

（1）左抄拳

① 动作方法：从正架实战姿势开始，重心略下沉，前脚蹬地，屈臂，左拳由侧下向前上方勾起，上臂与前臂夹角为90°～110°，拳心朝里，力达拳面，右拳屈臂护于头部；眼看攻击的方向，如图2-16。

② 动作要领：利用重心下沉能更好地把前脚蹬地拧转的反作用力，通过腰向右略转传递到手臂。左臂应先内旋再外旋，力达拳面，发力短促，整个动作要协调连贯，用力应由下至上。

（2）右抄拳

① 动作方法：从实战姿势开始，右脚蹬地，扣膝合胯，腰略微左转的同时，屈臂，右拳由下向前、向上方勾起，右拳向正前上方冲出，上臂于前臂夹角为90°～110°，拳心朝里，力达拳面，左拳屈臂于左下颌处；眼看攻击的方向，如图2-17。

② 动作要领：右抄拳要借助右脚蹬地、扣膝、合胯、转腰的力量发力，由下至上，协调顺达；抄拳时，右臂应内旋再外旋，螺旋形出拳。

图2-16　左抄拳

图2-17　右抄拳

（二）技术要求

（1）拳法技术要求出拳速度快、速率高、力点准，肩部动作摆动幅度小。

（2）拳法攻击要与灵活的步法配合一致，适合的时机和适当的距离使拳法攻击力量完全爆发于目标，是产生良好效果的前提。拳随步走、拳到步到是拳法运用的精髓。

（3）攻守一体是武术散打技法的特点，双拳必须紧密配合，一拳打出，另一拳结合身体和其他技法进行防守，保护好身体要害部位，训练时养成拳法原路迅速收回的习惯。

（4）出拳进攻虚实配合，与各种攻防技术连用。拳法进攻虚实配合可以控制出拳力度，避免用力过度，无法适应对手的变化；也可以声东击西，窥探对手虚实，迷惑对手，乘虚进攻。拳法和腿、摔结合，长短互补，立体攻防，更能发挥出整体威力。

四、腿法

腿法是指以小腿前部及脚的各部分为着力点而实施攻击的技术。根据运动方式、发力点部位、运行路线的不同，武术散打的腿法分为直线型、横线型、上下型和旋转型四种。直线型包括蹬腿、踹腿等；横线型包括鞭腿、勾腿等；上下型包括劈腿等；旋转型包括转身摆腿和前后扫腿等。

（一）动作方法及要领

1. 蹬腿

（1）左蹬腿

① 动作方法：实战姿势站立，右脚前移半步外展，右腿微屈支撑，左腿提膝抬起，勾脚，当膝稍高于髋时，送髋迅速向正前蹬出，力达脚跟或全脚掌；右臂在上置于胸前，左臂自然下垂；眼看攻击的方向，如图2-18。

视频：左蹬腿

② 动作要领：右脚步法移动和提膝要一致，屈膝高抬，左髋前送，用爆发力向前蹬，动作快速连贯。

（2）右蹬腿

① 动作方法：实战姿势站立，左脚前移半步外展，左腿微屈支撑，右腿由后向前提膝抬起，勾脚，当膝稍高于髋时，送髋迅速向正前蹬出，力达脚跟或全脚掌；左臂在上置于胸前，右臂在下；眼看攻击的方向，如图2-19。

视频：右蹬腿

② 动作要领：左脚步法移动和右腿向前提膝要协调，屈膝高抬，右髋前送，用爆发力向前蹬，动作快速连贯。

图2-18 左蹬腿

图2-19 右蹬腿

（3）转身后蹬腿

① 动作方法：实战姿势站立，左脚向右横移半步，左脚向右内扣脚，重心移在左腿，上体向右转180°，右脚从左腿边快速向后蹬出，摆头；眼看进攻方向，如图2-20。

② 动作要领：左脚移动扣步与转脸要同时完成，转体以头领先，后蹬要快速连贯，发力顺畅，注意平衡。

图2-20 转身后蹬腿

2. 踹腿

（1）左踹腿

① 动作方法：实战姿势站立，右腿直立或稍屈支撑，左腿屈膝抬起，小腿外摆，脚尖勾起，脚掌正对攻击目标，展髋，挺膝向前踹出，力达全脚掌，右臂在上置于下颌处，左臂自然下垂，置于体后，头保持端正；眼看踹击方向，如图2-21。

② 动作要领：提膝、翻髋、踹击三个动作要连贯一气呵成，踹腿时大腿、小腿和上体要呈一条直线。

（2）右踹腿

① 动作方法：实战姿势站立，左脚前移半步并外展，身体左转超过180°，俯

身并向后侧倾；同时，右腿屈膝迅速由体侧向前上方踹出，力达全脚掌；左脚以脚掌为轴，脚跟向前转动，支撑腿要充分蹬直，并结合突然送胯的力量向前踹击；左臂在上置于下颌处，右臂自然下垂，置于体后，头保持端正；眼看踹击方向，如图2-22。

② 动作要领：右腿蹬地、重心移到左腿、提膝、翻胯、踹击五个动作要连贯，一气呵成，踹腿时大腿、小腿和上体要呈一条直线。

图2-21　左踹腿

图2-22　右踹腿

3. 鞭腿

（1）左鞭腿

① 动作方法：实战姿势开始，重心稍后移，同时左腿屈膝向前提起，支撑腿以前脚掌为轴向右转，上体随腿部转动向右后略侧倒，左膝向内扣，翻胯，大腿带动小腿横向击打，脚面绷直，力达脚背，右臂在上置于下颌处，左臂自然下垂于体后，动作完成后小腿、手臂按动作原路线收回，如图2-23。

② 动作要领：提膝翻胯以胯部带动大腿，大腿带动小腿，小腿加速横向弹击，步法、身法、弹击要协调一致。

图2-23 左鞭腿

（2）右鞭腿

① 动作方法：实战姿势开始，重心前移至左腿，右腿蹬地屈膝向前提起，同时以左脚前脚掌为轴左转，身体随之向左后侧微倾，右膝向内扣翻胯，大腿带动小腿横向击打，脚面绷直，力达脚背，左臂在上置于下颌处，右臂自然下垂于体后，动作完成后小腿、手臂按动作原路线收回，如图2-24。

② 动作要领：提膝翻胯以胯部带动大腿，大腿带动小腿，形成合力，横向鞭击，步法、身法、鞭打要一气呵成。

图2-24 右鞭腿

4. 转身后摆腿

（1）左转身后摆腿

① 动作方法：从实战姿势开始，重心前移，右脚上步至左脚前方，脚尖内扣，以右脚前脚掌为轴，身体向左后方转体180°，同时左脚蹬地提起，然后向左、向上横摆，力达脚后跟或脚掌，完成动作后成右架实战姿势，然后撤步调整回到原来的实战姿势，如图2-25。

② 动作要领：右脚上步、内扣要快，转身时要以头领先，并借其惯性，腰背发力，使出腿、摆腿的动作协调连贯。

图2-25　左转身后摆腿

（2）右转身后摆腿

① 动作方法：从实战姿势开始，左脚内扣，重心前移，以左脚前脚掌为轴，身体向右后方转体180°，右腿随身体摆转，至高点时小腿加速横摆，力达脚后跟或脚掌，完成动作后，收腿回到原来的实战姿势，如图2-26。

② 动作要领：左脚内扣要快，转身时要以头领先，并借其惯性，腰背发力，展髋、摆腿动作协调连贯。

图2-26　右转身后摆腿

5. 勾踢腿

（1）左勾踢腿

① 动作方法：右腿前移弯曲，膝稍外展，上体稍右转，收腹合胯，带动左腿直腿勾脚向前、向右弧线擦地勾踢，力达脚弓内侧，如图2-27。

② 动作要领：脚尖勾起，速度要快，用力的方向顺畅，整体协调。

（2）右勾踢腿

① 动作方法：重心移至左腿，左腿弯曲，膝外展，身体左转180°，收腹合胯，带动右腿直腿勾脚向前、向左弧线擦地勾踢，脚背屈紧并内扣，力达脚弓内侧，如图2-28。

② 动作要领：脚尖勾起，速度要快，用力的方向顺畅，整体协调。

图2-27 左勾踢腿　　　　　　　图2-28 右勾踢腿

6. 劈腿

（1）左劈腿

① 动作方法：从实战姿势开始，向右微侧半身，同时左脚背勾起，直腿从内向外、向上旋摆，当脚跟到达最高点时，上体立即左转90°，支撑腿稍屈，含胸收腹，重心后坐，使左脚从上到下加速向下劈砸，力达脚跟，目视前方，动作完成迅速恢复成实战姿势，如图2-29。

② 动作要领：动作斜向发出，脚高过头，再从顶点垂直向下劈砸，此时要借助身体体重下压发力，整个动作要连贯协调、快速有力。

图2-29 左劈腿

（2）右劈腿

① 动作方法：从实战姿势开始，重心前移，向左微侧半身，同时右脚蹬地起腿，脚背勾起，直腿从内向外、向上旋摆，当脚跟到达最高点时，上体立即右转面向正前方，支撑腿稍屈，含胸收腹，重心后坐，使左脚从上到下加速向下劈砸，力达脚跟，目视前方，动作完成迅速恢复实战姿势，如图2-30。

② 动作要领：右腿蹬地起脚要迅速，借助蹬地的力量加速旋摆的速度，动作斜向发出，脚高过头，再从顶点垂直向下劈砸，此时要借助身体体重下压发力，整个动作要连贯协调、快速有力。

图2-30　右劈腿

（二）腿法的技术要求

1. 速度快

动作速度快就会收到使对手防不胜防的效果，提高腿法速度，肌肉力量是基础，掌握用力技法是关键，避免动作的"预摆"是根本，完成技术动作要简洁、有效。

2. 力量重

击打力量重才能"清晰有效"地得分，也能给对方一种威慑。加大攻击力量，除了运动员必须具备力量素质，还要提高全身发力的协调性。一个动作只靠局部发力，力量是有限的，必须全身协调一致，同时配合呼气，闭气蓄劲，以气催力，达到意、气、力三者合一，使发出力量更加完整。

3. 力点准

进攻技术的力点（受力点）必须准确无误。平时的训练必须一丝不苟地抓好动作规格，多打移动靶、固定靶，体会动作的准确性，才能在实战中提高判断和运用的能力。

4. 预兆小

在实力相当的比赛中，由于动作有预兆，对手一旦掌握了规律，进攻不但不能实现，反而会给对手创造反击的良机，导致比赛失败。

5. 方法巧

武术散打比赛靠力量取胜固然重要，但以巧取胜则艺高一筹。方法巧妙，必须与攻击对手的时机、掌握对手重心、控制动作的力度以及灵活多变的战术等有机结合起来，才能收到最佳的效果。

五、进攻技术

武术散打的进攻技术是指运动员抢先攻击对手，不但能够击中、摔倒对手，而且不会给对手有防守或反击机会的技术。

进攻法主要从三个方面来界定：一是在表现形式上先于对手发出进攻动作；二是发出的进攻动作必须击中、摔倒对手，使对手没有防守或反击的机会；三是实现这个目的涉及的所有其他因素。

按照运动员发出动作的性质，武术散打动作可以分为进攻、防守、反击三种表现形式，进攻是主动的，防守是被动的，反击是变被动为主动。在实施过程中进攻与实战姿势、步法、拳法、腿法、摔法等技术一起综合使用，也就是说，拳法、腿法、摔法的单个技术或拳腿摔组合技术要和实战姿势及步法组合应用，才能达到击中、摔倒对手的目的。其中运动员进攻技术也包括使用动作的方法和理论认识等其他相关条件，如时间与空间的条件、身体与心理的条件等。

进攻技术主要是指在武术散打比赛中使用的具有进攻效果的技术动作及动作间的多元组合。进攻技术的优劣与比赛的胜负有着直接关系，武术散打进攻技术的主要特点包括快、准、狠、稳、巧、活、简等。

（一）快

快是对完成武术散打进攻技术动作速度的技术要求。"快"可使对手防不胜防，其取决于肌肉的力量以及发力的技巧，主要表现为动作速度快、反应速度快和位移速度快。动作速度快是指在最短时间内完成单个技术动作或各种组合进攻动作；反应速度快是指由观察、判断到发出动作要迅速敏捷；位移速度快是指在进攻过程中身体及步法的移动要迅速、果断。

（二）准

准是对完成武术散打进攻技术动作力点的技术要求。力点是指击中对手的接触点，不同的进攻技术动作有不同的力点要求，力点不准，不但影响技术动作的有效性，而且容易受伤。如在使用鞭腿动作时，要求绷紧脚面，力点在脚背。

（三）狠

狠是指进攻时的击打力量要大。在激烈对抗中，所用的进攻方法需要具备一定的力度，才能带来有效得分，同时给予对手震慑，争取赛场的主动权。此外，狠又体现在运动员比赛中所表现出的精神饱满、自信顽强、敢于拼搏的精神。

（四）稳

稳是指完成攻防技术动作时需要身体重心的稳定。在比赛中追求稳必须考虑作用力与反作用力、阻力两个方面。当作用力或阻力达到了身体所不能承受的程度，就会导致身体重心不稳定，不利于控制反作用力，需要迅速调节身体姿势状态来稳固重心，为发起下一次进攻动作或转换动作做准备。要达到进攻实效，所有技术均须在保持重心稳定的前提下进行。

（五）巧

巧是指在武术散打比赛时力求方法巧妙，以巧取胜，即借助技术完整性，根据对手随机应变的技术特点巧妙运用动作之间相生相克的功能，用最小的消耗达到最大的打击效果。

（六）活

活是指技术动作之间快速灵活转换。影响技术动作"活"的因素包括正确的身体姿势、合理的动作间结构、运动员对于动作的使用能力、步法移动的范围、技术动作的储备量等。

（七）简

简是指在技术动作的运用过程中要简洁利索，不拖泥带水，特指没有任何预兆的技术要求。所谓预兆就是指在无意识的情况下预先暴露自己进攻意图的附加动作。常见的预兆动作有发力前的龇牙咧嘴、怒目瞪眉以及出拳出腿时先回收等，在发出动作之前的任何"预兆动作"都会给对手以提示，破坏自己的进攻。因此，在练习过程中应尽力克服这些"预兆动作"，养成正确的动力定型，以免形成错误的习惯。

六、防守技术

防守技术是利用步法移动避开对手的进攻或利用肢体动作进行拍挡、阻截等方法来破坏对手进攻的技术。

防守技术是武术散打基本技术中的重要组成部分。防守的目的是为了不被对手击中或摔倒,并为反击创造有利的条件。在实战中远踢、近打、贴身摔是指远、中、近三个距离层次的攻防。进攻者在实战中会突破各个距离,进行攻击。但是,要很好地避开进攻,则需要娴熟的防守技术。想成为优秀的武术散打运动员,不仅要有优秀的进攻技术,还必须有强大的、优良的防守能力,形成一个攻防兼备的体系。

(一)防守技术的动作方法及要领

武术散打的防守技术分为接触性防守和不接触性防守。

1. 接触性防守

接触性防守是指用肢体直接接触对手的进攻动作,以破坏对手的进攻动作达到防守目的。防守的方法有拍挡、格挡、阻挡、截击等。

(1)拍挡

① 动作方法:由正架实战姿势开始,左手以拳心或掌心为力点向里横向拍挡,同时上体微右转;完成动作后回原位,即为左拍挡,如图2-31。右拍挡动作方法同左拍挡,唯方向相反,如图2-32。

② 动作要领:防守时只动前臂,不能伸肘、伸臂,不能向前迎拨,幅度不宜过大。

图2-31 左拍挡

图2-32 右拍挡

（2）挂挡

① 动作方法：左手屈臂上提，护于同侧耳朵，肘尖向前，同时上体微右转；完成动作后回原位，即左挂挡，如图2-33。右挂挡动作方法同左挂挡，唯方向相反，如图2-34。

② 动作要领：抬肘向上挂挡时要由下向上，防守要恰到好处，不能动作过大。

图2-33 左挂挡

图2-34 右挂挡

（3）拍压

① 动作方法：左拳（右拳）变掌，以掌心或掌根为力点由上向下在腹前拍压，同时上体微右（左）转；完成动作后回原位，如图2-35、图2-36。

② 动作要领：臂要微屈，掌心朝下，手腕放松，拍压由上向下快速果断。

图2-35 左拍压

图2-36 右拍压

（4）外抄抱

① 动作方法：左（右）手外旋弯曲，上臂紧贴肋部，前臂水平，手心朝上；右（左）手屈臂紧贴头部，立掌，手心朝外，手指朝上；同时上体微左（右）转，进行抄抱完成动作后回原位，如图2-37。

② 动作要领：两肘紧贴躯干，两手防护要同步、协调。

（5）里抄抱

① 动作方法：左（右）手内旋弯屈，手心朝上，右（左）手屈臂立掌，护脸。上体微右（左）转，左（右）手抄腿，右（左）手下落，配合进行抄抱，完成动作后回原位，如图2-38。

② 动作要领：两臂紧贴躯干，防守要严密，双手配合协调。

图2-37 外抄抱

图2-38 里抄抱

（6）外截

① 动作方法：左拳由上向下、向左后斜挂，拳心朝里，肘尖朝后，臂微屈；同时上体微右转；完成动作后回原位，即左外截，如图2-39。右外截动作同左外截，唯方向相反，如图2-40。

② 动作要领：臂向斜后横拦时，身体和拳要协同一致。

图2-39 左外截

图2-40 右外截

（7）里挂

① 动作方法：左臂内旋，左拳由上向下、向右斜下挂防，拳眼朝内，拳心朝左；同时上体微右转，完成动作后回原位，即左里挂，如图2-41。右里挂动作方法同左里挂，唯方向相反，如图2-42。

② 动作要领：身体与左臂同时向右转动，动作幅度要小。

视频：右里挂

图2-41　左里挂　　　　　　　图2-42　右里挂

（8）肩阻挡

① 动作方法：身体微前移，以肩部和手心阻挡对手直线拳法的进攻，或对手直线腿法的进攻，如图2-43。

② 动作要领：身体自然，收下颌，提肩、手挡要一致，头部要在防守之内。

视频：肩阻挡

（9）腿阻截

① 动作方法：左腿屈膝略抬，脚尖朝上，以脚掌为力点前伸阻截，脚掌朝前下方，如图2-44。

② 动作要领：支撑腿要稳，阻截腿腿部放松，提膝要快，把握阻截的时机，动作果断。

视频：腿阻截

图2-43　肩阻挡　　　　　　　图2-44　腿阻截

（10）提膝格挡

① 动作方法：重心移至右腿，微屈，同时左腿屈膝提起向左、向右或向正面格挡对手的进攻，如图2-45。

② 动作要领：身体要正，支撑要稳，提膝快速格挡对手进攻路线，时机要准确。

视频：提膝格挡

图2-45　提膝格挡

2. 非接触性防守

非接触性防守是指以不接触对手进攻动作为目的，利用身体和步法的配合来躲闪、闪避进攻的防守方法。

（1）收步

① 动作方法：由实战姿势开始，前脚由前向后收步，接近后脚时前脚掌着地，重心落于后腿，完成动作后为实战姿势，如图2-46。

② 动作要领：上体正直，虚实分明，前脚回收时不能超越后脚，回收的距离视对手的进攻距离而定。

（2）后闪

① 动作方法：对手用拳法进攻时，可重心后移，上体略后仰闪躲，如图2-47。

② 动作要领：仰闪的时机与距离适度，以便于反击。

图2-46　收步

图2-47　后闪

（3）侧闪

① 动作方法：两膝微屈，俯身，上体向左侧或右侧闪躲，如图2-48和图2-49。

② 动作要领：身体向侧横移适度，不能过大，这样有利于反击。

图2-48　左侧闪

图2-49　右侧闪

（4）下躲闪

① 动作方法：两腿屈膝，沉胯，重心下降，缩颈，弧形向下躲闪，两手紧护头部；完成动作为实战姿势，如图2-50。

② 动作要领：看准时机，屈膝、收下颌、含胸、躲闪同时进行。

（5）跳步躲闪

① 动作方法：两脚蹬地使身体向后、向左或向右跳闪，如图2-51。

② 动作要领：时机得当，跳闪的距离适度，不宜过高，以便于反击。

视频：下躲闪

视频：跳步躲闪

图2-50　下躲闪

图2-51　跳步躲闪

（二）防守技术的要求

1. 接触性防守技术的要求

（1）防守面积大

防守面积大是指在使用防守技术时要立足防一片，而不能防一点，扩大对身体的保护面，尽量提高防守的成功率。例如，在以左手拍挡对手右冲拳时，上臂和前臂的夹角要小，前臂要接近垂直状态，使头到腹部都处于保护之下，对手的冲拳高一点儿或低一点儿都能防守到。若把肘尖向外一翻，前臂呈水平，防守面就将变小，而且容易出现防守落空。再如，以右格挡防守对手左掼拳，肘尖应尽量下垂，收下颌，躯干右侧也应做出侧屈的动作，使头部至肋部都处于被保护的范围之内。

（2）动作幅度小

动作幅度小是指对防守技术的要求。在不断变化的武术散打比赛中，不管使用何种防守技术动作都要避免出现幅度过大的动作，幅度过大的防守动作会影响防守的精准性，甚至失去防守效果。动作幅度要小，对防守技术提出了较难的要求，特别是缺乏实战经验的运动员，由于紧张与恐惧心理的影响，以及动作未定型，一旦遇强手进攻，导致动作幅度大，影响防守的准确性。动作幅度要小，应以防守效果和有利反击为准。

例如，在使用拍挡技术防守对手冲拳时，肘部应尽量保持不动，切勿幅度过大，肘尖外翻。若幅度过大，不仅容易导致防守落空，而且不利于快速完成动作，反而延长动作完成的时间，容易给对手机会。

此外，动作幅度小，可以更好地进攻对手，武术散打技术动作讲究"快打慢"，实践证明动作幅度过大的防守动作不利于动作之间的转换，动作幅度过大不仅会破坏自身的身体姿势，还会延长动作运行的时间、距离、速度等因素，在比赛过程中极易延误战机。

（3）还原转换快

还原转换快是指防守后回原位或连续变换几种防守的间隔时间要短，迅速转换回位，不给对手可乘之机。例如，对手以左踹腿进攻躯干时，应迅速采用下格挡防守，成功防守后应迅速还原或转右冲拳反击，或防左转防右、防上变防下等，动作间的转换还原要快。此外，动作间还原转换速度的快慢与动作幅度、动作结构密切相关。动作幅度越大，还原转换的速度越慢。动作结构不合理，也会影响还原转换的速度。

2. 非接触性防守技术的要求

（1）时机恰当

时机恰当是指在非接触性防守的过程中，防守的时间要恰到好处，不早不晚。闪躲太早，对手则会变换进攻的部位或变换进攻的方法，晚了有被击中的可能。因此，要求练习者要具备良好的反应以及对时机的把控能力。

（2）位移准确

位移准确是指在躲闪对手的进攻时，身体姿势的改变或位移距离的变化要具有高度的准确性。移动距离过短，容易被对手击中；移动距离过长，虽然可以有效躲避对手的进攻动作，但也会给自己的反击带来难度，不利于反击对手。

因此在防守技术中必须培养距离变化的感觉，距离变化掌握不好，即使能够闪躲开对手的进攻，也会给对手留下机会。在非接触性防守技术的应用过程中，若能做到准确位移，将给反击技术提供更佳的距离和时机，势必打乱对手的进攻节奏或使对手防守措手不及。

（3）整体协调

整体协调是对身体协调性的要求，不论前迎后避，还是左右闪躲都必须注意身体的整体性、一致性，强调身体的整体性移动变换。例如，在使用下躲闪躲避对手冲拳时，应当由踝关节开始，膝、胯、腰、颈、头等关节、部位都需要同时弯曲或收缩完成整个躲闪动作。常见的错误动作是只仰头躲避，躯干及腿部基本不动，形成了躲闪头部、不躲闪身体或躲闪头部、不躲闪腿部的错误动作，这样的错误动作不仅不能有效躲避对手的进攻，还会破坏自己的身体重心，倘若对手采用的是指上打下的组合招法，必定会使对手抓住自己的防守漏洞。

七、防守反击技术

防守反击技术是指以防守为侧重点，在防守成功对手进攻动作的同时，寻找反击机会的技术。武术散打运动追求攻防平衡，攻中有防，防中有攻，攻与防是不断转换的过程，防守也是为了更好地进攻对手。武术散打防守反击技术的主要特点有防后必反、防反兼顾、防反多变等。

（一）防后必反

防后必反是指在成功防守住对手的进攻动作后必须迅速向对手做出反击。防后必反是防守反击技术的核心特点，防守是为了反击，一味地防守没有反击会使比赛取胜难以把握。因此，在防守反击技术中，防守后要进行一系列有效的、有计划的反击，这样才能能动地把握比赛战机，夺取比赛的主动性。例如，在比赛当中对手冲拳进攻，在正确判断对手冲拳的情况下主动拍击对手冲拳，并在拍击的同时迅速进攻对手，做到防后必反。

需要注意的是防守反击技术中的防守是积极主动的防守，有意识的主动防守是防后必反的前提条件，在被动防守下很难做到防后必反。

（二）防反兼顾

防反兼顾是指防守与反击要兼顾、统一起来，既不能重防守轻反击，也不能重反击轻防守，要做到防守中有反击、反击中有防守。防守、反击兼顾是防守反击技术成功实施的基础，在防守反击技术的运用过程中若不能将二者统一起来，会大大降低该技术在比赛过程中的成功率。比赛中，如过度地防守则会导致错失战机，使反击难以进行；如轻视防守，一味想着反击对手，则会导致防守落空，使反击无法进行。因此，必须将二者统一起来，做到防守与反击兼顾，并恰到好处，这样才能有效发挥出防守反击技术的特点。例如，在运用下躲闪防守加冲拳反击技术时，若过度地下蹲躲闪，则影响起身反击速度，而对手会作出反应，导致冲拳落空；若一味想着反击，下蹲躲闪幅度不够，则易被对手击中，导致防守反击技术失败。合理的攻防结构应当是：防上打下、防下打上，护右击左、护左击右，这既有利于攻防动作间的转换，也能给对手带来攻之有法、防之严密的畏惧感。

（三）防反多变

防反多变是指防守反击技术的运用要随着赛场上情况的变化而变化。防守反击技术并不是固定的，而是多种多样的技术组合，即在比赛中可以选择多种多样的防守与反击技术，既可以变换防守技术，也可以变换反击技术，灵活变换，将二者有机结合起来，这样才能够使对手琢磨不透，有效地打击对手。例如，对手使用冲拳进攻时，既可以用前手拍击对手冲拳再用后手冲拳反击对手，亦可以采用下躲闪躲避对手冲拳后使用后手冲拳反击。因此，防守反击技术的运用要求练习者具备良好的动作间组合运用能力，做到动作灵活多变，切忌将动作间的组合固化，让对手抓住规律。

八、阻击技术

阻击技术又称迎击技术，顾名思义就是迎着对手进攻的同时，借用对手向前的作用力，用拳法或腿法阻击对手进行反击的一种实用技术，以其破坏对手的进攻。阻击技术在武术散打比赛中效果明显，杀伤力较大，其技术的主要特点包括预兆小、以攻代守、判断准确、后发先制等特点。

（一）预兆小

预兆小是指在使用阻击技术时技术动作的使用需要具备一定的隐蔽性。预兆就是指在发出动作之前无意识地做出其他动作预先暴露了自己的动作意图，动作有预兆，进攻不但不能实现，反而会给对手创造反击的时机，导致比赛失败。

（二）以攻代守

以攻代守是指用进攻作为防守的手段，将防守寓于进攻当中，有效地破坏对手的进攻动作，这是阻击技术实施的核心。例如，对手在运用右鞭腿技术攻击我方躯干时，应以攻为守，在对手使用右鞭腿的同时我方使用右正蹬腿阻击对手腹部，达到阻击的目的。

（三）判断准确

判断准确是指在使用阻击技术时要准确预判对手的进攻意图，它是阻击技术成功实施的基础。阻击技术的使用建立在判断准确的基础之上，只有成功判断对手的进攻意图，才能够采取正确的阻击动作，提高阻击技术的成功率。例如，通过观察成功判断出对手要以右鞭腿进攻躯干部位，此时应迅速改变方位向前移动，同时用右手冲拳击打对手头部，对于这一技术来说关键在于判断要无误，然后抢在对手鞭腿未接触到我方躯干部位前完成进攻，抢占先机。

（四）后发先制

后发先制是指尽量采用最直接、动作路线短的技术动作阻击对手的进攻动作，以破坏对手的进攻。后发先制是阻击技术实施的关键，阻击技术实施的目的在于抢占先机，快速地发起进攻动作，因此在选择技术时应以直接、快速、有效的技术动作为主。例如，当对手使用拳法或鞭腿技术进攻时，可直接采用侧踹腿攻击对手躯干部位，阻截的时机要及时、准确，动作的反应要迅速、果断，做到后发先制。

九、跌法

跌法是指双方在使用摔法的过程中，为了达到保护自己而采用的各种倒地动作。跌法和摔法相互依存，从技术功能而言，摔法是为了进攻，跌法是为了保护自身。武术散打中的跌法较多，从摔倒的不同方位划分，有向前、后直倒或翻滚的，有向左、右侧面摔或向斜前、斜后方跌扑的，有腾空和非腾空的翻滚等。

（一）跌法的动作方法及要领

1. 前滚翻

（1）动作方法

由站立姿势开始，身体全蹲，双手撑地，重心移至双手上，两脚用力蹬地，同时低头屈臂，团身向前滚动，双手抱小腿蹲起，然后站立，如图2-52。

（2）动作要领

手、头、身、腿要协调一致，团身的形状要圆，滚动时要闭气。

图2-52　前滚翻

2. 后滚翻

（1）动作方法

由站立姿势开始，身体全蹲，双手后撑地，低头含胸，由臀部着地，以背部、肩部、头部依次着地，快速团身滚动，双掌随之向后撑地，身体滚动360°后上体抬起，手撑地快速站起，如图2-53。

图2-53　后滚翻

（2）动作要领

全身要协调，要求臀、腰、背、肩依次滚动，滚到肩部时勾头、闭气、手推地同时进行，双腿快速触地站起。

3. 前倒

（1）动作方法

并步站立，身体前倒，两臂摆伸，闭气同时顺势屈上臂触地缓冲，如图2-54。

（2）动作要领

腰部要向后身体呈弓形，上臂触地后身体顺势伸直。

4. 后倒

（1）动作方法

两脚分开或并步站立，双腿屈膝下蹲，上体后倒，收下颌闭气，在肩触地的同时两臂于体侧拍地，如图2-55。

图2-54 前倒　　　　　　　　　　图2-55 后倒

（2）动作要领

身体的触地点是双臂和肩形呈三角，后背要悬空在臂、肩之上，同时要勾头、闭气。

5. 左侧倒

（1）动作方法

两脚分开站立，左脚向右前伸，右膝弯曲，上体向左侧倒，同时闭气，随后小腿、大腿、左臀依次触地，左手臂内旋在体侧拍地，如图2-56。

（2）动作要领

身体体侧触地，左臂拍地缓冲要与倒地一致。

视频：左侧倒

6. 右侧倒

（1）动作方法

两脚分开站立，右脚向左前方伸，左膝弯曲，上体向右侧倒，同时闭气，随后小腿、大腿、右臀依次触地，右手臂内旋在体侧拍地，如图2-57。

（2）动作要领

身体体侧触地，左手拍地缓冲要与倒地一致。

视频：右侧倒

图2-56 左侧倒　　　　　　　　　图2-57 右侧倒

第二章
武术散打技术

7. 抢背

（1）动作方法

屈膝蹲立，身体前倾，两脚蹬地，两臂向前伸，身体腾空，随后两臂向下伸触地屈臂，低头，肩顺势触地，闭气团身向左前方滚翻，两腿着地的同时两手推站起，如图2-58。

（2）动作要领

跳跃要高，空中身体舒展；手臂触地面时屈臂、低头、团身，闭气要快；身体触地时顺势滚动要流畅。

图2-58　抢背

（二）跌法的技术要求

1. 缓冲

任何一种跌法，首要的一点是在躯干触地之前，以双手或双脚先着地，再通过各关节的化解，缓冲给地面的作用力，减轻对内脏器官的震动以保护自己。如前倒，必须先以双手或两前臂着地。

2. 低头

当身体突然倒地而发生震动时，由于颈部肌肉力量薄弱，颈椎往往极易受伤；当身体后倒时，也会因为后脑先着地而出现脑震荡。因此，跌法中的低头，是避免或减少颈椎和后脑受伤的关键性技术。

3. 团身

在倒地瞬间，团身（结合闭气），一能缓解对内脏器官的震动，二能迅速逃离对手，达到保护自己的目的。

4. 闭气

在倒地一瞬间，通过突然闭气，能够反射性地引起胸、腹肌肉紧缩，从而增大腔内的压力，增强躯体接触地面的弹性，犹如一个打足了气的球，摔在地上会反弹起来一样，缓解地面对身体的反作用力。

5. 臂内旋

旋臂，即在倒地瞬间，同侧臂内旋，使虎口朝内，在极大冲力的情况下，肘关节及肩关节顺势依次滚动弯曲着地，达到自我保护的目的。

6. 接触面要大

在倒地一刹那，要求手掌辅助拍地，以增大接触面积，缓冲对身体的震荡。

十、摔法

摔法是指运动员在一定规则下，使用手别、腿绊等各种破坏对手重心，并迫使对手倒地的动作方法。

在武术散打中，摔法分为贴身摔和接腿摔两种，贴身摔法指夹颈、抱腰、抱腿的各种贴身摔法，接腿摔是指接住对手进攻的各种腿法之后运用的摔法。

（一）贴身摔法的动作方法及要领

1. 夹颈过背

（1）动作方法

对手用左掼拳攻击头部时，立即以右手挂挡对手左拳后迅速夹握对手左前臂，同时左臂由对手右肩穿过后，屈臂夹住对手颈部。右脚向后插半步与左脚平行，两腿屈膝，臀部抵住对手小腹。然后身体右转，两腿蹬伸，弓腰，头向右转，将对手背起向后摔倒。如图2-59。

视频：夹颈过背

图2-59　夹颈过背

（2）动作要领

夹颈时，身体要紧贴住对手，屈臂夹颈要紧，背起对手时，应以背部横贴对手胸腹部，插步、转身、低头、弓腰、蹬伸要快速、协调、连贯。

2. 穿臂过背

（1）动作方法

对手用左掼拳攻击头部时，立即向左闪身，同时左脚向前上半步，右手挂挡对手左掼拳后迅速夹握对手左前臂，同时左臂从对手左臂下穿过并上挑至肩上，身体右转，右脚向后插半步屈膝，臀抵住对手小腹。继而两腿蹬伸，弓腰，头向右转，将对手背起向后摔倒。如图2-60。

视频：穿臂
过背

图2-60　穿臂过背

（2）动作要领

抱住对手左臂时，应强调插步转身要快，双手上下配合一致。练习此摔法应增加转身、屈膝和伸腿的辅助练习。

3. 抱腿前顶

（1）动作方法

由实战姿势开始，左脚上步，身体下潜闪躲，然后两手抱对手双腿腘窝下部，两手用力回拉。同时用左肩前顶大腿根部或腹部，将对手摔倒。如图2-61。

视频：抱腿
前顶

图2-61　抱腿前顶

（2）动作要领

抱住对手双腿时，一定要身体下潜贴近对手双腿，两臂后拉与肩顶配合协调。

4.抱腿旋压

（1）动作方法

右脚蹬地，左脚上步，身体下潜，重心移至左腿；左手臂抄抱对手大腿内侧，右手抱住对手小腿后，以左脚掌为轴，身体向右后方旋转，以右手提、左肩压的合力，将对手摔倒。如图2-62。

视频：抱腿旋压

图2-62　抱腿旋压

（2）动作要领

下潜要快，抱腿要紧，注意胸腹部紧贴对手腿部内侧。提、拉、顶与旋转要配合一致。

5.抱腿搂腿

（1）动作方法

对手撤步，我方上步，身体下潜，然后右手抱对方左后腰，屈肘；左手抱其右腘窝并用力回拉，使对手右腿离地。我方右腿抬起前伸，由前向后搂挂对手支撑腿，同时用右肩向前顶靠对手腹部，将其摔倒。如图2-63。

视频：抱腿搂腿

图2-63　抱腿搂腿

第二章
武术散打技术

（2）动作要领

下潜要快，抱腿要紧，近身后立即破坏对手重心，抱起对手前腿，使其单腿支撑，搂腿、手拉和肩顶应用力一致。

6. 折腰搂腿

（1）动作方法

下闪，两臂抱住对手腰部，右腿抬起，并以小腿由前向后搂挂对手左小腿。同时两手抱紧对手腰部，上体前压其胸，使其后倒。如图2-64。

视频：折腰
搂腿

图2-64　折腰搂腿

（2）动作要领

下闪贴身要快，抱腰要紧并向回拉，上体前倾，压胸和搂腿动作一致。

7. 压颈搂腿

（1）动作方法

左腿被对手抱住后，立即俯身屈髋并向后转腰，以左手压推对手后颈部，右手向上搂托对手左膝关节，将对手向前翻滚倒地。如图2-65。

（2）动作要领

下蹲要快、及时，推颈与搂托要用力一致。

视频：压颈
搂腿

图2-65　压颈搂腿

8. 夹颈打腿

（1）动作方法

左手虚晃对手，左脚上步，右手迅速抓住对手左前臂，左臂从对手右肩穿过后屈臂夹抱对手颈部。右脚向后插半步，臀部抵住对手小腹，身体立即右转，同时用左小腿向后横打对手小腿外侧，将对手挑起摔倒。如图2-66。

视频：夹颈
打腿

图2-66　夹颈打腿

（2）动作要领

夹颈时，身体要紧贴靠对手，屈臂夹紧并回拉。摔对手时，打腿和转体要协调一致。

（二）接腿摔法的动作方法及要领

1. 接腿前切

（1）动作方法

当对手以左鞭腿进攻时，立即用里包抄抱腿方法，抄抱对手小腿，左脚随即向前上步，换右臂掀抱其小腿，以左前臂下端外侧为力点向前切压对手胸部或面部，使其摔倒。如图2-67。

视频：接腿
前切

图2-67　接腿前切

（2）动作要领

摔对手时，上步与前臂的切压和后手上掀相配合，充分破坏对手重心，使其向后倒地。

2. 接腿下压

（1）动作方法

当对手用左鞭腿进攻时，立即以里抄抱其腿后，右腿立即向后撤步，上体右转，左手回拉。同时躯干前屈，用肩胸下压对手左腿内侧，将对手摔倒。如图2-68。

视频：接腿下压

图2-68　接腿下压

（2）动作要领

摔对手时，应注意撤步转身、肩胸下压及右手抱压协调配合，充分斜压破坏对手重心，使对手向左侧倒。

3. 接腿勾踢

（1）动作方法

当对手用右鞭腿进攻肋部时，立即抢先进步，并向左转身，同时用右手臂抄抱其膝关节以上部位，左手搂抱对手小腿。随后用右手迅速向对手颈部下压，右脚勾踢对手支撑腿脚踝处，同时上体右转，右手回拉，将对方摔倒。如图2-69。

视频：接腿勾踢

图2-69　接腿勾踢

（2）动作要领

勾踢对手时，要求抱腿尽量向膝关节以上抄抱，压颈、勾踢、转腰动作要协调、快速、完整。

4. 接腿挂腿

（1）动作方法

当对手用右鞭腿进攻肋部时，立即以左转身抄抱来腿，同时右腿抬起前伸，以小腿由前向后搂挂对手支撑腿。同时右手用力向前、向下推压对手右肩，将其摔倒。如图2-70。

视频：接腿挂腿

图2-70 接腿挂腿

（2）动作要领

抱腿时，要求接抱腿时抄抱对手膝关节以上部位，并贴近自己肋部，使其不能逃脱，搂挂腿、右手推压与左手抱腿上掀动作要用力一致。

5. 接腿摇涮

（1）动作方法

当对手以左踹腿进攻时，立即用双手抄抱对手脚踝处，然后两腿屈膝退步，两手用力回拉，继而左脚、右脚依次跨步，双手由内向下、向左上方弧形摇荡，将对手摔倒。如图2-71。

视频：接腿摇涮

图2-71 接腿摇涮

（2）动作要领

摔对方时，强调后拉借力与弧形摇荡协调一致，注意先破坏对手重心，然后摇涮，即先拉后摇。

6. 接腿上托

（1）动作方法

当对手以左踹腿或左蹬腿进攻胸部时，立即用双手抄抱对手脚踝，然后双手屈臂向前上方推托，将对手摔倒。如图2-72。

图2-72　接腿上托

（2）动作要领

上托对手时，注意托劲与推劲相配合，身体始终向前跟进，直至对手倒地。

7. 接腿别腿

（1）动作方法

当对手用左鞭腿进攻时，立即抄抱对手腿，接着身体下潜，左脚上步，右脚跟半步，继而左脚插向对手支撑腿后方，别腿，上体右转用胸臂下压对手前腿，将对手摔倒。如图2-73。

（2）动作要领

接抱腿时，强调掌握好抄抱腿的方法和时机；摔对手时，要求别腿、转体、压腿衔接要快，用力要连贯，一气呵成。

图2-73　接腿别腿

（三）摔法的技术要求

1. 借势

借势是指在运用各种摔法时，借助对手重心不稳或将要失去平衡的姿势，稍加力量将其摔倒。借势，关键是掌握好时机。一般来说，在动作发力瞬间一旦击空，身体就会处于失衡状态，如果能在此时顺其失衡的同侧方位稍加外力，效果极佳。另外，在对手动作发力的同时，如果顺其发力的方向稍加外力，也会收到事半功倍的效果。

2. 掀底

掀底是指采用摔法时，为破坏对手支撑而采用掀、拉、摇托等方法，将对手摔倒。

3. 别根

别根是指通过自己身体的某一部分别绊对手支撑重心的根部，达到摔倒对手的目的。

4. 靠身

靠身是指通过身体向前挤靠的方法将对手摔倒。

除了少数远距离摔法（如接腿摇涮），武术散打中的摔法绝大多数是主动近身抱摔和接腿的摔法。每一种摔法尽管有其独特的摔法关键技术，但如果把借势、掀底、别根、靠身四种技巧结合运用，并突出"快"，那么就会收到较好的效果。

第三节　武术散打组合技术

武术散打组合技术是两种相同种类的技术动作或不同种类的技术动作组合成的连击技术。

在进攻和反击时，武术散打组合技术都是常用技术之一。进攻时第一击一旦击中对手，后续进攻连续多发，就能及时扩大战果；对手的进攻被防守后立即进行组合反攻，既可打乱对手的进攻节奏，又可变被动为主动，使自己占据有利的态势，因此组合技术在实战中如果运用得当，就能获得很好的效果。

组合技术的进攻或反击通常不止攻击一个目标，所以它可以是拳法、腿法、摔法的组合运用，也可以是拳法、腿法、摔法混合的组合运用。协调身法及良好的技巧是完成组合技术的基础。运用组合技术进攻或反攻，一般以速度快的前拳、前腿带动，如前冲拳、前鞭腿、前蹬腿、前踹腿，这些动作快又容易控制，又能迫使对手防守，可以起到很好的先导效果。

从武术散打实战的实践来看，组合技术的进攻或反攻一般以两到三个连击为最好，组合技术动作越多，进攻及反攻就不易控制，遭到对手反击的可能性就越大。

一、拳法组合技术

拳法组合技术是指两个以上的同一种类的拳法或不同种类的拳法组合。

（一）直线型拳法的组合技术

1. 左冲拳—右冲拳（图2-74）

图2-74　左冲拳—右冲拳

2. 左冲拳—右冲拳—下躲闪—右冲拳（图2-75）

图2-75　左冲拳—右冲拳—下躲闪—右冲拳

3. 左冲拳—右冲拳—左冲拳—右冲拳（图2-76）

图2-76 左冲拳—右冲拳—左冲拳—右冲拳

（二）弧线型拳法的组合技术

1. 左掼拳—右掼拳（图2-77）

2. 左抄拳—右抄拳（图2-78）

图2-77 左掼拳—右掼拳   图2-78 左抄拳—右抄拳

3. 左掼拳—右抄拳（图2-79）

4. 左抄拳—右掼拳（图2-80）

图2-79 左掼拳—右抄拳   图2-80 左抄拳—右掼拳

（三）直线型与弧线型相结合拳法的组合技术

1. 左冲拳—右掼拳（图2-81）

视频：左冲
拳—右掼拳

图2-81　左冲拳—右掼拳

2. 左冲拳—右抄拳（图2-82）

视频：左冲
拳—右抄拳

图2-82　左冲拳—右抄拳

3. 左冲拳—右转身鞭拳（图2-83）

视频：左冲
拳—右转身
鞭拳

图2-83　左冲拳—右转身鞭拳

4. 左冲拳—右冲拳—左掼拳（图2-84）

视频：左冲
拳—右冲拳—
左掼拳

图2-84　左冲拳—右冲拳—左掼拳

5. 左冲拳—右冲拳—左掼拳—右掼拳（图2-85）

视频：左冲拳—右冲拳—左掼拳—右掼拳

图2-85 左冲拳—右冲拳—左掼拳—右掼拳

6. 左冲拳—右冲拳—左抄拳—右抄拳（图2-86）

视频：左冲拳—右冲拳—左抄拳—右抄拳

图2-86 左冲拳—右冲拳—左抄拳—右抄拳

二、腿法组合技术

（一）直线型腿法的组合技术

1. 左蹬腿—右蹬腿（图2-87）

视频：左蹬腿—右蹬腿

图2-87 左蹬腿—右蹬腿

2. 右后蹬腿—左后蹬腿（图2-88）

3. 左踹腿—右踹腿（图2-89）

图2-88　右后蹬腿—左后蹬腿

图2-89　左端腿—右端腿

4. 左端腿—右蹬腿（图2-90）

图2-90　左端腿—右蹬腿

5. 左蹬腿—右端腿（图2-91）

图2-91　左蹬腿—右端腿

6. 左端腿—右后蹬腿（图2-92）

视频：左端腿—右后蹬腿

图2-92　左端腿—右后蹬腿

7. 左蹬腿—右后端腿（图2-93）

视频：左蹬腿—右后端腿

图2-93　左蹬腿—右后端腿

（二）弧线型腿法的组合技术

1. 左鞭腿—右鞭腿（图2-94）

视频：左鞭腿—右鞭腿

图2-94　左鞭腿—右鞭腿

2. 右鞭腿—左鞭腿（图2-95）

视频：右鞭腿—左鞭腿

图2-95　右鞭腿—左鞭腿

（三）直线型与弧线型腿法相结合的组合技术

1. 左踹腿—右鞭腿（图2-96）

图2-96　左踹腿—右鞭腿

2. 左蹬腿—右鞭腿（图2-97）

图2-97　左蹬腿—右鞭腿

3. 左鞭腿—右蹬腿（图2-98）

图2-98　左鞭腿—右蹬腿

4. 左鞭腿—右踹腿（图2-99）

图2-99　左鞭腿—右踹腿

5. 左鞭腿—右转身后摆腿（图2-100）

视频：左鞭腿—右转身后摆腿

图2-100　左鞭腿—右转身后摆腿

三、拳法、腿法组合技术

（一）直线型拳法、腿法的组合技术

1. 左冲拳—左踹腿（图2-101）

视频：左冲拳—左踹腿

图2-101　左冲拳—左踹腿

2. 左冲拳—右蹬腿（图2-102）

视频：左冲拳—右蹬腿

图2-102　左冲拳—右蹬腿

3. 左踹腿—右冲拳（图2-103）

4. 左冲拳—右冲拳—左蹬腿（图2-104）

图2-103　左踹腿—右冲拳

图2-104　左冲拳—右冲拳—左蹬腿

5. 左冲拳—右冲拳—右蹬腿（图2-105）

图2-105　左冲拳—右冲拳—右蹬腿

6. 左冲拳—右冲拳—左蹬腿—右蹬腿（图2-106）

图2-106　左冲拳—右冲拳—左蹬腿—右蹬腿

（二）弧线型拳法、腿法的组合技术

1. 左掼拳—右鞭腿（图2-107）

图2-107　左掼拳—右鞭腿

2. 左鞭腿—右掼拳（图2-108）

图2-108　左鞭腿—右掼拳

3. 左掼拳—右掼拳—左鞭腿—右鞭腿（图2-109）

图2-109　左掼拳—右掼拳—左鞭腿—右鞭腿

（三）直线型与弧线型拳法、腿法相结合的组合技术

1. 左冲拳—右鞭腿（图2-110）

2. 左鞭腿—右冲拳（图2-111）

视频：左冲拳—右鞭腿

图2-110　左冲拳—右鞭腿

视频：左鞭腿—右冲拳

图2-111　左鞭腿—右冲拳

3. 左冲拳—右冲拳—左鞭腿—右鞭腿（图2-112）

视频：左冲拳—右冲拳—左鞭腿—右鞭腿

图2-112　左冲拳—右冲拳—左鞭腿—右鞭腿

四、拳法、腿法、摔法组合技术

（一）拳法、摔法的组合技术

1. 左冲拳—下潜抱腿顶摔（图2-113）

2. 左冲拳—右冲拳—下潜抱腿扛摔（图2-114）

3. 左掼拳—夹颈摔（图2-115）

视频：左冲拳—下潜抱腿顶摔

图2-113　左冲拳—下潜抱腿顶摔

视频：左冲拳—右冲拳—下潜抱腿扛摔

图2-114　左冲拳—右冲拳—下潜抱腿扛摔

视频：左摆拳—夹颈摔

图2-115　左摆拳—夹颈摔

（二）拳法、腿法、摔法的组合技术

1. 左冲拳—右鞭腿—搂胸挂腿摔（图2-116）

视频：左冲拳—右鞭腿—搂胸挂腿摔

图2-116　左冲拳—右鞭腿—搂胸挂腿摔

2. 左鞭腿—右冲拳—下潜抱腿压摔（图2-117）

图2-117　左鞭腿—右冲拳—下潜抱腿压摔

五、组合技术的要求

（一）步法调整要简洁

使用组合技术时，一定要注意动作与动作之间的连贯性、协调性，基本原则是前一个动作的结束姿势，是后一个动作的起点姿势。拳法组合、拳法和腿法组合、拳法和摔法组合、摔法和拳法组合、摔法和摔法组合的前拳或摔法动作结束的步法是适合于下一动作发出的步法；腿法组合、腿法和拳法组合、腿法和摔法组合的第一个腿法动作结束时脚的落点成步法，是要适合下一个技术动作开始的步法，这要求步法调整一步到位，不能有二次步法调整，并且在步法调整过程中，重心要求平稳，以确保组合技术的连接快、简洁而紧凑，以加大进攻和反击的效果。

（二）动作数量要适当

发出动作数量一般在两个或三个之间进行变化。有时连接两个动作，有时连接三个动作，而连接三个以上的动作较少。

（三）技战术配合要灵活

使用组合技术时，最好与多点战术相配合，即组合动作中各个动作的攻击目标须不断变化，以增加对手防守反击的难度。如果进攻的部位单一，则不容易击中对手。所以，要根据实际需要灵活练习和使用技战术。

复习思考题

1. 论述武术散打的技术运用原理。

2. 试述武术散打单个技术与组合技术的关系。

3. 简述实战姿势、步法的技术要求在拳法、腿法、摔法技术运用中的作用。

4. 论述拳法进攻、防守反击的技术要求和要领。

5. 简析阻击与防守反击的技术要点。

参考文献

1. 全国体育院校教程委员会. 运动训练学［M］. 北京：人民体育出版社，2010.

2. 全国体育院校教材委员会. 中国武术教程（下册）［M］. 北京：人民体育出版社，2004.

3. 朱瑞琪. 武术散打技术理论与裁判［M］. 北京：人民体育出版社，2015.

4. 翟磊. 现代散打技法解析与训练研究［M］. 北京：中国书籍出版社，2019.

5. 田麦久. 项群训练理论［M］. 北京：人民体育出版社，1998.

6. 曾于久. 武术散打训练新论［M］. 北京：人民体育出版社，2013.

第三章
武术散打战术

本章导读

　　武术散打战术是指在散打比赛中，根据双方场上的各种具体情况，为充分发挥自身特长战胜对手而采取的计策和方法。它是一种有目的的行动，是武术散打竞技能力的重要组成部分，是比赛结果的重要影响因素。本章主要介绍了武术散打的战术概述、战术制定原则、基本战术，并结合武术散打比赛录像对优秀散打运动员战术运用情况进行了详细的分析。

学习目标

1. 熟悉武术散打战术的概念与构成要素。
2. 掌握武术散打战术的制定原则。
3. 把握武术散打战术的基本形式与运用要点。
4. 具备通过比赛录像对双方运动员战术运用情况进行辨析和指导的能力。

第一节　武术散打战术概述

一、武术散打战术的定义

武术散打战术是指在武术散打比赛中，为达到战胜对手目的或期望结果，针对对手情况采取的计策和行动。战术在武术散打比赛中起到极其重要的作用，是战胜对手不可缺少的手段和方法，也是为充分发挥自身特长战胜对手而采取的计谋。它是一种有目的、有针对性的行动，是武术散打竞技能力的重要组成部分，也是比赛结果的重要影响因素。武术散打战术的作用是将运动员平时训练所积累的技术、体能、心理等竞技能力，在比赛中根据对手情况合理运用，达到有效抑制对手技战术发挥，并最大限度地发挥自身潜力，达到战胜对手的目的。

武术散打战术是推动武术散打运动发展的动力之一，运动员各项竞技能力的进步是促进战术水平进步的动力。制定战术，首先要掌握武术散打运动的特点和制胜规律，研究其战术特征，对武术散打竞赛训练的战略指导思想起着至关重要的作用。

二、战术的构成

武术散打战术是根据对比赛对手的了解程度进行多方面考虑而制定的方案，以具体的程序实施。武术散打战术由6个基本要素构成。

（一）战术观念

战术观念是武术散打教练员或运动员对比赛战术概念、战术价值功效及运用条件等进行认识和思维后产生的观念。教练员或运动员的个人战术观念对战术方面的思考、制订战术计划及实施战术训练等具有重要的导向意义。而优秀的教练员和运动员往往具备独特的战术观念，这与他们的竞赛经验、知识结构及对武术散打项目制胜规律的认知等有着密切关系。

（二）战术指导思想

战术指导思想是指教练员或运动员在战术观念的统领下，围绕训练或比赛，制定战术计划方案时的主导思想、基本原则和方针策略。它是教练员或运动员对战术规律及武术散打运动项目认识的客观反映，是战术活动的核心。

战术指导思想的确立会直接影响到所采用战术的针对性、实效性及运动员技战术训练重点和战术的制定。教练员确定战术指导思想时，应根据运动员情况进行全方位的分析，正确认识武术散打项目发展规律和趋势，并建立明确的比赛目标。

（三）战术意识

战术意识是指运动员在比赛中为实现目的，根据瞬息万变的比赛情况，决定自己战术行为的一种应对策略的思维活动过程，通常也称为战术素养。

战术意识是运动员获得比赛胜利不可或缺的战术元素，也是优秀武术散打运动员必备的战术能力。它要求运动员在比赛中能够瞬间观察、分析、判断对手的企图和行为，及时地做出正确的应对策略。它需要运动员具备清醒的头脑、敏捷的思维、快速的反应、准确的判断力、良好的心理素质和丰富的技战术经验等。

（四）战术知识

战术知识是指关于武术散打比赛战术的理论知识和经验知识，通常是指教练员或运动员通过理论学习后再结合实践经验，积累形成的一种战术知识。

储备大量的战术知识是掌握和运用具体战术的基础，教练员或运动员战术知识的积累不应仅仅依靠训练或比赛的实践，一定需要经过理论的学习并结合实践理解。理论学习内容包括武术散打战术运用原则、战术形式、战术发展趋势、竞赛规则及其对战术运用的制约等方面。增加专项理论知识的认知，结合训练、比赛的经验，可以有效提高教练员战术指导能力，促进战术创新。

（五）战术形式

战术形式是指武术散打比赛中根据对手情况，所采取的一种具有相对稳定形态和结构的一系列技战术行动方式。例如，针对对手防守能力强的特点而采取的佯攻战术，针对对手各方面能力都低于己方水平时而采取的强攻战术等。

（六）战术行动

战术行动是指在武术散打竞赛规则允许的情况下，为达到特定的战术目的，在战术思想的指导下，所采用的一系列的技术动作，如单一的拳法重击、组合拳，拳摔组合，进攻技术、防守反击等。

三、武术散打战术的制定原则

（一）技法功能原则

技法功能原则，指在武术散打比赛中，根据对手的技战术特征，结合自身技术水平，运动员在全面观察场上情况的基础上及时而果断地做出相应的战术安排，合理运用身体、技术和战术配合，最大限度地发挥己长和有效的技术去制约对手，取得比赛中的主动权，达到最终获胜的目的。

按照技法功能原则设计散打战术，首先，须认识武术散打技法功能。武术散打技法是指动作的技术方法，简称"技法"。其技法功能是指不同技术动作具有不同作用。武术散打依据不同技法功能，形成了"远踢、近打、贴身摔"的技法特点。例如：侧踹腿技术，适合双方在远距离的情况下运用，以进攻或堵击对手，这种优势是拳法和摔法技术所欠缺的；拳法技法中的冲拳、掼拳、抄拳技术，适合双方在近距离不搂抱的情况下运用；当双方贴身缠抱时，各种摔法的技术优势就显现出来了。而且各项技法有着不同的作用，既可以单独使用，也可以组合使用；既可以在进攻中运用，也可以作为防反或截击技术运用。其次，应根据对手技战术特征，合理运用武术散打各项技法优势，达到得分或者压制对手技能发挥的目的。例如：利用下潜摔克制对手的冲拳进攻；利用直线腿法阻击对手鞭腿进攻；面对灵敏性较差的对手，利用灵活步法与其周旋的同时再寻找机会得分等，充分利用武术散打各项技法优势实现压制对手和比赛获胜的目的。最后，应从武术散打动作整体性、有序性、相关性、动态性的系统观点出发，以合理、有效地发挥动作本身最大效应，不能孤立地、片面地考虑某一个战术环节和某一个战术动作的技术因素，避免形成单一的战术方案。

此外，武术散打的战术是通过技法的运用来实现的，而每一项技法的运用是在战术指导下完成的，又体现着战术的意图和意识。因此，技法和战术两者是密不可分的。在比赛中，有些技术的运用是教练员或运动员根据战术需要而预先制定的应对策略，有些技术的运用是运动员在平时训练中建立起来的格斗应答反应。而一个运动员掌握的踢、打、摔各项技术越全面、越精湛，那么他对战术的运用和实现就越有保证；相反，再先进的战术如果没有全面而娴熟的技术作保障，就很难达到应有的效果。因此，为提高战术运用效果，要求运动员在平时的技术训练中精益求精，同时也要根据身体的优劣势及个体差异进行有针对性的训练，掌握各项技术之间的上与下、长与短、大与小、进与退、近与远、攻与防的互相矛盾、互相制约、互相转化的规律，充分有效发挥各项技术的最大效应，从而更好地实施不同的战术方案。

（二）攻防兼顾原则

攻防兼顾原则，就是在瞬息万变的激烈对抗中做到攻中有防、防中有攻，保持攻防的合理节奏。攻与防两者并存于比赛之中，发挥相互矛盾、相互制约、相互转化的作用。

就战术目的而言，攻防兼顾只是一种战术手段和战术需求，最终是为了在防守中寻找得分的机会。在武术散打比赛中，进攻是获取胜利的主要手段，目的是获得比赛的主动权，同时达到削减和破坏对手进攻，减轻自己防守负担的作用；防守的目的是向攻击性方向发展。所以运动员在比赛中攻与防的转换意识要始终贯穿整个比赛，做到攻中有防，防中蕴攻，攻防合理转换，以减少被动的消极防守。而在激烈的武术散打比赛中，局势瞬息万变，机会稍纵即逝，且对手也会根据你的技战术特点不断变化自身的技战术打法。因此，运动员在场上执行自己的战术时，必须具备超强的攻防转换战机把握能力。

运动员在场上根据对手的情况是防守还是进攻？是攻防还是防攻？是攻防攻还是防攻防？这不仅要选择正确的防守技术，更重要的是为反击创造好有利的条件。例如，甲乙双方在比赛的第一局中，甲方的技术特长是善于在对手进攻中施用下潜抱腿摔技术，比赛中利用乙方进攻时的漏洞快速下潜抱摔，频频得分，乙方针对甲方这种防守后下潜抱摔一时找不到破解的方法，在比分落后于对手的情况下，只能继续进攻而导致连续失分，输掉了第一局。第二局开始，乙方对战术进行调整，将第二局的战术方案改为防守反击，迫使甲方不得不运用自己不擅长的主动进攻技术，反而被乙方抓住反击机会得分。乙方整场比赛连续运用防守反击战术，迫使甲方的特长技术被压制，没有其他应对方法，最后输掉了比赛。

当然，攻防兼顾的战术原则只是宏观方面的战术指导思想，在比赛中运动员应当根据对手的技战术特点，综合考量对手技战术、心理、体能等方面因素，在攻与防上突出攻防兼顾的主体指导思想，以确定是以进攻还是以防反技战术为主导。

（三）知己知彼原则

知己知彼原则，是在赛前或备战期间，通过各种途径搜集比赛对手的信息情报，了解对手的技战术特点、特长技术、体能状况、备战状态、心理能力等，并将这些情报信息进行汇总分析，研究应对策略，制定相应的战术方案，为比赛做好准备。

按照知己知彼原则设计散打战术，主要是做好情报搜集。首先，尽量准确地了解对手现在的技战术特点及比赛风格，确定对手是进攻型、防反型，还是攻防兼备型选手。其次，认真研究对手现在擅长的得分手段及比赛中常用的节奏情况。通过研究，制定压制对手特长技术发挥的对策，打乱对手的战术布局，从而取得比赛的主动权。最后，注重搜集对手竞技能力、身体状况和日常训练的备战情况等信息，因为这些状况信息能够直接反映出对手的竞技状态。例如，通过可靠情报，对手为此次比赛需要降8千克体重，降重过程将不可避免地对其体能、技术、战术、心理等竞技能力产生影响，根据这种情况在比赛中可以运用消耗对手体能的战术进行应对。

此外，要尽可能地提前了解和适应天气情况、场地条件、赛场设施、裁判状况等，为比赛获胜奠定基础。

（四）控制与反控制原则

武术散打的控制是指运动员在比赛或对抗中，通过自身所具备的竞技能力掌控着比赛的主动权，有效地压制对手的技战术发挥；反控制是指被控制对象摆脱控制对象的限制，反控对手，并取得控制比赛的优势。武术散打中的控制与反控制是对立统一的关系，二者相互联系、彼此制约，在一定程度上可以进行转化。而武术散打比赛胜负的关键，在很大程度上取决于该运动员是否能在比赛中有效地控制对手、避其锋芒、攻其弱点，使对手失去理智或是打乱对手比赛的节奏，控制住对手的每一招、每一式，不让对手发挥出应有的技战术水平，进而一举获胜。可以说，双方运动员的技战术运用始终围绕在控制与反控制之间的转换。因此，按照控制与反控制原则设计散打战术，就是为了达到"致人而不致于人"的目的，即有效地抑制对方并充分发挥自身潜力，占取比赛主动权，而被控制运动员要及时根据场上对手技战术情况找出应对策略，及时调整技战术方案，实施反控制。

控制对手技战术发挥的关键，首先是能够识破对手竞技能力某方面中的缺陷，将其作为战术重点打击目标，使对手陷于被动，其目的就是洞察对手弱点进而实现有效打击得分，或抑制对手特长技术发挥并充分发挥己方特长。例如，甲方在防摔上的缺陷，导致被摔法技术好的乙方连连摔倒失分。由于甲方在摔法上的缺陷过大，又不能及时破解被连续摔倒失分的问题，其他技术的发挥也受到影响和制约，这样乙方在技术上实现了对甲方的控制。因此，在日常训练中一定要重视技术的全面性与个人特长技术相结合的训练理念，通过竞技能力的提升，以取得控制对方技战术发挥的主动权。其次是教练员对技战术的精心安排，运动员对技战术的坚决贯彻，以及运动员具备临场独立战术应变的能力。

（五）灵巧多变原则

灵巧多变原则，是指赛前战术方案的制定和战术方案的实施要有多种、多套方案，教练员和运动员要具备根据场上对手的技战术变化及时作出灵活多变的战术应变能力。

运动员在比赛中要坚决贯彻执行教练员精心安排的战术，但是武术散打比赛的过程中攻防对抗瞬息万变，运动员在临场运用技战术时更需要独立的战术应变能力。若比赛或对抗中，运动员战术运用单一，应变能力差，容易暴露自己的战术意图，一旦被对手及对手教练把握规律并采取相应的对应战术，而自己又缺乏应变能力，往往会使自己陷入被动局面。

按灵巧多变的原理设计战术，首先，围绕最终战术目标，根据对手的实际情况，将多项战术进行搭配，形成战术组合，以产生不同的战术运用效果，并使对手无法察觉到你真实的战术意图。其次，应当考虑几种战术形式及其互相之间的衔接关系，最大限度地体现不同的进攻方向和进攻点，使战术具有针对性和实效性。再次，当一方运动员的战术被对手识破，己方教练员应根据场上情况及时找出问题所在，果断调整战术。根据赛场上的实际情况，在赛中或局间休息时对运动员的战术方案进行调整和指导，达到及时扭转不利局面的目的，帮助运动员摆脱困境，充分发挥自身技战术水平。最后，运动员临场独立思考、坚决果断的战术应对能力是至关重要的，运动员能够根据场上对手的状态与战术变化，灵巧多变的快速制定战术对策是获得比赛胜利不可或缺的能力。

第二节 武术散打基本战术

一、佯攻战术

佯攻战术是指在比赛中以假动作进攻，诱导对手作出错判后为自己的真实进攻创造有利条件的战术。从"示假"到"隐真"是战术实施佯攻的手段，佯攻的"逼真"与"恰到好处"则是佯攻战术的最高境界。

佯攻战术的运用有多种手段，最终目的是使用虚假动作造成对手产生错觉，误导对手作出错误判断而实现自己的真实进攻。佯攻战术是武术散打对抗时常用的一种战术。当双方运动员对峙，精神高度集中时，为避免直接进攻被对手识破，运用佯攻战术可以起到试探对手、隐藏我方意图的作用，从而诱导对手暴露破绽，再施以进攻而得分。例如，对手是防守反击型选手，比赛中防守较为严密，可以依靠假动作诱使对手露出破绽后再施以攻击。又如，我方突然有意暴露出要使用后手冲拳攻击对手的动作意图，同时观察对手反应，当对手做出下潜抱腿动作时，在我方早有准备的情况下立即改为前手抄拳击打对手头部，成功破解对手的下潜抱腿摔。

随着武术散打竞技水平的不断提高，运动员的防范能力有了较大幅度提升，特别是当双方运动员对峙呈胶着状态时，直接的进攻容易被对手防守，甚至面临反击或截击的问题，使自己陷入被动状态。所以，比赛中运动员要遵循真假虚实配合、佯攻诱打的原则，让对手抓不到规律，达到转移、分散对手注意力以实施我方真实意图的目的，为我方创造得分机会，提高攻击效果。

二、多点战术

多点战术是指不断变换进攻点和进攻方法，全方位攻击对手的战术。在武术散打比赛或实战中，一方运动员以灵活多变的拳腿摔技术向对手进行多方位的攻击，击打部位变化多端，使对手抓不到明显针对的具体目标，其目的是让对手捕捉不到我方的技战术运用规律，最大限度地分散对手防守注意力，打乱对手战术布局，使对手防不胜防，从而掌握比赛主动权的一种战术。

多点战术是武术散打比赛中常用的一种战术，根据对手的技战术特点和场上情况，多点战术既可以作为一种贯彻到底的应对战术，也可以作为一种试探对手技战术实力的策略手段。在执行多点战术的过程中发掘对手的技术缺陷，逐渐转移使用针对性的战术。

在比赛中遇到技术水平较好、防守较为严密的运动员时，单一的技术进攻很难奏效，应针对对手的情况实施全方位攻击。利用多点战术，争夺、保持对抗主动权，使对手不容易捕捉到反击的机会。在不了解对手的技战术特点时，暂时不能够针对对手确立战术方案，而临时采取的一种较为谨慎的战术行动，即结合佯攻战术使用，依靠多点进攻得分，使对手无法捕捉到自己的技战术规律，避免反被对手压制，而陷入被动局面的态势。多点战术的实施对运动员的技术能力要求较高，运动员的技能水平及竞技能力越全面，实施运用此战术效果越好。

三、直攻战术

直攻战术是进攻战术的一种，是指在没有虚晃及假动作的掩护下直接进攻。一般适用于对手竞技能力均在我方之下且不主动进攻的情况。主动运用直攻战术，不给对手与自己周旋的机会，向对手频频施加压力，迫使对手处于被动地位。在以下情况可以运用直攻战术：

（1）对手技战术水平明显在我方之下，防守能力差，缺乏主动进攻意识，有消极比赛的嫌疑。

（2）对手受体能弱或消耗大的影响，场上进攻欲望不强。

（3）对手防守反击能力差，反应慢。

（4）比赛过半，我方大比分落后，对方运用拖延时间战术。

四、强攻战术

强攻战术是指强行突破对手的防守动作后发出攻击的战术。强攻不是盲目蛮干，而是通过强攻这一战术手段，扬己之长，实现打击对手的目的。强攻是一种有较强进攻欲望的战术，在对抗中面对对手的防守和消极而坚决执行硬性进攻的一种战术手段，其目的是运用技术手段强行击垮对手的防御，从而达到得分和获胜的目的。强攻战术的运用要根据场上情况而定，一般在以下情况采用强攻战术：

（1）对手体能状况出现严重透支，要果断运用强攻战术，不能给对手喘息的机会。

（2）比赛的最后阶段，我方比分落后，只有主动强攻才能达到得分目的。

（3）对手技术水平、比赛经验及得分能力稍强于我方，但我方在身体素质方面要强于对手，可运用强攻战术给对手施加压力，破坏和限制对手技战术发挥。

（4）双方技术水平旗鼓相当，但我方体力状况明显优于对手。

（5）对手心理素质差或对手受伤病困扰影响技战术发挥。

五、迂回战术

迂回战术是指比赛中避开与对手交锋对抗，与其周旋，利用步法灵活移动而从侧面进攻的战术。主要表现为采用敌进我退、敌退我进、敌冲我闪等方式，避免与对手正面交锋，达到"蜂叮蝴舞"般的灵活绕开对手进攻后再击打得分的目的。

迂回战术适用于对手以强攻战术施以进攻时，避免与对手硬碰硬和正面交锋所产生不必要的损伤，突出以巧取胜。例如，当比赛接近尾声，我方比分领先，对手必定会全力进攻抢分，力图反败为胜。此时，采用迂回战术与对手周旋，避开对手的强攻，防止给对手创造获胜机会。迂回战术还适用于对手身体素质出众，善于采取强攻猛打，而灵活性稍差时，我方充分利用移动速度优势，运用迂回战术来回游离，避免和对手正面交手，成功化解对手进攻后再把握战机，通过消耗对手的体能和瓦解对手意志，提高得分效率。

六、重创战术

重创战术是使用力量打击对手，使其失去战斗力的战术。实施重创战术需要具有一定的身体和技术条件。在规则范围内运用踢、打、摔技术重击对手，击打力度超出对手的承受范围，直接影响对手继续参赛的能力，或导致对手丧失战斗力，无法继续参加比赛。

实施和制定重创战术的目的是为了尽快结束比赛，一般在以下情况运用重创战术：

（1）对手在技术、心理素质等竞技能力方面明显弱于我方，我方能够与对手对峙比赛时攻防运用自如，得分容易，或对手在心理上对重击有恐惧感时。

（2）我方在技术击打得分方面弱于对手，正常比赛获胜概率不大。此时，我方要静观其变，耐心捕捉对手空当机会，一旦机会来临，果断给予重击。

（3）因我方耐力或伤病等原因，不能坚持完成比赛全过程。

（4）比赛接近尾声，我方比分和对方差距明显，靠抢点得分已很难挽回败局时。

上述情况适合运用重创战术，特别是当我方已预判比赛无取胜可能时，应及时改变战术策略，静观其变，耐心寻找对手弱点和防守空当，一旦机会来临，迅速果断地重击对手。运用重创战术能否产生预期效果，前提是运动员须具备强大的爆发力，拳腿组合技术启动和转换速度快，以及超强的攻防时机把控能力。

七、制长战术

制长战术是采用相应的方法克制对手技术特长的战术。在武术散打比赛或实战中，针对比赛对手的主要得分技术，采取与对手技术动作相应的应对策略，专门克制其优势发挥，实施针对性的打击战术。

特长技术是运动员经过多年训练、比赛经验积累的较为擅长的技术，能够展现个人特点或优势，且对比赛的胜利起到决定性作用的技术。一旦特长技术被有效抑制，对手技战术运用平衡被打破，迫使对手陷入被动局面。阻断通路和重点防御是两个有效的制长战术路径。

（一）阻断通路

运动员个人特长技术的运用需要具有适当的时机和适宜的条件。通过赛前研究或场上判断等方法提前阻断对手的通路，不给对手创造运用特长技术的机会和条件，可达到良好的战术效果。例如，对手善于防守反击，我方应降低直接进攻的频率，或多运用一些假动作佯攻后再进攻，避免直接进攻给对手创造防守反击的机会。

（二）重点防御

通过赛前分析对手技战术情报，准确掌握对手的特长技术，做好应对策略。赛前采取有针对性的模拟训练，才能在比赛时做到有备无患，使对手的优势不优，特长不长，削减对手的战斗力。例如，对手擅长拳法，我方在比赛中将对手尽量控制在有效施展拳法的距离之外，而一旦进入适合对手拳法进攻的有效距离之内，我方立即运用下潜摔或搂抱战术有效化解对手的拳法进攻。

八、制短战术

制短战术是集中力量专门进攻对手薄弱环节制其所短。通过赛前或赛中发掘对手技战术的短处和弱点，确定攻击主要方向后而采取合理的战术行动，目的是要达到出奇制胜的效果。

任何运动员在技战术运用上都会有短处和弱点。如果一针见血地找出对手短板所在，有的放矢采取与对手技术动作短板相克制的战术，趁机专门攻击对手劣势，夺取比赛主动权，能够起到事半功倍的效果。

例如，对手防接腿摔能力极差，我方在比赛中可以有意地向对手暴露自己的破绽，待对手趁机出腿时，我方立即施用接腿摔或接腿牵引下擂等战术行动。

在运用制短战术的同时，也要做好对手运用其他技战术来成功克制与化解，比赛中二者必须兼顾，不能一味地针对对手短板进攻，而忽略了对手的其他技战术特长。

九、突袭战术

突袭战术是在比赛中，一方运动员针对对手不经意间出现的一些漏洞，而采取突然袭击进攻的战术。

在武术散打比赛中，双方运动员对峙时会出现因注意力不集中或其他因素而暴露的一些防守漏洞，如不经意间双手离开面部，两脚站在不利于自身灵活移动的位置，脚底突然出现磕绊，正在准备策划进攻而忽略防守，都可成为突袭战术的战机。

突袭战术的运用，要求运动员在赛场上具有较强的捕捉对手漏洞的能力，时机运用恰到好处，并有超强的判断能力和抗压能力，还要求动作简练、启动果断，有迅雷不及掩耳之势。

例如，比赛中裁判暂停比赛，运动员调整格斗式以便进入迎战状态。暂停结束时，对手不能立即集中精神，我方捕捉到这个细节后，在裁判发出"开始"口令后，利用对手没有完全进入状态的机会，以迅雷不及掩耳之势，以一记直线腿法攻击对手躯干或头部，对手因重心调整不利，不能迅速后撤防守而被我方击中失分。

十、体力战术

体力战术是指在比赛中合理分配、运用体力，依靠体力优势拖垮对手的一种战术。在武术散打比赛中，体力是完成比赛的基础，也是各项技战术顺利实施的保证，没有充沛的体力作基础，即便具有再好的技战术也不能确保比赛的胜利。

在武术散打比赛中，体力战术至关重要。如果在体力的分配和调节问题上处理不当，就会导致提前透支体力，也将无法顺利执行技战术，整个比赛就会出现虎头蛇尾、前功尽弃的状况。制定体力战术，首先要清晰认识自身技战术特点和体力状况，然后在比赛中根据双方的攻防频率、节奏和场上情况及时调整，合理分配体力。一般来说，如果运动员本身不是以体力突出为特长，比赛中为了节省体力，要尽量避免连续性、高频率、大强度的攻防对抗，否则容易过早地造成体力透支。运动员应当控制好比赛节奏，通过步法移动、佯攻等方式调整体力。

一般来说，如果我方体力要好于对手，而对手技术优于我方，此时要选择运用体力战术来消耗对手的体力，以拖垮对手达到比赛获胜的目的。如果对手体力好，喜欢猛追猛打，而我方技术要优于对手，此时选择节省体力，不与对手对攻，以巧取胜。

十一、心理战术

心理战术是指在赛前和赛中通过一些特定的途径和方法，对参赛对手心理上施加压力，使对手不能顺利完成其预定的战术决策和战术行动的战术。

心理战术是武术散打比赛中的重要组成部分，对运动员竞技能力的发挥具有重要影响，从赛前、赛中直到比赛结束，心理因素的重要作用贯穿始终，某一个环节心理出现了负面影响都会直接关系到比赛结果。

武术散打比赛中运用心理战术的前提是运动员对自身心理的主动控制，主要是将比赛思维、情绪、注意力及行为控制上调整到最佳状态，做到自始至终专注比赛。

有经验的运动员根据对手的心理状态，进行心理上的干扰，摧垮对手的心理防线，然后采用合理的战术行动，达到迫使对手技战术发挥失常的效果。运用心理战术的手段多种多样，具体包括对对手进行威慑、激怒、麻痹、迷惑等。例如，对手是一名新运动员，我方要做到"在气势上藐视对手，在技术上要重视对手"，以此来确立自己的心理优势，使对手在心理上处于劣势。当对手场上性格变得暴躁，可以通过合理手段继续激怒，造成对手技战术执行紊乱。

在赛中运用心理战术，要求运动员具备极强的捕捉对手场上心理变化细节的能力，再结合重创战术、迂回战术、强攻战术及体力战术等战术进行组合运用，达到比赛获胜的目的。

十二、边角战术

边角战术是利用对手退到擂台边角惧怕掉下擂台的不利心理状况进行攻击的战术。边角战术的成功运用有些时候会成为比赛反败为胜的转折点。

武术散打比赛中边角战术的运用分为两种：一种是指我方通过战术行动将对手逼打到散打擂台的边线或边角的被动位置，利用对手惧怕下擂的心理，运用武术散打技法迫使对手失分；另一种是我方在比赛尾声，比分落后于对手，出于战术目的主动进入边角区域，把对手有意识地引诱到擂台边缘，利用反击技术致使对手下擂，达到反败为胜的目的。具体方式如下：

（一）我方把对手控制在边角时的边角战术

武术散打擂台上的黄色警戒线与红色边线之间的区域称为边角区域，比赛中一方运动员一旦进入边角区域，就意味着已接近边缘，一局比赛中连续下擂两次，将会失去本局比赛的资格。由于边角区域活动面积小，只能被动地左右移动，不能后退，所以运动员一旦进入这个区域时容易出现不敢出动作或动作不到位的现象，潜意识里产生设法尽快脱困、进入安全区域的想法。此时，若技战术运用得当，可使对方下擂，或利用击打技术得分。

（二）主动进入边角时的边角战术

主动进入边角，通常是在比赛中比分落后于对手，比赛也接近尾声时，靠正常的追分已不可能反败为胜。例如，对手之前有过一次下擂，此时我方运用战术手段迷惑对手，造成被逼迫到边角的被动假象，趁对手进攻机会将其牵引下擂，反败为胜。再如，比赛中我方突然在边角位置重心不稳，对手误以为机会来临，趁机想推打我方下擂，我方顺势主动后倒同时，利用"兔子蹬鹰"技法将对手蹬下擂台。

十三、下台战术

下台战术是运动员在比赛中利用规则范围内的合理技术，迫使对手掉下擂台的一种计策和谋略。武术散打竞赛规则中规定，"一局比赛中，两次下台，对方为该局胜方"。所以，下台战术是运动员日常训练中较为重要的训练内容。

下台战术的运用按其形式一般分为逼打下台和牵引下台两种。一种是依靠进攻技术，运用踢、打、摔等技法迫使对手掉下擂台。另一种是自己主动靠近擂台边角区域，利用拉、拽、闪、退等符合武术散打规则范围内的合理技术手段，迫使对手下擂。牵引下台一般出现在一方运动员在比赛中技战术水平明显弱于对手，在余下比赛中依靠抢点得分已无获胜可能时，通过主动靠近边角迷惑对手，利用牵引下台战术反败为胜。

在武术散打比赛中，任何一方运动员下台一次，双方运动员在心理上都发生变化，也可能直接带动技战术的变化。下台一方受规则影响，会更倾向于擂台中央区域的站位，也将承受再次下台的心理压力。

第三节　武术散打战术案例分析

本节从近几年武术散打比赛中选出8个比赛作为案例，进行技战术运用的分析，分析运动员比赛中的技战术运用特点及变化等，为教练员、教师运用理论指导实践提供参考，也为学生在建立良好的战术观念、理解战术理论、形成战术意识等方面提供帮助。

一、案例1：制长、制短组合战术应用

（一）比赛基本情况

比赛名称：第13届世界武术散打锦标赛

时间：2019年10月23日

地点：中国上海

比赛级别：男子70公斤级决赛

双方运动员：

Alexandre EL RASSI（红方）黎巴嫩

Mohsen MOHAMMADSEIFI（蓝方）伊朗

案例1比赛视频

（二）比赛回顾

双方运动员格斗式均为正架，红方黎巴嫩运动员具有身高臂长的优势，比赛开始，面对身材高大的黎巴嫩运动员，蓝方伊朗运动员采用双拳护头，步步紧逼，不给对手拉开距离的机会。红方黎巴嫩运动员首先用前手拳试探，突然起腿利用前鞭腿进攻蓝方伊朗运动员腹部，随后下潜抱腿摔，但是蓝方伊朗运动员迅速降低重心防摔，然后利用转体绊摔技术将红方黎巴嫩运动员反摔倒地。整个过程，蓝方伊朗运动员武术散打技术运用得得心应手，一气呵成，体现了较高的摔法水平。接下来再战，蓝方伊朗运动员步步紧逼，运用压迫式打法给对手施加压力，不给对手拉开距离的机会，并突然以一记前高鞭腿险些击中红方黎巴嫩运动员的头部，红方黎巴嫩运动员面对蓝方伊朗运动员咄咄逼人的状态，始终无法施展自己身高臂长的优势，被动运用后腿正蹬出击时又被蓝方伊朗运动员抱住后顺势推下擂台。之后，蓝方伊朗运动员又是以一记漂亮的转身后摆腿击向其头部，红方黎巴嫩运动员慌乱中低头下潜抱摔，但是被蓝方伊朗运动员化解后在缠抱中又轻易抄腿反摔成功。接下来的比赛，蓝方伊朗运动员继续采用压迫式战术，将远踢、近打、贴身摔的攻防特点发挥得淋漓尽致，特别是贴身摔法技术，变化多端，一旦贴身让对手防不胜防。

蓝方伊朗运动员运用不同的摔法技术摔倒对手近十次。第一局比赛进行到一半时，裁判终止比赛，蓝方伊朗运动员以绝对优势获得比赛的胜利。

（三）比赛技战术分析

蓝方伊朗运动员踢、打、摔技术全面，尤其是擅长摔法，摔法也是他比赛的主要得分技术。针对红方黎巴嫩运动员具备身高臂长的身体优势，他利用自己力量足、摔法好的特点，在做好防守的基础上，采取稳扎稳打、步步紧逼的压迫方式，破坏对手合适的击打距离，以达到限制对手身体特长优势发挥的目的，利用摔法优势接连得分，在拳腿击打上也给对手造成了很大的威胁，全方位地压制住了对手的技战术发挥。

而红方黎巴嫩运动员虽然在身高臂长方面具有明显的优势，但是摔法技术是他的短板，面对蓝方伊朗运动员的压迫式打法，始终无法实现有效的拳腿击打效果，近身后又在摔法上接连失分，找不到合理的技战术应对策略，比赛完全被蓝方伊朗运动员掌控，导致惨败。

二、案例2：强攻、重击组合战术应用

（一）比赛基本情况

比赛名称：第13届世界武术锦标赛散打比赛

时间：2019年10月23日

地点：中国上海

比赛级别：男子60公斤级决赛

双方运动员：

潘乐杰（红方）中国

Sunghyun JO（蓝方）韩国

（二）比赛回顾

双方运动员格斗式均为正架，比赛开始双方陷入对峙状态，蓝方韩国运动员突然启动，利用他擅长的后低鞭腿踢向红方中国运动员前腿大腿外侧发起进攻，红方中国运动员提膝防守后随即以前中鞭腿反击击中蓝方韩国运动员腹部，此时蓝方韩

案例2比赛视频

国运动员再次以后低鞭腿快速反击，但均被红方中国运动员再次提膝防守化解。首次交锋，蓝方韩国运动员虽然未能得分，但是双方运动员都展示了较高水平的鞭腿快速攻防转换能力。随即，红方中国运动员前腿提膝佯攻，诱导蓝方韩国运动员后低鞭腿反击时，以一记后手重拳击中蓝方韩国运动员头部，导致蓝方韩国运动员受重击后退时，险些被红方中国运动员前高鞭腿击中头部。

　　蓝方韩国运动员面对开局不利的局面，没有再次贸然进攻。而红方中国运动员则步步紧逼，针对蓝方韩国运动员擅长的后低鞭腿技术，先是以前腿虚虚实实，做好了随时提膝防守和反击的准备，而蓝方韩国运动员在应对红方中国运动员的技战术打法时显得办法不多，只能找机会利用后鞭腿打反击后接拳法近身，但是近身后在抱摔上又找不到得分的机会。在擂台边缘时，还险些被红方中国运动员的前正蹬踹下擂台，在赛场上陷入被动地位，而此时的红方中国运动员控制了场上的主动权，继续采取压迫式打法，步步紧逼，给对手不停地施加压力。就在蓝方韩国运动员利用后手冲拳进攻时，红方中国运动员抓住了机会，在躲闪的同时打出一记后手冲拳重击，将蓝方韩国运动员击倒，裁判强制读秒后，蓝方韩国运动员继续迎战，此时红方中国运动员没有给对手喘息的机会，先是以一记侧踹腿后紧接打出猛烈的组合拳法进攻，再次遭受重拳后的蓝方韩国运动员险些被裁判再次强制读秒，面对红方中国运动员凶猛的拳法进攻，这时蓝方韩国运动员由于接连遭受重击后无心恋战，开始变得消极，最后裁判终止了比赛。红方中国运动员以领先12分的绝对优势获胜。

（三）比赛技战术分析

　　本场比赛，红方中国运动员在赛前情报搜集和分析上做了大量的工作，主要针对蓝方韩国运动员的技战术特征进行了细致的研究，特别是针对他的特长技术——后低鞭腿，进行了充足的赛前模拟训练和战术部署，所以在比赛中从开局就有效压制住了对手后低鞭腿的发挥，红方中国运动员利用提膝防守后的反击或后手重拳迎击等战术，迫使蓝方韩国运动员的特长技术在比赛中几乎未能得分。特别是在重拳击倒对手后，红方中国运动员立即改变战术，采用强攻战术和重创战术，最后裁判终止比赛，红方中国运动员取得优势获胜。

　　而蓝方韩国运动员在战术安排上出现了很大的失误和漏洞，蓝方韩国运动员战术单调，面对实力强劲、一路杀进决赛的红方中国运动员在赛前的研究不到位，特别是比赛刚开始，没有任何试探和佯攻，开场就采用直攻战术，利用后低鞭腿连续进攻，在面对经验丰富、技术全面的红方中国运动员时，过早地暴露了自己的特长技术。蓝方韩国运动员擅长的后低鞭腿技术被压制后，战术应变能力差，导致在后面的比赛中变得越来越被动，最终输掉整场比赛。

三、案例3：制短、突袭、佯攻组合战术应用

（一）比赛基本情况
比赛名称：第13届世界武术散打锦标赛

时间：2019年10月21日

地点：中国上海

比赛级别：女子56公斤级

双方运动员：

Roshibina devi NAOREM（红方）印度

李志勤（蓝方）中国

（二）比赛回顾
蓝方中国运动员格斗式为反架（右腿和右拳在前），而红方印度运动员为正架，在身高方面，蓝方中国运动员身高优势明显，具有身高臂长的优势。第一局比赛开始，双方运动员都较为谨慎，不断在对峙中寻找机会，突然红方印度运动员以前低鞭腿进攻，被蓝方中国运动员撤步前低鞭腿反击成功，但是前腿被红方印度运动员顺势抱住后推向擂台边缘，蓝方中国运动员没有采取对抗，而是夹住对手手臂顺势同时下擂，但是已取得了比分上的领先。接下来，双方动作都变得较为拘谨，蓝方中国运动员利用身高臂长的优势，始终控制着有效距离，并以假动作等方式来干扰对手的技战术发挥，借此寻找得分的机会。当裁判员指定红方印度运动员进攻时，因进攻动作幅度过大，被蓝方中国运动员的侧踹腿堵击成功。此时，比分落后的红方印度运动员为了扭转败局，只能再次发动进攻，但蓝方中国运动员步法灵活，快速移动，利用后冲拳和侧踹腿技术多次在对手进攻时抓住时机得分。对手采取的几次下台战术也被蓝方中国运动员顺势一一化解。蓝方中国运动员轻松地获得了第一局的胜利。

第二局比赛开始，双方运动员在移动中互相试探，相比红方印度运动员，蓝方中国运动员步法移动更为积极主动，且灵活多变。红方印度运动员受第一局蓝方中国运动员有效防守反击及假动作干扰的影响，不敢轻易贸然地发起进攻，而是试探着寻找战机再次发起进攻，但是蓝方中国运动员这一局以守转攻，在移动中突然以侧踹腿进攻击中得分，随后在红方印度运动员发起进攻时，抓住时机，以一记后手冲拳击中后，双方打起了对攻战。随后，红方印度运动员的几次进攻均因意图明显而被蓝方中国运动员识破化解，并进行了有效的阻击和反击。蓝方中国运动员在两人对峙时利用假动作进行佯攻试探，迫使红方印度运动员频频暴露技战术意图。红方印度运动员始终无法组织有效的进攻，反而被蓝方中国运动员以守转攻，继续扩大比分优势。虽然红方印度运动员在比赛接近尾声之际利用下潜抱腿摔导致蓝方中国运动员倒地在先，但是因之前比分落后太多，无法挽回败局，最终蓝方中国运动员获得了比赛的胜利。

案例3比赛视频：第二局

（三）比赛技战术分析

根据双方的身材形态特征来看，蓝方中国运动员很好地利用身高臂长的身体优势来实施制短战术。蓝方中国运动员利用身体优势有效地掌控了距离，将对手控制在有利于自己的距离范围内。首先，通过防守反击和阻击战术取得了比分上的领先，然后在对峙中运用假动作去干扰红方印度运动员的战术行动，迫使对手始终不能发挥出有效的技战术得分手段。而红方印度运动员面对身高臂长、善于控制距离和打防守反击的蓝方中国运动员，始终未能找到扭转劣势的机会，在进攻上也变得过于保守，不够果断。反而蓝方中国运动员在比分上取得领先后，很好地控制住了比赛节奏，以守为攻，稳扎稳打，趁机运用突袭、佯攻战术，连续打出了几次有效的突袭得分机会，继续扩大了比分优势。

四、案例4：防反、突袭组合战术应用

（一）比赛基本情况

比赛名称：第十四届中华人民共和国全国运动会武术散打资格赛

时间：2021年5月30日

地点：河南省漯河市

比赛级别：女子团体决赛70公斤级

双方运动员：

吴晓微（红方）安徽队

贺晓朵（蓝方）河南队

（二）比赛回顾

第一局比赛开始时，由于双方之前从未交过手，相互不了解，先以试探为主导，双方利用步法移动，寻找得分机会，红方运动员在移动中突然提膝向前垫步以正蹬腿击出，成功击中蓝方运动员躯干，蓝方运动员立即以前鞭腿抢攻时又被红方运动员撤步躲过，并顺势以侧踹腿反击对手躯干得分。随后蓝方运动员在脱离双方搂抱时顺势以鞭腿击中红方运动员躯干，随后双方在对攻中，被红方运动员运用接腿摔将其摔倒。随即，红方运动员稳扎稳打，并不急于进攻，运用灵活的步法移动与蓝方运动员展开周旋，随后在防守反击和突袭战术中接连运用鞭腿和正蹬腿得分，比分优势再次扩大，在比赛最后10秒时，追分无望的蓝方运动员放弃了进攻，红方运动员获得了第一局比赛的胜利。

第二局比赛，比对手年轻5岁的红方运动员，利用体能优势，在步法上比对手移动更为灵活，因体重轻于对手，便于灵活地与对手展开周旋。在灵活的移动中，利用防守反击战术连连得分，很快取得比分上的领先，之后利用蓝方运动员体能下降的机会，接连运用突袭战术得分，并多次成功运用了拳腿组合技术。特别是正蹬腿技术的运用，在进攻、阻击及防守反击都使对手防不胜防。最后，裁判一致判定，红方运动员获得12分优势胜利。

（三）比赛技战术分析

本场比赛，两人是首次交手，在年龄上，红方运动员吴晓微22岁，蓝方运动员贺晓朵27岁，红方运动员在年龄上要年轻对手5岁，这个年龄正是运动员竞技状态的高峰期，而且赛前称量体重时红方运动员要轻于对手，红方运动员是从60公斤级升到70公斤级的。而蓝方运动员近年来一直是该级别的冠军，但是随着年龄的增长，竞技能力和状态也在随之下降。

比赛开始时，红方运动员在步法移动上明显要比蓝方运动员灵活，在利用提膝假动作迷惑对方后，脚没落地就以正蹬腿击中对手得分，之后又在防守反击中利用摔法得分。红方运动员开局即取得比分领先，针对对手进攻启动速度慢的特点，采用迂回战术，灵活移动以防守反击为主，突袭战术为辅的战术组合，继续扩大比分优势，轻松获得了首局比赛的胜利。

第二局，红方运动员针对对手在第一局所暴露出的步法移动慢、进攻能力差的弱点，依旧坚持以防守反击为主，突袭战术为辅的战术思想。比赛开局，因双方运动员体重差异较大，体重轻于对手的红方运动员并不急于进攻，灵活移动、稳扎稳打，抓住蓝方运动员急于得分的心理，很快利用防守反击战术取得比分领先，场上局面占得主动，而蓝方运动员由于失分过多，整场比赛处于追分状态，一直被红方运动员的防守反击和突袭战术抓住漏洞得分，红方运动员越打越顺，将技战术水平发挥得淋漓尽致，最后裁判终止比赛，一致判定红方运动员12分优势获胜。

五、案例5：突袭、佯攻、防反组合战术应用

（一）比赛基本情况

比赛名称：第十四届中华人民共和国全国运动会武术散打资格赛

时间：2021年5月29日

地点：河南省漯河市

比赛级别：男子60公斤级

双方运动员：

王雪涛（红方）河北队

邹胡伟（蓝方）安徽队

（二）比赛回顾

第一局比赛刚开始不久，蓝方运动员突然以一记前低鞭腿击中红方运动员大腿内侧得分，突袭成功后，接着侧提膝佯攻侧踹腿，迫使红方运动员迅速后撤防守，双方拉开距离，重新回到对峙状态，蓝方运动员格斗式重心偏低，双臂紧紧护住躯干和头部，身体部位防护极为严密。此时，红方运动员利用灵活的步法不停地移动，伺机寻找进攻的机会。蓝方运动员对得分部位的严密防护、稳扎稳打，不急于进攻，运用步法不停地移动来控制与对手的距离，并利用前腿不停地上下提膝来干扰红方运动员的进攻。红方运动员一直没有寻找到有效的进攻方法和时机。而一直

案例5比赛视频：第一局

处于防守状态的蓝方运动员突然做出后鞭腿的假动作，红方运动员刚做出提膝防守的动作，蓝方运动员立即运用组合拳技术进攻对方，在假动作掩护下，拳法连续得分。之后红方运动员在进攻时又被蓝方运动员抓住时机，以一记后鞭腿击中躯干，继续扩大比分领先优势。

红方运动员比分落后，面对防守严密的蓝方运动员，一直未能找到恰当的得分手段，虽然在蓝方运动员后鞭腿进攻被红方运动员识破，并利用左右低鞭腿成功反击，但紧接着又被蓝方运动员利用反击的机会，下潜抱腿将其摔倒，接着又是利用后鞭腿假动作连前手冲拳击中头部追回了比分。

比赛最后10秒，红方运动员发起猛烈的直攻战术，利用鞭腿强攻对手的躯干，虽然得到了一些分数，但无法挽回败局，最终仍然是蓝方运动员获得了第一局的胜利。

第二局比赛刚开始，蓝方运动员又一次利用突袭战术抢得了先机。场上裁判员刚喊"开始"口令不久，蓝方运动员突然提膝佯攻红方运动员前腿，吸引对手注意力，随后迅速变线侧踹腿进攻对手躯干得分。取得比分领先后，蓝方运动员立即采用自己比较擅长的防守反击和突袭战术，特别是利用前鞭腿的突然启动进攻，屡屡偷袭得分，相较于第一局，蓝方运动员技战术发挥得更为出色，在摔法上也是表现突出，对手被连续摔倒两次。蓝方运动员比分一直领先于对手，最终赢得比赛的胜利。

案例5比赛视频：第二局

（三）比赛技战术分析

本场比赛，两名运动员身高都是172厘米，红方运动员王雪涛26岁，59.76千克，蓝方运动员邹胡伟27岁，59.18千克。两人体重、身高及年龄相仿。红方运动员王雪涛曾多次获得全国武术散打比赛男子60公斤级冠军，还获得过2018年雅加达亚运会武术散打比赛男子60公斤级的亚军，而蓝方运动员邹胡伟最好成绩是2018年全国武术散打锦标赛第三名，但是本次比赛他接连战胜世界冠军孔洪星等名将，脱颖而出，杀入决赛。

本场比赛，蓝方运动员在两局的比赛里，都是在开局时抢先利用突袭战术得分，比分上取得领先后，马上以攻转守，采用他比较擅长的防守反击和突袭战术，以达到持续扩大比分领先的目的。特别是在第二局的开局，利用对手没有完全进入比赛状态，精神尚未集中时，突然佯攻对手前腿，吸引对手注意力后迅速变线为侧端腿，干净利落地击中对手躯干，在取得比分领先后立即转为防守反击战术，致使对手陷入被动，只能依靠主动进攻去扭转比分落后的局面，而由攻转守的蓝方运动员在后期比赛过程中也是攻中有防，防中有攻，攻防兼备，并没给对手进攻得分的机会，反而利用对手进攻时所暴露出来的破绽，频频得分。

比赛对峙中，蓝方运动员首先做到自我防守严密，并利用前腿的提膝来干扰对手的进攻，使对手找不到得分机会。比赛中如果找不到防守反击的机会，一旦对手有破绽，蓝方运动员就立即利用前鞭腿突袭抢攻得分，或以后鞭腿的假动作进攻后转为前手拳进攻得分，以此来干扰对手的技战术发挥。

蓝方运动员虽然是一名老运动员，但由于往年成绩不佳，本次比赛没有引起对手的重视。而红方运动员近些年一直保持着全国前三名的成绩，技战术风格和特点大家较为了解，通过比赛可以看出，蓝方运动员在赛前的针对性训练和准备较为充分，为比赛赢得最终胜利奠定了基础。

六、案例6：突袭、下台组合战术应用

（一）比赛基本情况

比赛名称：第13届世界武术散打锦标赛

时间：2019年10月21日

地点：中国上海

比赛级别：男子80公斤级

双方运动员：

Mateusz Sebastian CIALOWICZ（红方）波兰

Ali Khorshidirabie（蓝方）伊朗

（二）比赛回顾

两名运动员从身体形态上，红方波兰运动员在身高臂长上占有很大优势。第一届比赛开始后，双方运动员互相试探，蓝方伊朗运动员率先发起进攻，运用前低鞭腿接后手冲拳成功得分后，趁红方波兰运动员后退时，两臂持续发力将红方波兰运动员推打下擂。随后，红方波兰运动员起腿进攻，被蓝方伊朗运动员识破，率先运用组合拳法接鞭腿抢攻得分，红方波兰运动员反击时，对手再次抓住机会，顺势接

案例6比赛视频：第一局

腿摔将其摔倒。比赛刚开始蓝方伊朗运动员就大比分领先，率先取得了开局后的优势。随后，蓝方伊朗运动员在对峙中突然以一记前手拳的虚晃假动作后接后低鞭腿击中对手前腿大腿外侧，又顺势在对手进攻时突然下潜抱腿摔将其摔倒。

大比分领先的蓝方伊朗运动员，由攻转守，面对红方波兰运动员步步紧逼的直攻战术，采取迂回战术，利用灵活的步法一次次化解对手的进攻，并抓住红方波兰运动员的进攻漏洞，轻松将对手摔倒两次，比赛接近尾声，蓝方伊朗运动员抓住机会，利用对手在擂台边角的位置，在拳法掩护下，趁对手防守时，再一次将红方波兰运动员推打下擂。按照竞赛规则，一局比赛中，两次下台，对方为该局胜方。因此，蓝方伊朗运动员获得了第一局比赛的胜利。

案例6比赛
视频：第二局

第二局比赛开始，红方波兰运动员率先利用组合拳法进攻，但是未能得分。双方再战，蓝方伊朗运动员首先利用组合拳法进攻后接前鞭腿击中对方躯干得分，随后双方互有攻防，但是蓝方伊朗运动员在摔法上优势明显，连续摔倒对方两次，之后蓝方伊朗运动员利用对手在擂台边角位置时抓住时机，将对手两次推打下擂，第二局仅用30余秒就获得了胜利，在本次世锦赛中成功晋级。

（三）比赛技战术分析

本场比赛，蓝方伊朗运动员针对场上情况和对手的特点，在技战术运用上较为灵活多变。第一局比赛开始，首先主动进攻得分后，在对手还没及时反应时，突然转为强攻对手，成功迫使对手下擂，使对手在后面比赛中的技战术安排上变得被动。比赛刚开始，就为自己的第一局胜利抢得先机，比分领先后，立即转攻为守，利用对手追分的心理，运用防守反击和抢攻战术寻找战机，屡屡在对手进攻中抓住机会得分，使自己擅长的摔法技术得到了发挥。在比赛尾声，突袭成功后又接下台战术，最终获得第一局的胜利。

通过第一局的比赛，蓝方伊朗运动员对红方波兰运动员的技战术水平也有了一些了解，比赛开始就利用进攻机会取得比分领先，此后连续摔法得分，并利用对手边角对抗能力差的短板，利用下台战术，连续两次致对手下台，以绝对的优势获得该场比赛的胜利。

七、案例7：重创、防反组合战术应用

（一）比赛基本情况

比赛名称：全国武术散打冠军赛

比赛时间：2018年7月15日

比赛地点：浙江省杭州市临安体育馆

比赛级别：男子100公斤级

双方运动员：

修鹏程（红方）山东队

吴超（蓝方）云南队

（二）比赛回顾

第一局比赛开始，两人没有过多试探，蓝方运动员先运用前低鞭腿发起进攻，红方运动员则以后手冲拳迎击对手面部顺利得分，有效压制了对手的首次进攻。随后，红方运动员针对对手的进攻，多次运用后手重拳给予有效的阻击，并进行了连续多次的压制性进攻，双方进行了多次对攻，场面异常激烈。由于蓝方运动员是反架选手，又擅长后鞭腿技术进攻得分。针对蓝方运动员这一技术特点，红方运动员则是稳扎稳打，运用后手冲拳抢先迎击对手头部的战术，很好地压制了他这一特长技术，并频频施以重击。而且鞭腿技术在拳法的掩护下也得到了很好地发挥和运用，得分效果明显。随后，蓝方运动员迫不得已，把反架改为正架，随即红方运动员针对蓝方运动员头部防守不够严密的漏洞，屡屡利用前掼拳接后手冲拳，并多次有效击中。由于被红方运动员频频抓住机会得分，蓝方运动员在场上显得极其被动，而红方运动员很好地控制了比赛节奏。无奈之下，蓝方运动员由正架恢复为反架，由于之前进攻时接连受到红方运动员后手重拳的迎击，始终找不到合理的技战术应对策略，其心理也造成了一定的压力，场上动作开始缩手缩脚，犹豫不决。此时，红方运动员抓住机会，突然进攻，连续使用后低鞭腿得分，首局比赛，红方运动员轻松获胜。

第二局比赛开始，蓝方运动员由反架转为正架，红方运动员继续采用上一局的压迫式打法，开场就进行了拳腿组合进攻。但是，第二局蓝方运动员利用局间休息，在技战术运用上也作出了一些调整，步法的移动更为灵活，在进攻时加强了自身保护，导致红方运动员得分效果并不明显。此时，红方运动员比分稍领先，于是

案例7比赛视频：第一局

案例7比赛视频：第二局

由进攻战术转为防守反击。导致比分落后的蓝方运动员只能主动进攻抢分，利用前低鞭腿进攻，被红方运动员后撤步闪开后，以后低鞭腿反击得分。红方运动员再次扩大比分领先的优势，随后，急于挽回败局的蓝方运动员，利用提膝的假动作上步后，再以前冲拳进攻，红方运动员防守后以前掼拳接后抄拳还击，趁双方近身搂抱时顺势使出闪身摔将蓝方运动员摔倒在地。此时，红方运动员大比分领先，越打越顺。大比分落后的蓝方运动员急于抢分，开始急躁起来，运用后鞭腿进攻时又被红方运动员利用后手冲拳的重拳击中，比分落后，面对坚持打防守反击战术的对手，自己的进攻技术又被红方运动员压制，但是又找不到合理的技战术应对策略，最后与夺冠机会失之交臂。

（三）比赛技战术分析

本场比赛中，红方运动员取胜的关键是对技战术的合理运用。首先在赛前通过观看蓝方运动员比赛录像，对对手有了一定的了解，知悉蓝方运动员属于进攻能力强的运动员，特别是后鞭腿的进攻能力极强。以往大多数比赛他都是依靠强悍的进攻获胜，且后鞭腿是其主要的得分技术，但是其防守反击能力差。在第一局，针对进攻能力强大的蓝方运动员，在体能和竞技能力上并不弱于对手的红方运动员，没有选择打防守反击，而是选择了与对手打对攻，主要是针对蓝方运动员鞭腿进攻时的漏洞，运用拳法以重拳迎击，有效地压制了对手擅长的后鞭腿，迫使对手通过转换格斗式也没能改变场上的被动局面，红方运动员在技战术的运用上完全控制了对手。第二局，因对手调整了技战术打法，红方运动员的打法虽然稍逊色于第一局，但是利用在开局得分领先的优势，及时调整战术，果断运用防守反击战术，红方运动员根据蓝方运动员急于追分的心理，耐心与对手周旋，不急于进攻，迫使对手进攻，并很快地抓住蓝方运动员在进攻中出现漏洞的得分机会，连续反击得分，使蓝方运动员的心态越来越急躁，但又找不到合理的应对策略，在越来越被动的局面下，导致大比分输掉比赛，红方运动员最终获得了本次比赛100公斤级的冠军。

八、案例8：制短、迂回、防反、突袭、多点组合战术应用

（一）比赛基本情况

比赛名称：第十四届中华人民共和国全国运动会武术散打资格赛

时间：2021年5月21日

地点：河南省漯河市

比赛级别：女子团体70公斤级

双方运动员：

杨冰艳（红方）四川队

王雨晴（蓝方）浙江队

（二）比赛回顾

蓝方运动员为正架，红方运动员为反架（右腿和右拳在前）。在身体形态方面，蓝方运动员身高1.76米，红方运动员身高1.68米，蓝方运动员有明显的身高臂长优势。

第一局比赛开始，蓝方运动员率先使用前低鞭腿进行试探性进攻，连续两次都被红方运动员习惯性的提膝防守化解，双方进入贴身搂抱后，蓝方运动员顺势做出箍颈下潜抱腿摔，但是被擅长摔法技术的红方运动员反摔成功，红方运动员率先得分。失分后，蓝方运动员利用后正蹬腿向对手发起进攻，红方运动员闪开后也立即运用鞭腿反击，继续步步紧逼，进行近身进攻，面对红方运动员的近身进攻，蓝方运动员也不甘示弱，与对手打起了对攻，但是在近身拼打时蓝方运动员的身高臂长优势并没有显现出来，反而被身材较矮的红方运动员在近距离对攻中夺取了主动。随后，蓝方运动员改变战术，不与对手硬拼，利用灵活的步法和身高臂长的优势，控制有利于自己的安全距离，抑制和避免与对手打近身战的机会。蓝方运动员在与对手移动周旋中利用鞭腿突袭和防守反击战术连续得分，并坚持尽量减少与对手近战和搂抱的机会，利用迂回战术灵活移动，一旦贴身搂抱就立即转入防摔状态，不给对手施展摔法特长的机会。临近比赛结束还有30秒时，红方运动员大比分落后，强行抢攻，力求挽回比分落后的不利局面，此时的蓝方运动员利用灵活的步法，根本不给对手近身的机会，并利用对手急于进攻挽回败局的心理，抓住疏于防守的时机，连续成功运用后手冲拳重击对手头部后接连得分，然后立即退回到安全距离与对手周旋，使对手没有近战的机会，蓝方运动员反败为胜，取得了第一局的胜利。

第二局比赛开始，红方运动员开场就步步紧逼，伺机近身进攻，力求破坏蓝方运动员在距离上的掌控。面对红方运动员近身后的连续进攻，双方再次陷入对攻状态，红方运动员在近身对抗中优势明显，并利用前正蹬腿击中蓝方运动员躯干得

案例8比赛
视频：第一局

案例8比赛
视频：第二局

分，虽然在搂抱时，蓝方运动员顺势接住对手的前腿，并将其推打下擂，但下擂无效。而这次下擂却使红方运动员心理上产生了一定的压力。比赛再次开始后，红方运动员并没有继续紧逼，也没有贸然近身进攻。此时，也给了蓝方运动员调整战术的机会。当双方再次进入对峙状态时，蓝方运动员在步法移动上更为灵活和主动，也牢牢地控制着双方的距离，当对手企图进攻时，蓝方运动员灵活移动后利用鞭腿连续成功反击，或是抢先利用侧踹腿和后手冲拳迎击，有效阻止了对手多次进攻，坚决不给对手打近身战或施展摔法的机会。她还多次由防守突然转为主动进攻，趁对手放松警惕时，在假动作的掩护下突然进攻，果断利用后手冲拳与后鞭腿进攻得分。比赛后半程，此时的蓝方运动员已经完全把握场上的节奏，在比赛接近尾声时，在擂台边角利用红方运动员急于抓住机会攻其下擂的心理，在红方运动员进攻时抢先一个后手冲拳迎击，重击对手后巧妙地从边角绕到擂台内侧，随即两个掼拳接后正蹬腿，干净利落地将对手打下擂台，继续以较大优势领先对手。此后，红方运动员的体能也出现了一些问题，已经不能有效组织进攻，蓝方运动员以较大优势获得比赛胜利。

（三）比赛技战术分析

本场比赛，蓝方运动员针对红方运动员力量大、摔法好、近身战能力强以及身材略矮的特点，利用自身身高臂长、步法灵活的优势，始终将对手控制在有利于自己击打的范围。蓝方运动员采用制短战术，利用灵活的移动和身高臂长的优势很好地掌控着有利于自己的距离，坚持不与对手打近距离对攻，除了利用迂回战术和防守反击战术，还很好地利用冲拳和直线腿法的迎击，来阻击对手的多次进攻。一旦被近身后有搂抱动作就立即进行抗摔，以此来抑制对手摔法特长的发挥。随后，蓝方运动员利用对手急于抢分的心理，欲进则退，由防转攻，运用突袭战术打得对手猝不及防，再配以灵活的步法、身法与对手周旋，使对手的反击战术不能奏效。比赛中，蓝方运动员针对对手的变化组合运用多种战术，令对手防不胜防，最终以绝对优势获胜。

复习思考题

1. 简述武术散打战术的分类。

2. 试述武术散打战术的特点。

3. 试述武术散打的基本战术。

参考文献

1. 田麦久，刘大庆. 运动训练学［M］. 北京：人民体育出版社，2012.

2. 朱瑞琪. 武术散打技术理论与裁判［M］. 北京：人民体育出版社，2015.

3. 全国体育院校教材委员会. 中国武术教程（下册）［M］. 北京：人民体育出版社，2004.

4. 曾于久. 武术散打训练新论［M］. 北京：人民体育出版社，2013.

5. 田麦久. 高水平竞技选手的科学训练与成功参赛［M］. 北京：人民体育出版社，2014.

第四章

武术散打教学

本章导读

武术散打教学是教师按照教学计划和教学大纲进行有目的、有计划、有组织的教育过程，是指导学生掌握武术散打运动技能的主要途径之一。本章系统地介绍了武术散打教学的基础理论知识和实践教学方法，主要包括武术散打的教学特点、教学原则、技能形成阶段及教学要点、教学步骤、教学方法、常用练习形式和手段，以及武术散打教学文件的制订、课堂教学的实施和教学的评价等内容。

学习目标

1. 把握武术散打教学特点及基本原则。
2. 掌握武术散打技能形成过程和教学要点。
3. 熟悉武术散打教学的基本步骤、常用教学方法以及组织形式和练习手段。
4. 学会制订武术散打教学大纲、教学进度及教案等教学文件。
5. 了解武术散打课堂教学的实施技巧。
6. 熟悉并学会运用武术散打教学评价方法。

第一节　武术散打教学概述

一、武术散打教学特点

（一）以德为本，贯穿始终

武德是从事武术活动的人在武术实践过程中所应具备的道德品质和行为规范。"未曾学艺先学礼，未曾习武先习德""文以德彰，武以德扬"，这些谚语凸显了武德在武术运动中的重要性，其精髓在于尚武崇德。武术散打作为武术运动的重要组成部分，尚武崇德则是其重要的教育内容。

武术散打教学不仅是强身健体、培养格斗技能的过程，还是提升道德品质、陶冶个人情操、磨炼意志、铸造爱国情怀的有效手段。通过练武习德培养学生尊师重教、见义勇为、讲礼守信、重义轻利等良好品质；教育学生以弘扬中华民族优秀传统文化、传承民族传统体育为己任，为提升全民族的综合素养，成为文武兼备的优秀人才而努力奋斗。武术散打教学应将武德、武礼教育贯穿整个教学过程，教师要率先垂范，严格要求自己的行为举止，注重对自身的修炼，同时要了解学生的心理活动，并有针对性地进行武德教育，切实培育学生的"尚武崇德"精神。

（二）安全教育，覆盖全程

由于武术散打是运用踢、打、摔等技术方法进行全方位攻击的格斗对抗性项目，比赛紧张激烈，而且始终以对手的身体为攻击目标，不可避免会发生运动损伤。因此，重视安全教育，尽量减少和杜绝伤害事故的发生是武术散打教学课的主要任务之一。

教师要经常对学生进行安全教育，使其了解必要的武术散打运动安全知识，增强安全意识；指导学生掌握武术散打运动防护的基本知识和技能，提高学生自我保护与互相保护的能力等。教师在授课之前应认真钻研教材、教法，认真备课，根据学生的特点，充分预测可能存在的安全隐患，将安全工作做在课前，以防患于未然。在教学过程中，教学组织要严谨科学，准备活动安排要合理、充分，对教学方法和手段的选择要恰当；在练习时要使学生明确练习的目的、任务、方法和要求。无论教学的组织还是采用的练习形式和方法，从始至终都要落实安全措施，如认真检查场地、器材；在双人配合练习时，练习者要严格按照教师的要求练习，杜绝"求胜""怕吃亏"的心态和"嬉戏打闹"的行为；在条件实战或实战时，要严格限定对抗的条件，穿戴必要的护具，合理安排配对的对手等；要严格执行课堂常规，要求学生严守课堂纪律。

（三）注重实用，突出原理

武术散打技术是克敌制胜的有效方法，也是实战经验的不断总结。因此，在教学中指导学生学习时要注重动作的规范性，严格动作方法、技术要领、运行路线、发力特点、着力部位等，做到路线明晰、方法清楚、力点准确、用力顺达，对错误的技术动作一定要不厌其烦地予以纠正。"对抗格斗"是武术散打的本质特征。因此，教师在教学过程中必须从对抗实用性的特点出发，不仅要注重动作的规范性，还要注重动作的实用性，使学生明确每一个技术动作在实战中的应用价值。武术散打技法丰富，教学中要突出学生的个性技术特点，强化"快、准、狠"的技法运用要求，切实提高实战能力。总之，在武术散打中强调实战对抗的运用效果是检验技术动作规范的唯一依据，也是要求技术规范的最终目标。

（四）以点带面，触类旁通

武谚曰："不怕千招会，最怕一招熟"，意思是对于武术的攻防技术，不是学得越多越好，一味追求数量上的优势，而是要对某一技术或某些技术动作进行持续不断的习练，不断改进与提高，精益求精，达到规范、熟练、运用自如的程度，最终形成"绝招"，才能在激烈的比赛中，获得最佳的技法运用效果。

在实战对抗中，不同的技战术有着不同的表现形式和作用，但它们之间也存在着许多共同要素。比如，在技术动作方面，鞭腿、侧踹腿、正蹬腿等不同腿法技术都包括起腿、打击、还原等几个主要动作环节，技术要领也都要求充分送髋；击打结束后要求先屈膝、收小腿。另外，实战对抗时攻防意识、应变能力、时机感、距离感等要求也都是相似的。因此，技术与战术间的相似性为形成"以点带面、触类旁通"的教学特点奠定了基础。所以，在教学初期一般先教学简单的技术方法或战术形式，待比较熟练后，再进行其他技战术的学习。如此，不但能有助于学生理解与掌握技术和战术，而且有利于提高学生学习技术、战术的效率。在武术散打教学过程中，教师要善于抓基本、抓重点、抓规律、抓共性、抓核心技法进行教学，指导学生反复练习，使之能举一反三，达到以点带面、触类旁通的教学效果。

（五）强调配合，贵在和谐

武术散打是对抗性项目，双人配合练习是符合项目特征的练习方式，是提高武术散打技术、战术的有效途径，也是重要的练习形式之一。双人配合练习的形式多种多样，有接触性和非接触性的攻防技术练习、一人喂靶一人打靶练习、喂招练习、条件实战等，配合练习要根据课的目的、任务以及技术、战术的具体要求有计划地进行安排。

武术散打以克敌制胜为主要目标，攻、防矛盾是武术散打的主要矛盾。如何提高主练方在进攻和防守中对技术、战术的运用能力和应变能力，是双人配合练习的主要目标。在平时的配对练习中，要取得较好的练习效果，要求陪练方一定要树立"为主练方服务"的意识，要从主练方的实际技战术水平出发，以主练方的最佳适应性为标准，调整配合的力量、速度、角度、距离、招式、节奏、高度、时机等，以利于使主练方较快地建立正确的本体感觉，强化攻、防、反意识，建立条件反射。

二、武术散打教学原则

武术散打教学原则是对武术散打教学实践经验的梳理、总结，是武术散打教学活动客观规律的反映，是武术散打教学工作中必须遵循的基本要求和基本准则。随着武术散打教学实践的发展，以及对武术散打教学认识水平的不断提高，武术散打教学原则也不断得到充实和完善。

（一）直观性原则

直观性原则是指在教学中让学生尽量利用视觉、听觉、触觉等方式，通过感知而获得鲜明、生动的表象，丰富学生的感性认识及直接经验，加深对所学理论知识、技术和战术的认识，培养学生的思维能力，从而获得相应的运动技能。在武术散打教学中贯彻直观性原则，教师应利用分解示范、完整示范、正面示范、背面示范、侧面示范、边讲解边示范、正误对比示范等不同的示范方法，从不同的角度使学生形成完整的动作概念。学生通过教师的讲解示范以视觉、听觉来感知动作的基本做法，通过思维和肌肉的本体感觉来感知动作方法、动作要领、动作路线和肌肉用力顺序等。教师可根据教学目标、教学计划、课时内容、学生的实际情况等充分运用动作示范，以及观看图片、视频等直观的方法，充分调动学生的视觉、听觉、本体感觉等来感知技术动作。教师要引导学生有目的、有重点地观看，以便获得全面而准确的感性认识。在此基础上，进行适当的理论讲解与技术、战术运用分析，使学生更深刻地获得理性认识，激发学生的积极思维。

（二）循序渐进原则

循序渐进原则指按照科学的逻辑系统和个体认知规律进行教学，使学生系统而扎实地掌握知识、技能。贯彻循序渐进原则，要按照培养方案、教学大纲进行教学，要从学生原有水平出发，由易到难，由浅入深，由简到繁，逐步学会各种技术。武术散打的技术方法多种多样，在指导学生学习时，要根据学生的具体情况、教学目的，先从基础性技术开始，逐渐过渡到综合、高难度技术。循序渐进原则要贯彻到教学活动的各个环节中，每次课的设计、实施都要精心准备，包括教学内容、教学方法、练习方法和运动负荷等，要注意技术与技术、技术与战术、技术与理论之间的内在联系。由于技术难易程度及个体接受能力的差异，不同的教学对象对教学内容的理解也存在差异，在贯彻循序渐进教学原则时，要防止机械化、程式化，在教学过程中要随时根据学生的实际情况，及时调整教学内容和教学方法。

（三）巩固性原则

巩固性原则是指在教学中要引导学生在理解的基础上牢固掌握知识和技能，能灵活运用知识、技能。武术散打技战术要反复练习。练习、复习的手段应多种多样，并且要富于变化。教师通过指导学生复习、巩固已经学过的知识、技能，使学生能运用已经掌握的知识和技能，提高对新授技术的理解或解决攻、防对抗中的实际问题，使知识和技能在反复练习中提高到新的高度，使运动技术、技能达到自动化程度，形成技术动力定型。

（四）区别对待原则

区别对待原则是指教师要根据学生的实际情况，从学生的个体差异出发，有的放矢进行教学的原则。学生的个体差异是客观存在的事实，这要求教学中要处理好集中教学和区别对待的关系。在贯彻区别对待原则时，应该全面深入了解每个学生的实际情况。在武术散打教学中，首先要了解学生的学习基础、接受能力、智力水平、思想作风、学习态度等。其次要了解学生的身体素质、专项基础水平、个性特点、心理状态、兴趣爱好等方面，从学生实际出发，有针对性地开展教学活动，使每个学生都能得到充分发展。对于身体条件较好、接受能力较强、自觉主动性较高的学生，应增加教学内容，提高练习难度；对于身体条件和接受能力较差的学生，应安排较简单、较容易掌握的教学内容，逐步增加学习内容，加强个别辅导，最终达到理想的教学效果。最后要根据与教学相关的任务、内容、条件等方面，针对学生的共性和个性特点，选择适当的组织方式和教学方法，使他们能够在全面发展的前提下，重点培养各自的优势特长，使每个学生都能获得最佳的学习效果。

（五）师生协同原则

师生协同原则是指在教学活动中，既要充分发挥教师的主导作用，又要充分调动学生学习的主动性、积极性，使教学过程处于师生相互协同、相互促进的状态中。在武术散打教学中，发挥教师主导作用，是指教学的任务、内容、方法和组织等由教师设计和选择。教师在教学过程中，应充分发挥创造性，根据自身对武术散打技战术的认识和理解，运用适宜的教学方法，使学生能够尽快掌握武术散打的基本知识和基本技能。不仅如此，教师还要指导学生独立思考、自主学习，不断激发学生学习武术散打的动机、兴趣，引导学生主动学习和练习。学生作为认识、发展的主体，要明确学习武术散打的目的，端正学习态度，培养终身体育意识，对所学的内容要真正理解并能在实战对抗中运用，积极主动学习和训练。

三、武术散打技能形成阶段及教学要点

武术散打技能的形成也遵循运动技能形成的一般规律，也分为三个过程，即泛化过程、分化过程及巩固过程。三个过程既密切联系，又呈现出不同的特点。

（一）泛化过程及教学要点

学习武术散打技术初期，通过教师的讲解、示范及学生的学习实践，能获得一种感性认识，形成一种较模糊的印象，对技术的内在规律并不十分理解。由于技术

教学信息的刺激，通过感受器传到大脑皮质，刺激大脑皮质细胞强烈兴奋，但大脑皮质内抑制尚未确立，因此大脑皮质的兴奋与抑制都呈现扩散状态，使条件反射暂时联系不太稳定，出现泛化现象。技能形成泛化过程的外在表现为动作僵硬、不协调，不该收缩的肌肉收缩发力，导致出现多余动作，做动作很费力。

这一过程教学的主要任务是使学生初步了解所学动作，获得感性认识，粗略地掌握动作。对一个新的技术动作，通过教师的示范、讲解等，初步形成一个粗略的基本概念，并在教师的指导下进行相应的练习，初步形成该技术的动作表象。在此阶段，教师应该根据学生的实际水平，多运用直观教学手段，示范和讲解有机结合；学生通过反复练习，建立正确的动力定型，还可利用电化教学、观摩等辅助手段，使学生较准确地掌握技术动作。学生应多模仿、多体会，初步建立肌肉的本体感觉。教师在讲解时针对性要强，要准确、形象，重点讲解技术要领，并引导学生积极思考，使学生逐渐理解和掌握技术动作。在初步掌握这一基本技术的基础上，教师要组织学生通过各种手段反复练习，如利用沙袋、手靶等辅助练习器具，适当增加击打力度，逐渐提高动作的速度和力量，使学生形成正确的技术动作概念。此后，可以适当安排相应的攻防练习，逐渐培养在对抗条件下运用技术动作的能力，使学生在攻防对抗过程中掌握动作、理解技术动作的具体含义。

在泛化过程中，不应过多强调动作细节，应抓住技术动作的主要环节及学生在学习动作中出现的主要问题进行针对性教学。讲解要简练、突出重点，示范要正确、角度多样，要从不同部位、不同方向示范，让学生看清楚动作的起止路线、运行轨迹、击打部位等，达到初步掌握动作的目标。如学习冲拳时，抓住"蹬地、转体、旋臂"等主要技术环节进行练习，暂时对步法、重心移动等动作细节不作要求，待学生通过反复练习基本掌握冲拳技术时，再对其他环节提出相应要求，并进行巩固与提高练习。

（二）分化过程及教学要点

在不断地强化练习过程中，初学者对技术动作的内在规律有了初步了解，一些不协调、多余的动作逐步消除。这时大脑皮质兴奋和抑制过程逐渐集中，由于抑制过程的加强，特别是分化抑制得到发展，大脑皮质运动中枢的活动由泛化过程进入分化过程。这时大部分错误动作得到纠正，能比较连贯地完成该动作技术，初步建立了正确的动作定型。但是动力定型尚不巩固，遇到新异信息刺激，多余动作或错误动作可能会重新出现。因此，教师在教学时应抓住学生存在的主要问题，反复强调，反复练习。纠正错误动作时，可采用对照、综合分析的方法，帮助学生体会动作细节，继续促进分化抑制的发展，使动作日趋准确，并且结合技术动作分析，提高对动作技术的理性认识。

分化过程教学的主要任务是在初步掌握武术散打动作方法的基础上，不断巩固提高技术动作，使学生进一步掌握该动作技术的细节，提高动作的协调性和运用的合理性，增加动作的练习难度，加强条件实战中技术运用的目的性，不断巩固已建立起来的动力定型。在教师指导下，通过在一定条件限制下进行双人配合练习，不断提高运用技术动作的能力，包括对距离、空间、时机的判断能力、应变能力，以及增大运动量或提高运动强度等，逐渐培养进攻、防守和反击的实战对抗意识和技术运用的效果。该阶段要求学生在条件实战、其他攻防性练习中，能够自如地运用技术动作，准确完成技术动作，提高动作质量，进一步巩固技术动作的动力定型，提高技术的攻防运用能力，逐步向条件实战及实战过渡。

分化过程的教学应该与泛化过程有所区别，应随时利用武术散打术语提示学生，严格按照动作的规格、要求完成动作。对于练习中出现的问题和错误，一定要立即指正，通过讲解动作要领，分析动作规格，找出原因，并引导学生自觉纠正错误动作。这样不仅使学生掌握正确的技术动作，而且可以培养学生观察分析的能力，从而提高技术动作质量。

（三）巩固过程及教学要点

通过不断的练习，巩固已经建立起来的运动条件反射系统，建立牢固的动力定型，大脑皮质运动中枢的兴奋与抑制在时间、空间上更加集中和精确。这时，无论学生自己空击练习还是负重练习，都能运用自如，而且在对抗性练习中，也能准确有效地完成技术动作。这一阶段，不仅动作准确、熟练，有较好的协调性、流畅性，而且随着运动技能的巩固和发展，神经暂时联系达到巩固程度后，动作逐渐出现自动化现象，这对于武术散打比赛是非常重要的。赛场情况瞬息万变，动作的自动化可使第二信号系统的活动摆脱第一信号系统的限制，专注战略、战术的变化，及时捕捉战机。

巩固过程主要是指导学生通过各种攻防练习、条件实战及实战的形式，进一步强化动作的稳定性和自动化程度，提高动作运用的实效性，在对抗中进一步熟练运用和稳定发挥技术，以培养在不同条件下运用动作的应变能力。该过程要把基本技术练习同组合技术练习紧密地结合起来，强化学生实战对抗时的本体感觉，提高运用技术动作的质量，提高动作的准确性和实际效果。对于组合技法的学习、运用，要使学生深刻理解技术规律、连接规律和实战效果，掌握组合技法的应用、变化技巧，弄清楚组合技术的攻防意图和变化规律，提高实战应用效果。在对抗练习中，如果发现学生出现错误的技术动作，要及时、彻底地予以纠正，以免多次强化而形成错误的动力定型。在教学时教师可根据不同的教学目的、任务，采用不同特征的个体进行配对实战，如按不同的体重级别、不同的技术风格等进行配对，使学生尽快巩固技术和提高技术运用的质量。

值得注意的是，在动力定型达到一定程度后，仍要继续进行强化练习，使动力定型更加巩固，否则已经巩固了的动力定型也会消退。在巩固过程中，教师应该对学生提出更高的练习要求，不断加深理性认识，精益求精。

总之，在武术散打教学中，运动技能的形成过程并不是截然分开的，各个过程没有明显的界线，而是逐渐过渡的。各个过程的出现时机和持续时间的长短，既与教学方法、已有运动水平有关，又与学生学习的积极性和主动性有关。教师要善于在学生动作技能形成的不同阶段，采取有针对性的教学方法和练习手段，促使其早日形成运动技能的自动化。

四、武术散打教学步骤

（一）初步学会动作

学生在教师指导下初步学会动作方法，对技术的动作方法、动作要领、运行路线、发力顺序、击打部位等形成一个初步认识。这时学生对技术动作还没有清晰的概念，还不真正了解各技术环节。教师在教学时不要过多强调动作细节，要抓住技术的主要环节，运用各种示范方法，精讲多练，帮助学生逐步形成清晰、完整的动作概念，掌握主要的技术环节。

（二）强化动作规范

在初步掌握技术动作之后，教师的主要任务是根据不同学生存在的问题，针对性地纠正错误动作，消除多余动作，尽量避免动作出现预兆，帮助学生不断改进动作细节，使动作做得更加协调、完整和精确，并指导学生通过反复练习不断强化动作要领，也可适当增加一些专项身体素质练习，以不断提高动作的速度、力量及流畅性，强化动作质量。

（三）尝试配合应用

在技术动作较为熟练后，可针对性地采用一定的双人配合练习，逐渐了解技术的攻防运用方法。双人配合练习时教师要根据不同的教学阶段、教学目的，提出不同的练习要求，主要使学生了解技术的使用时机、攻击部位、防守方法、安全隐患等。练习时要遵循循序渐进原则，练习过程、练习方式由简到繁、由易到难，动作用力大小、动作速度快慢等要适度，要符合个人的能力、水平。可以先在原地进行练习，再结合相应步法进行练习，先进行单个技术动作练习，再进行组合技术动作练习。

（四）条件实战

条件实战是在预先约定的条件限制下进行实战对抗练习。常用的方式有拳法实战、腿法实战、拳腿实战、一攻一防等。条件实战是为了强化学生某一特定的技术、战术实际应用能力而采用的一种练习方式。进行条件实战时，要根据学生的技术和战术的实际情况和练习的主要目的去选择相应的实战对抗内容。在不同的限定条件下，培养学生对不同技术、战术的理解能力和运用能力，培养学生的时机感、距离感，培养学生在武术散打实战对抗中独特的反应能力、应变能力，为逐渐过渡到实战对抗奠定良好的基础。

（五）实战

学生在经过武术散打各个单个技术动作的学习与训练，掌握了一定数量的单个技术、战术，具备了一定的专项素质后，就可以适当地安排一些实战练习。实战练习是技术、战术学习的高级阶段，是真正检验技术与战术教学质量、教学效果的有效方法，实战对抗练习可以不断锤炼学生技术与战术的熟练程度和运用能力。在进行实战对抗时，教师要引导学生进行自我分析、总结，发现优点、找出不足，不断积累和丰富实战经验，提高实战水平。

第二节　武术散打教学方法

教学方法是指在实施教学过程中，教师和学生为实现特定教学目的、完成具体教学任务而相应采取的教与学相互作用的活动方式的总称。教学方法是教学过程整体结构中的一个重要组成部分。人们在长期的教学实践中创造了许多教学方法，随着教学改革创新的不断推进，许多新的教学方法也会随之出现。不同的教学方法具有不同的功能、作用，同时也具有一定的适用范围，武术散打在长期的教学活动中，也积累了一些常用的教学方法。

一、讲解法

讲解法是教师在教学过程中运用语言向学生传递教学信息、传授知识的方法。讲解法是以语言传递教学信息的教学方法，教师通过语言向学生说明教学任务、动作名称、动作要领、动作方法等，通过语言引导学生进行练习，掌握动作技能，获得武术散打知识。讲解的主要内容有动作名称及规格要求，包括动作方法、运行路线、动作要领、发力要点等；动作的攻防含义、击打力点及在实战中的实际价值等；动作的常见错误、纠错方法及相关的练习方法等。

（一）讲解法的功能

1. 激发学习动机、引起求知兴趣

教师生动活泼、精彩万分的讲解，往往能吸引学生的注意力，激发学生的学习兴趣，引起学生的求知欲望。如在武术散打课程的第一次课，可以给学生介绍一些著名的"散打王"选手，如"射月金弓"李杰、"柳腿劈挂"柳海龙，讲讲他们参加散打王比赛的精彩故事，往往能激发学生学习武术散打的兴趣，让他们有更大的动力投入学习与训练中。

2. 理解方法、明确要领，促进动作概念的形成

教师借助形象的语言讲解，通过听觉在头脑中留下一系列表象，使学生能够在新问题或新情境中应用已掌握的概念、知识和经验，帮助学生领会、理解及掌握新知识、动作技术和动作方法。如在教学武术散打拳法、腿法技术中，每一次攻击结

束，及时回收动作，迅速还原到实战姿势非常重要。在强调拳、腿动作快速回收时，告诉学生用拳、腿攻击，拳面、脚底、脚背等接触对手身体后，就好像拳面、脚底、脚背等触摸到了带电体、高温物体一样，迅速地回收手臂、腿，这让学生能更快理解拳法、腿法攻击后"回收动作"的要领。

（二）讲解法的分类

1. 描述、叙述性讲解

描述、叙述性讲解是以直接叙述的方式描述动作方法、动作要领、动作过程等。讲解的主要内容是事物的结构和变化过程，讲解的作用是建立表象，发展形象思维及表达技术动作过程等。如在武术散打鞭腿的教学中，跟学生讲述鞭腿的动作要领时，告诉学生鞭腿的动作要领可以概括为"提膝、转胯、击打、还原"等，这就是叙述性讲解。

2. 说明、解释性讲解

说明、解释性讲解是对教学目标、教学任务、教学内容、练习方法、注意事项等进行相应的说明、解释及强调等。如在武术散打课程的某一次教学课中，在课的准备部分，告诉学生"本次课的目标是要进一步提高蹬腿技术的熟练程度，提升其流畅性，……"，这就是说明性讲解。

3. 分解、概括性讲解

分解、概括性讲解是在武术散打教学中，教师经常采用分解与综合，分析与综合的讲解方式促使学生认知活动完成的方法。如在冲拳教学中，冲拳技术动作可以分解为"蹬腿、拧腰、转体、送肩、旋臂"等环节，讲解时按照这些技术环节逐步讲述每一环节的要领、方法，这就是分解性讲解。

4. 对比性讲解

对比性讲解是把相关的两个方面或几个方面加以比较，指出优劣、正误、对错等区别。在武术散打教学中，经常有姿势、远度、速度、高度等方面的对比，进行对比讲解，反衬性较大，形象具体，差异鲜明。如在武术散打教学中教授某一技术动作时，找一个该技术动作较规范的学生和一个该技术动作较差的学生，分别进行演练示范，然后进行对比分析，向学生讲述各自的优缺点、正误点、对错点等，这就是对比性讲解。

（三）讲解法的基本要求

1. 讲解要充分准备

教师在课前一定要吃透教材，认真分析、精心提炼需要讲解的内容，认真安排讲解的结构和层次，排练讲解的顺序，明确讲解的重点、难点。如在教授掼拳前，教师要弄清楚掼拳的动作方法、动作要领、动作路线、易犯错误等，了解其动作路线与冲拳直线运行路线不一样，是按弧形路线运行，其易犯错误有动作路线过大或过小，攻击时容易越过前矢状面等。

2. 讲解要简明精练、要点突出

教师的讲解要语言生动形象，层次分明，重点突出，思路清晰，言简意赅，传递信息既清晰又快捷。"精讲多练"是对体育课教学的一般要求，在武术散打课教学中也不例外。如在讲述武术散打拳法、腿法进攻技术的要求时，就可以用"快、准、狠"三字进行概括，"快"指攻击速度快，"准"指攻击部位准确，"狠"指攻击力量大。"快、准、狠"三个字就概括了武术散打拳法、腿法进攻技术的基本技术特征。

3. 讲解要具有科学性

讲解的内容及陈述的观点要正确，所使用的例证要充分，运用的专业术语要规范，所讲解材料的内在联系和逻辑关系要强等。武术散打教师、教练员在进行讲解时，一定要参考一些权威的武术散打教材等资料，依据这些资料中所陈述的知识进行讲解，要具有科学、严谨的教学态度。

4. 讲解的针对性、目的性要强

讲解要根据不同的教学内容、不同的教学阶段、学生存在的具体问题等有的放矢地进行，要做到目标明确、重点突出、内容具体，做到有目的、有侧重、有针对性地进行讲解。如在蹬腿教学中，一个普遍的现象是用蹬腿攻击结束后，小腿回收不及时，导致身体重心前移。针对这一问题，告诉学生蹬腿攻击结束后，仍然要保持大腿处在水平位置，直到小腿回收完毕，再放下大腿还原至实战姿势位置。这一讲解侧重解决蹬腿攻击结束时"大腿放下过早、导致重心前移"的问题，其针对性、目的性就很强。

为了充分发挥讲解教学法的优势，在讲解过程中应与其他教学方法有机结合，配合进行，充分发挥学习者的视觉、听觉、触觉等多种感觉的功能。

二、示范法

示范法是指在教学过程中，根据具体需要，教师自己或指定他人做出某一技术动作、练习方法、练习手段等具体范例以供学习者通过观察获得感性认识的教学方法。示范教学法具有直观性、形象性、具体性及真实性等特点。示范法在武术散打教学中尤为重要，是学生通过视觉感知技术动作信息的生动具体的方法。通过技术动作的示范，可使学生直观地了解所学技术的动作方法、技术要领、结构特征和完成技巧等，从而快速地建立动作表象。

（一）示范法的功能

1. 激发学习动机，提高学习的积极性和主动性

示范者熟练、优美的技术动作示范，能触动学生的好奇心，激发学生的学习动机，引起学生的学习兴趣，甚至让学生内心产生无限震撼，使其跃跃欲试，产生浓厚的兴趣。如在武术散打"鱼跃抢背"技术教学中，教师完美的"鱼跃抢背"示范，往往会赢得学生的掌声、赞美声，课堂氛围马上就热烈起来。

2. 利于模仿、掌握技术动作，形成正确的动作表象

示范教学法可以清晰显示技术动作的结构，向学生展示明确的技术环节，使学生在脑海里建立一个清晰的动作表象，形成一个完整的动作概念，通过模仿，掌握技术动作。武术散打课程作为一门以身体运动形式参与、实践性很强的课程，示范法显得非常重要，尤其在教学的初级阶段，示范法必不可少。

（二）示范法的分类

1. 根据示范者的身体站立方向分类

根据示范者的身体站立方向，示范法可分为正面示范法、侧面示范法、镜面示范法、背面示范法。

（1）正面示范法是指示范者面对观察者进行示范的方法。正面示范法便于观察者观察示范者所示范动作的左右、上下的移动情况。如在掼拳教学中，为了让学生看清掼拳的运行路线，先可以进行正面示范，因为掼拳的运行路线以左右移动为主。鞭腿、后摆腿动作也可采用正面示范法。

（2）侧面示范法是示范者身体侧面朝向观察者进行示范的方法。侧面示范法

便于观察者观察示范者所示范动作前后移动的情况，是武术散打教学中常用的示范方法。如在冲拳教学中，为了让学生看清冲拳时的运行路线，先可以进行侧面示范，因为冲拳的运行路线以前后移动为主。蹬腿、踹腿动作也可采用侧面示范法。

（3）镜面示范法是指示范者面对观察者，示范动作的运动方向与观察者动作方向相反的示范方法。镜面示范法有利于观察者跟随示范者一起练习，观察者看到示范者的动作就像看见镜子中自己的动作，一般应用在动作路线为左右方向且路线较为简单的动作，如准备活动中的徒手操。

（4）背面示范法是指示范者背对观察者进行示范的方法。一般用在技术动作方向、路线变化比较复杂或身体各部位配合比较困难的动作。在武术散打教学中，教师在队伍前面带领学生一起练习某一技术动作时，可采用背面示范法。

2. 根据示范技术动作的结构特点分类

根据示范技术动作的结构特点，可分为完整示范法、分解示范法。

（1）完整示范法指从示范者开始进行动作示范到该动作示范结束是一个连续不断的过程，是完整地进行技术动作展示的方法。教学初期，为了使学生建立一个完整的动作概念，或有些技术动作不适合分解，一般采用完整示范法。在武术散打教学中，如后摆腿、劈腿等技术动作很难进行分解练习，一般以完整示范法为主。

（2）分解示范法指把一个完整的技术动作，按照技术结构或身体部分合理地分成几个环节，逐次进行示范的方法。其一般用于复杂动作或成套动作、完整示范较难掌握的动作或需重点学习的动作。在武术散打教学中，大多数技术动作如冲拳、掼拳、踹腿、蹬腿都可以采用分解示范法进行教学。根据教学对象的接受能力决定是否采用分解示范法及分解示范的频次。

3. 根据示范的具体目的分类

根据示范的具体目的，可以分为重点示范法、慢速示范法、正误比较示范法。

（1）重点示范法指教师根据教学的具体需要，为了突出技术动作的某个重要环节而采用的示范方法。其一般是为了集中观察者注意力，引导观察者观看关键环节。如在武术散打拳法中，蹬腿转体这一环节特别关键，在进行拳法教学时，一般会就蹬腿转体这一动作进行重点示范，组织学生专门观看这一技术环节。

（2）慢速示范法是为了让观察者对新授动作建立完整的动作表象，采用降低示范动作的完成速度、节奏的方法。慢速示范法在武术散打教学中常见，当学生难以掌握某一技术动作或某一技术环节时，往往采用慢速示范法进行示范，帮助学生掌握这一技术动作方法。

（3）正误比较示范法是教师为了让学生发现错误动作中的具体错误，而采用的正确动作与错误动作进行对比示范的方法。跟前面介绍的"对比性讲解"一样，如武术散打教学中在教授某一技术动作时，往往找一个该技术动作较规范的学生和一个该技术动作较差的学生，分别进行演练示范，让学生同时观察正确的技术方法和错误的技术方法，让学生看清正误点、对错点等，这就是正误比较示范。

另外，根据示范者的具体身份，可分为教师示范法和学生示范法；根据示范时所采用的队形，可分为横队示范法、纵队示范法、圆队示范法及特殊队形示范法。

（三）示范法的基本要求

1. 示范动作要正确、熟练、优美

示范者在进行示范时要保证技术动作的质量，做到正确、规范、熟练、协调、流畅、优美，从动作方法、动作路线、发力顺序及各身体部位的协调配合等都要准确无误。在武术散打教学中，教师的示范动作正确、熟练、优美，不仅能激发学生学习的动力，也能帮助学生更快、更好地掌握技术动作方法。

2. 示范的针对性要强

示范要目的明确、重点突出，要根据学生掌握技术动作的实际情况进行示范，要根据不同的教学阶段、教学目的进行示范，要根据具体问题进行示范。与讲解教学法使用的要求一样，在武术散打教学时也应根据学生遇到的具体问题进行相应的示范，如在鞭腿初期教学中，很多学生往往存在"送髋"不充分的问题，那教师就可以就鞭腿"送髋"这一环节进行专门的示范，让学生看清鞭腿"送髋"的技术细节。

3. 示范方法要多样

根据学生技术水平的实际情况和教学的具体任务，针对性地选择相应的示范方法，对于简单的动作和基础较好的学生，可采用完整示范法；对于复杂的动作和基础较差的学生，可采用分解示范；为了便于观察动作细节，可采用慢速示范法；为了更容易发现动作的具体错误，可采用正误对比示范法等。

4. 示范的时机要恰当

根据学生学习的具体情况及遇到的具体问题而选择适当的示范时机，充分发挥技术动作示范的直观作用。一般在学生对动作概念不清时、需要突出动作重点时、学生存在共性错误等情况，及时进行相应的动作示范。在武术散打教学中，在教授某一技术动作的初期，一般以正面示范法、侧面示范法进行示范，让学生看清技术动作的主要环节；随着学生对这一技术动作掌握程度的提高，一般用重点示范法、正误对比示范法等进行示范教学，以专门解决某一具体的问题。

5. 示范要有利于学生观察

示范者的示范应以全体学生都能看得清楚为基本原则，根据具体需要调整示范位置、示范面。如在冲拳教学中，为让学生更清楚地观察"转体送肩"的过程，可以选择侧面示范法，这样学生能清楚地看见示范者"肩往前送、臂往前伸"的过程。

6. 示范与讲解应有机结合

动作示范应结合讲解进行，这样可以同时发挥学生视觉和听觉的功能，可以先示范后讲解或先讲解后示范或边讲解边示范，二者互为补充，相得益彰。

三、完整教学法

（一）完整教学法的概念

完整教学法是学生从技术动作的开始姿势到该动作的结束姿势，不分环节、不分部分，完整地进行教授，从而掌握技术动作的方法。完整教学法的优点是从一开始就使学生建立技术动作的完整概念，让学生易形成技术动作的整体概念，不至于影响动作的整体结构和各部分之间的联系；缺点是对于那些难度较大的技术动作，不容易快速掌握动作。一般来说，学习较简单的技术动作或不能分解的动作可多采用此法，另外，对于基础较好的学生也可采用这种方法。

（二）完整教学法的基本要求

1. 突出教学重点

使用完整教学法时，要做到突出重点，科学地把握好动作的快慢节奏。虽然完整教学法从技术动作的开始姿势到该动作的结束姿势，不分环节、不分部分，完整地进行练习，但还是要突出技术的重点环节。如鞭腿教学，一般可以分为"提膝、转胯、击打、还原"4个环节，用完整教学法对鞭腿进行教学时，要抓住"转胯"这一重要环节，进行重点练习。

2. 适度地降低动作规格

对于学生在初学时不容易规范完成的技术动作，可适当降低完成动作的要求，待学生具备一定基础后，再逐渐提高完成动作的规格与要求。具体到武术散打项目中，用完整教学法进行某一技术动作教学时，根据学生的具体情况可以适当降低完成技术动作的速度、力量及高度等，对于学习时存在的动作细节问题，教师不要提出过多的要求。

3. 结合分解教学法进行

对于那些复杂的动作，可以先进行分解练习，待学生对技术动作的各个环节比较熟练时，再进行技术动作的完整练习。对于武术散打这一项目，应根据各个技术动作方法的难易程度、学生的接受能力、学生已有基础情况等因素，恰当地选择完整教学法和分解教学法。

四、分解教学法

（一）分解教学法的概念

分解教学法是在教学过程中把某一完整的技术动作按其基本环节分成数个独立的部分，分别进行教授的方法。分解教学法的优点在于能减少学生刚开始掌握动作的困难，在掌握完整技术动作中独立的各个部分以后，再进行完整练习，可以增强学生掌握技术动作的信心，提高学习效率。分解教学法主要适用于教授那些动作较为复杂但又可以分解的技术动作，或者动作的某个环节需要细致学习时，或在改进动作、提高动作质量时。

（二）分解教学法的分类

1. 单纯分解教学法

单纯分解教学法就是把整个教学内容分成若干个部分或环节，分别练习、掌握各个部分或环节的内容，再综合各部分进行整体学习、练习。单纯分解教学法对各个分解部分或环节的练习顺序并没有刻意的要求。如踹腿教学中，可以把踹腿技术分为"提膝、转胯、踹击、还原"4个部分或环节，然后单独练习这4个环节，可以先练"提膝"，也可以先练"踹击"或"还原"。对于这4个环节的练习顺序根据具体情况而定，不用刻意要求。掌握了这4个环节以后，再综合4个部分进行整体练习。

2. 递进分解教学法

运用递进分解教学法是指把教学内容分成若干个部分，先教授第一部分；学生掌握了第一部分后，再教授第二部分，学生掌握第二部分后，将两部分合起来练习；学生掌握两部分后，再教授第三部分；学生掌握第三部分后，将这三部分合起来练习，如此递进式的教学，直到学生掌握整个教学内容。此教学方法虽然对练习内容各个部分的练习顺序没有要求，但对相邻环节的衔接有要求。也就是说，把某一部分进行合练时，只能是某一部分之前或之后的相邻部分。还以踹腿教学为例，踹腿技术分为"提膝、转胯、踹击、还原"4个部分或环节，先练习"转胯"；学生掌握"转胯"后，再练习"踹击"；学生掌握"转胯""踹击"后，就把"转胯""踹击"进行合练；学生掌握"转胯、踹击"连贯技术后，再练习"提膝"；学生掌握"提膝"后，再把"提膝""转胯、踹击"合起来练习，以此类推，直到学生掌握整个踹腿技术动作。

3. 顺进分解教学法

应用顺进分解教学法，就是把教学内容分成若干个部分，先教授第一部分；学生掌握第一部分后，再教授第一部分和第二部分；学生掌握后，再把第三部分加进来一起教授；如此一步步前进，直至完整地掌握所教学的内容。顺进分解教学法的特点是教学内容的进程与教学内容内在顺序要保持一致，后面教授步骤的教学内容包含之前的教学内容。以踹腿教学为例，踹腿技术分为"提膝、转胯、踹击、还原"4个部分或环节，先教授"提膝"；学生掌握"提膝"后，再教授"提膝""转胯"；学生掌握了"提膝、转胯"后，再教授"提膝、转胯""踹击"，以此类推，直到掌握整个教学内容。

4. 逆进分解教学法

应用逆进分解教学法，就是把教学内容分成若干个部分或环节，先教授最后一部分，与教学内容内在顺序相反，逆向逐次增加教学内容，直到第一部分，如此逆向进行教授直至学生掌握完整的教学内容。以踹腿教学为例，踹腿技术分为"提膝、转胯、踹击、还原"4个部分或环节，先教授"还原"；学生掌握后，再教授"踹击""还原"；学生掌握"踹击、还原"后，再教授"转胯""踹击、还原"；以此类推，直到学生掌握完整的踹腿技术。

（三）分解教学法基本要求

（1）划分动作环节或部分时，各环节或部分之间要易于连接完成。划分动作环节或部分一定要遵从动作的结构特征、人体的运动规律，使动作的各环节或部分之间易于衔接和连贯。如在蹬腿教学中，按照完成蹬腿的先后顺序，可以把蹬腿技术分为"提膝、蹬击、还原"比较合适，如果分成"提膝、蹬击、收小腿、还原"，学生在练习中会存在困难，"蹬击"结束后，很难长时间保持"蹬击"的姿势，也不符合"快打快收"的技击原理。

（2）在进行动作环节或部分划分时，要对学生讲清楚各个环节或各个部分的动作要点及它们之间的相互关系。如在蹬腿教学中，蹬腿技术的"提膝、蹬击、还原"三个主要环节，各有相应的动作要点，"提膝"时大腿要尽量抬高且高于水平面，"蹬击"时要尽量送髋，"还原"时要先收小腿再放大腿，因此教学时要向学生讲清楚各个环节的动作要点。

（3）尽快与完整教学法结合使用。在武术散打教学中，不宜将技术动作分解得过于零碎或太长时间进行分解练习，当学生通过一定时间的分解练习初步掌握动作要领后，就应该尽快进行完整技术动作的教学，否则不利于技术动作的连贯性。因此，分解教学法常常与完整教学法有机结合使用。

五、模拟教学法

（一）模拟教学法的概念

模拟教学法是指根据课的具体目标、任务，模拟实战中所表现的技战术情形及场景气氛等，针对性地提高学生某种技战术的运用能力，提高心理的承受能力等方面的方法。

（二）模拟教学法的内容

1. 模拟主动进攻的技战术

在武术散打教学中，为了针对性地提高某一进攻性技战术能力，要求学生模拟这一技术或战术，进行专门的强化训练，如冲拳、鞭腿的抢攻练习，针对对手拳法进攻的下潜摔练习。

2. 模拟防守的技战术

在武术散打教学中，为了针对性地提高某一防守性的技战术能力，要求学生模拟这一技术或战术，进行专门的强化训练，如针对对手踹腿进攻的接踹腿摔技术，针对对手掼拳进攻的闪躲防守技术。

3. 模拟防守反击的技战术

在武术散打教学中，为了针对性地提高某一防守反击的技战术能力，要求学生模拟这一技术或战术，进行专门的强化训练，如针对蹬腿的接蹬腿摔的防守反击能力练习，针对对手边角战术的反边角战术训练。

4. 模拟不同身体素质的对手

在武术散打教学中，经常模拟力量大的对手、速度快的对手、耐力好的对手、身高高的对手等，以应付未来比赛中可能遇到的各种不同类型的对手。

5. 模拟不同弱点的技战术

在武术散打教学中，往往根据实战的需要，还会模拟对手不同弱点的情况进行专门的技战术训练，如针对对手拳法防守能力差的特点，进行拳法的强化训练；针对对手接腿摔能力差的特点，进行腿法的强化训练。

6. 模拟比赛的现场氛围

模拟比赛的现场氛围一般在武术散打教学、训练的高级阶段才会使用，针对高水平的比赛，为参赛运动员模拟可能出现的比赛现场氛围，为运动员更好地适应比赛做好准备。

（三）模拟教学法的基本要求

1. 模拟应有针对性

要根据教学目标、任务，有针对性地设置相应的模拟对象或模拟情境。例如，正架的学生要提高与反架学生进行实战对抗的能力，就要指定学生模仿反架的学生与其进行练习；为了提高与身高偏高的对手的对抗能力，就得找身高偏高的队友进行配对练习；为了提高与速度偏快的对手的对抗能力，就得找速度偏快的对手进行对抗练习。

2. 模拟要逼真

塑造逼真的模拟对象是模拟教学法的核心要求，不管模拟某种技战术打法，还是模拟某个对手独特的技术风格，或比赛的现场氛围等，都要求模拟对象与被模拟对象要尽可能相似。如在武术散打教学中，要提高鞭腿"抗摔"能力，就要跟接鞭腿摔技术好的对象进行配对练习，这样提高鞭腿"抗摔"能力的效果更加突出。

六、纠错教学法

（一）纠错教学法的概念

纠错教学法是教师为了纠正学生在练习中出现的错误而采用的方法。在武术散打教学中，出现错误动作是不可避免的。但是必须清楚，出现错误动作后如果不及时进行纠正，一旦让错误动作形成了动力定型，就可能要付出更多的时间、精力去纠正错误动作。因此，对出现的动作错误及时进行纠正是十分必要的。

（二）错误动作产生的原因及纠正办法

1. 对技术动作尚未形成清晰的概念

在学习之初，对动作方法、动作路线、动作要领等不够熟悉，对技术动作还没形成完整的概念。纠正时，应该根据学生存在的问题，提高示范、讲解的频率和质量，帮助学生尽可能建立正确的动作概念，清楚完成动作的路线、要领和要求，明白动作的关键环节，建立清晰的动作表象，要善于利用各种诱导性练习、启发性讲解来纠正错误的技术动作。

2. 身体素质较差

完成任一技术动作都需要相应的身体素质作为基础，尤其是高难度技术动作，对身体素质的要求更高。如果身体素质较差，往往会容易导致完成某些动作会遇到困难，出现错误动作。纠错时，可根据学生的身体素质情况，适当降低动作的要求，帮助其改正错误、完成技术动作。另外，安排一些相应的身体素质练习、辅助性练习，提高其完成技术动作的能力。

3. 心理承受力不够强

在教学中进行攻防对抗性练习或难度较大的技术动作时，学生可能会因心理惧怕而产生紧张情绪，从而导致错误技术动作的出现。纠错时，教师要积极做好心理疏导工作，减轻学生的紧张情绪，同时降低攻防对抗的节奏和难度，帮助学生建立信心。

4. 组织教法不合适

教学中采用的教学方法、练习方法、组织形式等不恰当，也会导致学生出现错误动作。因此，教师应该认真钻研教材教法，全面了解学生，根据动作技能的形成规律，合理安排教学过程，采用切合实际的方法，帮助学生改正错误。

5. 其他主观、客观原因

如学生在疲劳的情况下进行练习、周边环境容易干扰练习、场地器材不合适等，都可能会导致错误动作的出现。纠错时，应根据学生的身体疲劳状况、环境情况及场地器材等具体问题，采取相应的措施，帮助学生改正错误。

（三）纠错教学法的基本要求

1. 抓住主要问题，纠正主要错误

在纠正错误时，根据学生对技术动作的掌握情况及动作错误的严重程度，分析存在的主要问题。首先要抓住主要错误进行纠正，然后纠正其他错误。如在鞭腿教学中，"转胯"时的"送髋"动作在整个鞭腿技术中是关键环节，应进行专门的练习，如出现错误，可以通过控腿、拉伸髋关节相应韧带等手段予以纠正。

2. 分析产生错误的具体原因

不同的错误动作，产生的原因不一样。在纠错前，一定要针对具体的错误动作，认真分析其出现错误的真正原因，这样才能有效地纠正错误动作。如在冲拳教学中，经常出现"撩拳"的错误，产生这一问题的根本原因是进行冲拳时，抬肘过早，纠正时应强调先蹬地转体，拳引导手臂前伸，然后抬肘，才可有效纠正"撩拳"这一错误。

3. 及时进行强化练习

武术散打初学者掌握了新学的技术动作之后，需要不断进行重复练习来强化技术动作，以形成稳定的动力定型，错误动作被纠正以后，也要跟学习新的技术动作一样，需要一定的重复练习来巩固正确的动作，防止错误动作再次出现。因此，错误动作纠正以后，一定要及时进行强化，以巩固正确的动作概念，形成稳定的动力定型。

第三节　武术散打教学组织形式和练习手段

一、武术散打教学组织形式

在武术散打教学中，学生从学会动作到形成技能需要大量的重复练习，在初步掌握动作之后，动作概念并不完全清楚，技术动力定型尚未稳定，这就需要学生在教师的指导下进行一定的重复练习，以形成巩固的动力定型，达到技能的自动化水平。在武术散打教学过程中常用的组织练习形式有集体练习、分组练习、双人练习、单人练习。

（一）集体练习

集体练习是在领做或口令提示下，全体学生共同练习的组织形式。口令要清晰、洪亮，节奏要恰当，必要时口令间隙也可穿插一定的讲解提示。领做也是教学示范的一种具体形式，要合理选择示范面和示范位置，尽量能观察到每个学生的练习情况。对于练习中学生出现错误动作时，要及时提醒和纠正。一般来说，集体练习便于教师观察学生整体练习情况，了解学生对技术动作的普遍掌握情况，发现学生普遍存在的问题，有利于教师根据学生的整体情况及时调整教学进度、策略。

（二）分组练习

分组练习是指根据教学的实际需要，将学生分成若干小组分别进行练习的组织形式。分组时可以随机分组，也可按照掌握水平、性别、行列等进行分组。分组练习可指定学生骨干组织练习或由本组的学生轮流带领练习。分组练习应鼓励学生在组内对技术动作进行大胆研究分析，互教互学，提出一些创造性的练习手段；各组之间也可互相交流学习体会，充分发挥他们的主观性、积极性。实施分组练习时，教师要注意统揽全局，抓住共性，轮流指导，分别辅导，监督各组按要求完成布置的任务。分组练习能充分发挥学生技术骨干的作用，对技术较差的学生提供具体的帮助和指导，学生帮助他人的同时也锻炼了自己；在一定程度上培养了学生的组织能力、指导能力；有利于培养团队精神和良好的学风。

（三）双人练习

双人练习是在教学过程中安排两个学生组成一个学习小组，进行指定任务练习的组织形式。武术散打比赛是双人实战对抗的形式，双人练习恰好符合武术散打项目对抗形式，是重要的练习形式之一。双人练习的内容较多，如双人打靶、双人身体素质练习、双人攻防练习等。采用双人练习时要在教师指导下结合教学目标、教学任务有针对性地安排，双人练习要求练习双方都要积极配合，互相帮助，树立为对方服务的思想，尽量给对方提供最好的配合。双人练习在形式上与武术散打实战对抗的特点更加相似，更加有利于运动技能、时空的判断能力、攻防意识、实战能力的形成。

（四）单人练习

单人练习是由每个学生独立按照教师指定的任务进行练习。在进行单人练习时，学生可不受其他学生的干扰、影响，仔细体会技术动作的动作方法、动作要领、动作路线、发力顺序等，并可根据自身技术水平的实际情况有目的地调整练习的量和强度；教师要不断地去观察学生的练习情况，并进行个别辅导。单人练习能充分培养和发挥每个学生的思维能力，调动学生的主观能动性；每个学生都能自主调节练习节奏和练习负荷；有利于教师实施因材施教，并根据每个学生存在的问题进行针对性指导。

二、武术散打教学中的练习手段

（一）空击练习

空击练习是徒手练习技术动作，熟练掌握武术散打技术的重要手段之一。它可不断改进动作细节，巩固技术动作的动力定型，不断提高条件反射，提高动作速度及其流畅性。空击的形式多样，既可单人、双人练习，亦可多人、集体练习。根据练习目的的差异，空击练习应有所侧重。如在进行单个技术练习时，应注重动作的规范性，仔细体会动作的路线轨迹、发力技巧、击打目标等方面；在进行组合连击及战术练习时要强调用意识去指挥动作，强化攻防的目的性。空击练习要循序渐进，先从单个技术动作进行空击，再从组合技术进行空击，进而到随机组合的空击；从原地进行空击过渡到结合步法进行空击等。

初学时空击练习可以从基本姿势、基本动作开始，熟练之后可以逐渐进行更为复杂的组合动作空击练习。对于容易出错的技术动作可以多进行重复练习，直到动作正确为止。虽然是个人在做空击练习，但一定要想象正在与对手进行对抗，这样练习才更真实，也能培养攻防意识。空击练习是学好技术动作的重要途径之一，必须持之以恒。

在进行空击练习前，要充分进行热身活动，避免发生运动损伤。教师要在旁边认真观察，发现学生在练习中出现错误，要及时纠错。最好面对镜子进行空击练习，以便自己及时发现错误动作，并及时进行纠正。

（二）信号练习

信号练习是根据陪练者发出的信号及时做出相应动作反应的练习方法。常用的信号有手势、口令、反应灯等。一般来说以单个信号为主，也可进行组合信号练习，可接触或击中目标，也可保持一定距离，不接触信号目标。由于信号的突然性和随机性，信号练习可有效地提高学生的反应速度、动作速度及移动速度等速度素质，提高练习者的专注力，培养练习者对时空、距离的把握能力。信号练习要求陪练者根据练习者技术水平的实际情况，灵活掌握发出信号的速度、频率，要保证信号的突然性和随机性，不要使练习者找到信号发出的规律，对下一个信号有所预判。信号要清晰，"靶位"要准确，以免模糊不清而造成练习者判断失误。具体信号对应具体反应动作是事先规定好的，练习者要严格执行，练习者出错时，陪练者要及时反馈。练习者反应要及时，动作要准确，尽量不贻误"战机"。信号练习特别强调反应速度，要求以最快速度进行即时应答，所以最好安排在体力较充沛的情况下进行，刺激信号和反应动作不宜太复杂，这样才能保证动作的质量。

（三）隔空练习

隔空练习是指两名学生在不允许身体接触的情况下，一方针对另一方的技术动作及时做出与之相对应的攻防动作的练习方法。此法能有效提高快速反应的能力、动作速度、攻防意识和攻防能力，同时又可消除练习者害怕击打、担心受伤的心理，也能提高练习兴趣。隔空练习要特别注意：练习中先攻击一方动作要逼真、快速，要处理好方法、距离和节奏的变化，另一方要精力集中，反应及时，动作迅速、正确；双方的距离应以不能接触对手为度；双方要相互纠错、配合默契。

第四章
武术散打教学

（四）递招练习

递招练习是由教师根据不同的教学目的、任务，以各种攻防动作为刺激信号，要求练习者做出指定的相应攻防动作的练习方法。递招练习最大的特点是可使学生几乎在没有心理压力的情况下完成技术动作。因此，此练习常在教学初级阶段采用，或在周期性的阶段性任务中用于提高反应速度、动作速度和熟练攻防动作。

递招练习分接触性递招和不接触性递招两种形式。进行接触性递招练习，递招一方可穿戴护具，练习者应适当控制动作力度，避免击伤递招者；不接触性递招练习，双方的距离也不应太远，避免与实战脱离，递招一方可配合做些闪躲性防守，使练习者既能充分发挥攻击动作力度和速度，又不至于接触身体，避免运动损伤。

（五）打靶练习

打靶练习是由教师根据不同的教学意图，借助手靶、脚靶等辅助器材，帮助练习者提高技战术水平的练习方法。可以说，打靶练习是武术散打教学中最佳的练习方法之一，分为静态靶和活动靶，练习形式和手段灵活多样。对于初学者，为了巩固技术动作、尽快形成正确的动力定型、提高击打力度等，可采用打单一的固定靶形式，如打固定拳靶、打固定腿靶。随着学生技术水平的提高，可以通过击打距离、节奏、方位的变化，以提高练习者在动态中完成击打动作的能力。

为了提高学生防守后反击的能力，也可采用递招接打靶的方法。递招的目的是先给练习者一个攻击动作（信号），让他做出相应的防守动作（或意识）后再快速进行反击打靶。在这种练习中，递招要求逼真、快速，防守反击（打靶）要快速、准确。打靶练习是在快速随机变化中完成进攻、防守及反击动作。因此，递招接打靶的方法可以培养学生在动态中的攻防技能，发展战术意识，提高对击打时机、击打距离的把握能力。

（六）模拟练习

模拟练习是教学中为了提高某一特定技术、战术能力的需要，模仿实战中某一技战术运用特征，某位运动员的打法特点、某一实战情境等进行的针对性练习。模拟练习中，被模拟系统、同态系统及主练系统是三个必不可少的因素。这种练习在强化某种特定技术与战术能力，培养战术意识，提高心理适应、承受能力以及在实战对抗中的应变能力等方面都有较好的效果。模拟要逼真、形象，关键在于模拟的相似程度，也就是同态系统应与被模拟系统要尽可能的相似。练习时必须根据具体情况迅速做出相应的攻防反应，在把握时机、感知距离、空间判断以及动作的力度和速度上，都要从难、从严、从实战出发，保证练习的质量、效果。

（七）打沙袋

打沙袋亦称为打沙包，是指在教学中让学生利用进攻动作击打沙包的练习方法。打沙袋是武术散打教学中经常采用的练习手段之一。它对改进技术动作规格、增大动作打击力度、提高击打耐力、培养连续攻击能力等方面都有着显著的效果。打沙袋要根据练习目的、任务，并结合实战需要适当安排。练习的内容可分为单一性的、限制性的、非限制性等多种规格，练习者除要注意攻击动作的准确性和发力顺序的合理性之外，还要根据实战的具体特点调整好击打的距离、频率和节奏。沙袋从外形上，有条形沙袋和网形沙袋；从重量方面，分为轻型、中型、重型沙袋；从用途上，分为普通沙袋和特殊沙袋等。

（八）摔假人

摔假人是指利用人形假人作为抱摔对象的练习方法。摔假人是提高武术散打摔法技能的一项重要训练手段。摔假人练习对改进、巩固摔法技能，提高摔法的专项技能、专项功力、专项耐力等方面都有着显著效果。随着器材开发技术的不断革新，新制造的假人与真人更为接近，摔假人练习在摔法练习中发挥的作用越来越大。摔假人练习要根据练习的目的、任务，并结合实战的实际需要来安排。

（九）条件实战

条件实战是指在有一定条件限定的情况下进行的实战对抗练习，也就是按预先限定好的技术方法进行实战，不得使用其他技术方法，如拳法实战、腿法实战、拳腿实战、拳摔实战。

条件实战是为了提高学生某一特定技战术的运用能力而采用的一种练习方法，具有很强的目的性、针对性，也是实战练习初级阶段常用的一种方法。此法可使练习者在较低或几乎没有心理压力的状态下进行实战练习，以便能集中精力，专注提高某一个或几个特定技战术能力。条件实战对双方练习者的技战术都有严格的限定，练习时务必严格按照限定的条件进行，注意互相配合，互相沟通，互相切磋。尤其要说明的是，对于初学者，条件实战是提高和检验技战术能力的常用方式，练习时一般要求轻击、限制一定的技法并佩戴护具。

（十）实战

实战是教学中两人按照约定的规则进行的实际对抗练习。实战是提高和检验技战术水平的重要方法，也是总结、积累实战经验的有效措施，是武术散打水平达到一定程度后开展的必要练习形式。实战可采用当前通用的武术散打竞赛规则，也可根据具体需要增加约定。实战双方要穿戴护具，严格执行比赛规则，确保实战双方的身体安全，尽量避免运动伤害事故发生。实战练习时如果有裁判员执裁，更能增加实战的激烈程度和技战术运用的实效性。因为实战练习是实实在在的对抗比赛，既要求练习者投入精力，每一个攻防动作的使用、每一个战术的运用都要全力以赴，还要排除怕输的心态干扰，敢于大胆使用技战术，从成功与失败中不断总结实践经验。如果对手实力较强，练习者可有意地使用自己的优势技战术，发展优势技能；如果对手实力较弱，练习者则可有意地使用自己较差的技战术，使自己的劣势得到改进。

实战练习可以按照武术散打正式比赛的要求进行，也可以采取"车轮大战"的方法，由一人做"擂主"，安排数人轮番与之实战，以提高体力。强化实战练习，最好先安排实力相当的人一起对抗，练习的双方各有胜负，以树立信心。实战能力达到一定水平之后，可以安排实力有一定差距的人进行对抗，让水平低者挑战水平高者，从而锻炼其面临强手如何发挥技战术的能力。实战之前，要做好准备活动，尤其是要做好拍打练习，尽量避免运动损伤发生。

实战练习是身体的直接对抗，难免会发生击伤、扭伤、撞伤、摔伤等损伤，每一名练习者都要承受一定的心理压力，尤其是初级阶段的练习者心理压力会更大。因此，安排实战练习一定要适时、适度，绝不能过早、过频、过于激烈，以免练习者产生心理障碍或导致运动损伤。

第四节　武术散打教学文件的制订

教学文件是各级各类学校按照培养目标的相关要求和学校实际，并结合专业情况等方面而制订的对教学活动的指导方案，也是管理教学工作的主要依据。教学文件包括教学计划（专业课程方案）、教学大纲（学科课程标准）、教学进度和教案。本节主要介绍武术散打教学中教师常用的教学大纲、教学进度和教案等教学文件。

一、教学大纲

武术散打教学大纲是根据武术与民族传统体育专业培养方案的要求，结合学校的实际情况，针对专业特点、需要，以纲要的形式规定武术散打课程教学内容和教学要求的指导性文件。

（一）教学大纲的制订依据

1. 培养方案对学科课程的要求

培养方案是学校根据教育部相关文件，组织相关专家制订的，是学校保证教学质量和人才培养规格的重要文件，也是学校组织教学活动、安排教学任务、进行教学评价的基本依据。因此，各院校制订的武术与民族传统体育专业培养方案中提出的对人才培养的规格要求，是确定教学大纲的教学目标、教学任务及教学内容的主要依据。因此，武术与民族传统体育专业培养方案是制订武术散打教学大纲的根本依据。

2. 课程的发展水平

武术散打课程自身的发展水平、结构及其体系的发展状况，确定了该学科课程的基础知识和基本技能的结构以及与本学科课程有关的思想观念、价值、态度、情感、智力和能力等因素。武术散打课程自身的发展水平越高，结构、体系越完善，它在传授知识、培养技能、锻炼意志品质、塑造人格等方面具有的教育价值越大。因此，武术散打课程自身的发展水平及结构、体系的发展状况是制订武术散打教学大纲的主要依据。

3. 学生的特点

学习该课程学生的心理、身体、智力等发展水平对该课程教学目标的实现、教学任务的完成会产生较大的影响。所以，在制订教学大纲时，应该考虑学生的特点，以学生为中心，找到课程的逻辑顺序和学生的发展顺序之间的最佳结合方式，这会提高该课程的教学效果。因此，学生的特点也是制订武术散打课程教学大纲的重要依据。

（二）教学大纲的主要内容

作为武术散打教学重要的指导性文件，武术散打教学大纲主要包括以下内容：

1. 课程性质

武术散打课程性质主要说明课程是依据哪个专业的教学计划制订的，在教学计划中课程体系处于何种地位、作用；说明武术散打课程开设的对象，是专业必修课、公共必修课，还是选修课等，以及武术散打课程的学分等。

2. 课程目标

武术散打课程的目标主要说明教学目标，包括武术散打知识、能力、价值等方面的目标。

3. 课程内容

武术散打课程的内容一般包括理论知识、实践活动、能力培养等，应根据武术散打的运动特点、发展趋势、教学对象以及培养目标和教学时数等有针对性地选择武术散打课程内容。

4. 课程的学时分配

要根据武术散打课程的教学目标、任务和具体要求，合理分配理论教学、技术教学、实践活动等各部分教学内容的授课时间比例。

5. 课程的考核方式

根据武术散打教学目标以及相关要求，武术散打教学大纲要全面设计该课程的具体考核方式，规定考核内容、考核方法、评定标准等。

6. 课程的教学措施

武术散打教学大纲的实施离不开必要的物质条件保障，教学大纲应对此进行必要说明，如场地、器材、相关教学设备等。

7. 必要说明

武术散打教学大纲的实施涉及面较大，应对未尽事宜进行必要的说明和补充，如实施教学大纲的注意事项，教学方式方法上的具体措施和补充意见等。

8. 参考书目

参考书目主要介绍教学时所选用的教材，与武术散打教学大纲规定的教学内容相关的参考书目，以及用于扩大学生知识面、补充教材内容和提高学生自学能力的自学书目等。

（三）制订武术散打教学大纲的注意事项

（1）充分体现武术与民族传统体育专业培养方案所规定的培养目标、规格要求，明确本门课程在整个培养方案中的具体地位、作用，及其与相关课程之间的联系、衔接和配合，规定本门课程的基本教学目标、教学任务及教学要求，保证知识体系的整体优化。

（2）根据武术散打课程授课对象和教学目标的相关要求精选课程内容，内容要具体、全面、明确、主次分明；跨越年度的教学大纲，要考虑不同年级教学内容之间的衔接以及内容要呈螺旋式上升。

（3）充分体现本学科发展和教学改革的最新、最前沿成果，体现以学生为中心的基本思想，并考虑师资力量、教学的客观条件等实际情况。

（4）根据武术散打教学内容的重要程度及难易程度合理分配学时，理论与实践、知识与技能的比例要适当，以确保教学目标、教学任务能顺利完成。

（5）重视武术散打考核内容、考核方法及评定标准的设计，使考核结果能够有效地评定学生的学习情况，为后续教学工作的改进提供参考。

武术散打教学大纲范例

二、教学进度

教学进度是将教学大纲中所规定的该课程的教学内容和教学时数，按照一定的要求合理分配到每次课中，并规定考核项目和考核时间。武术散打教学进度是根据教学大纲规定的内容以及学生学习、认知的基本规律而设计的逻辑序列。

（一）制订武术散打教学进度的依据

1. 教学大纲

在具体教学活动中，教学大纲是制订教学进度的指导性文件。在制订教学进度之前，先要查阅武术散打教学大纲，明确教学大纲的有关规定，然后把教学大纲的各种要求和规定尽量体现到教学进度中去。

2. 技法特点

技击对抗是武术散打的本质特点，有着与武术套路、武术功法等截然不同的技法特点和表现形式。因此，在制订武术散打课程教学进度时，不仅要考虑武术共有的性质，还要考虑到各自的不同特征，恰当安排教学内容及各内容的比例。

3. 教学条件

在制订武术散打教学进度时，不仅要考虑武术套路、武术散打等不同项目学生的特点，而且要考虑训练场地、训练器材及相关教学设备等因素。

（二）教学进度的内容和格式

武术散打教学进度范例

1. 教学进度的主要内容

教学进度是进行武术散打教学活动的进程表，主要包括授课次数、教学任务、教学内容、主要教学手段及相关要求等。武术散打教学进度一般以表格的形式呈现，是教师进行课前准备、撰写教案、选择教学手段的重要依据之一。

2. 教学进度的常用格式

在武术散打教学中，教学进度的常用格式有渐进式教学进度和名称式教学进度两种。渐进式教学进度是将所有的教学内容合理地分配到每一次课中，使每一次课的教学内容明确具体，合理规范。名称式教学进度仅仅规定每次课的主要内容，其他相关内容由教师根据学生学习的实际情况和教学条件状况进行选择性安排，这种进度格式更加灵活可行。

（三）制订武术散打教学进度的注意事项

（1）制订武术散打教学进度要考虑该课程自身的特点，恰当安排教学重点和难点，切实做到重点突出、主次分明。

（2）在武术散打教学进度中，技术方面教学内容的安排要科学合理，主要内容应尽早出现，辅助内容应合理搭配，并注意将新授内容与复习内容密切结合。

（3）每一次课教学内容的安排要考虑学生的学习负担和身体可承受能力，合理安排教学内容难易程度、负荷强度等。

（4）根据教材内容、场地设备以及学生的身心情况等方面，合理安排教学内容。

（5）要合理安排知识传授、能力培养以及价值塑造等方面的内容，要考虑各项内容授课时间比重以及所需场地、设备、器材等。

三、教案

教案是教学方案，又称课时计划。武术散打课教案是依据教学大纲的要求、教学进度的安排，结合前一次课教学任务完成的情况以及学生掌握的具体情况而编写的教学方案。课前认真备课，撰写教案，是上好武术散打课的基本前提和重要保证，是开展武术散打教学工作的重要依据。

武术散打课堂教案范例

编写教案是教学设计的重要环节，是教师教学设计思想的生动体现和课堂教学设计的文字总结。认真编写教案是提高教学水平的重要过程、手段，是开展教学研究、提高教学研究能力的实践过程。

（一）教案格式

教案是教师为顺利而有效地开展教学活动，根据课程标准和教材要求及学生的实际情况，以课时或课题为单位，对教学内容、教学步骤、教学方法等进行的具体设计和安排的一种实用性教学文书。教案的格式多种多样，按照课的类型，武术散打教案可分为理论课教案和实践课教案两种类型；在实践课教案中，又有顺序式教案、卡片式教案、表格式教案三种形式。

（二）教案内容

武术散打课教案一般包括以下内容：课程名称，授课时间，班级，课次，教学内容，教学目标与任务，练习时间，教学重点和难点，教学步骤，组织，教学方法，场地的布置，器材的选用，心率曲线预计，课后总结等。

（三）撰写教案的基本要求

1. 科学性

编写教案要以生理学、心理学、教育学、训练学等科学理论为基础，以学生为中心，如教学内容的安排，教学方法手段的使用，练习量、练习强度等方面的安排都应科学合理，符合学生身心发展的规律。

2. 规范性

编写教案已经形成了一定的写作模式，教案所包含的要素、教案的格式、教案的结构、教学术语等方面都应符合规范。

3. 创新性

编写教案具有一定的写作模式，形成了一定的通用规范，但还存在创新空间。俗语说："教有法，但无定法。"编写教案钻研教材，涉猎广泛的教学参考资料，学习教学经验，结合个人体会，巧妙构思，精心安排，撰写出具有创新性的教案。

4. 可操作性

编写教案时，一定要从实际出发，充分考虑教学实际需要，考虑教案的可行性和可操作性，要简繁得当。

5. 思想性

编写教案时，要深度挖掘与本课程有关的思政内容，如武术散打课程中蕴含的热爱和平、热爱祖国和人民、果敢坚韧、吃苦耐劳、勇于担当、甘于奉献、重义轻财等思政元素，在教案中应该体现出来，发挥好本门课程的思政育人作用。

第五节　武术散打课堂教学的实施

一、课堂教学常规

武术散打课堂教学常规是在教学过程中，师生共同遵守的、保证教学工作正常进行的一系列常规性的工作及规范要求。武术散打课堂教学常规是教师课堂教学有序进行的基本保证，是课堂教学非常重要的一个工作环节。建立合适的课堂常规有助于保证教学的正常秩序，有利于提高武术散打课堂教学的效率，预防教学事故的发生。武术散打课堂教学常规可分为课前常规、课中常规和课后常规。

课前常规对教师的要求有：须认真进行课堂设计及编写教案，仔细布置教学所需的场地、器材及设备等，穿着适合武术散打教学的服装，提前到教学现场等。对学生的要求有：穿着适合武术散打运动的服装，因生病、受伤、突发事件等原因不能上课应提前请假，或提前到教学现场等。

课中常规又可分为准备部分课堂常规和结束部分课堂常规。准备部分课堂常规有班长集合、报告人数，师生问好，清点人数，安排见习生，检查服装，宣布本次课的教学内容、目标及任务等，进行一般准备活动及专项准备活动等；结束部分课堂常规一般有放松、课后小结、布置课外作业、收拾场地、退还器材和设备等。

课后常规要求教师课后认真总结教学经验，分析学生对教学内容的掌握情况及存在的问题，提出相应的改进措施，写好课后总结，检查、批阅学生完成作业情况。

二、课堂教学中队列队形应用

队列队形是武术散打教学组织过程中一种必不可少的教学手段。在武术散打课的教学过程中，无论在准备部分、基本部分，还是在结束部分，都要用到队列队形。在武术散打教学过程中科学合理地运用队列队形，不仅可以使教学组织更为严密、有序，提高教学效果、教学质量，还可以培养学生团结协作的团队精神，严格组织纪律。

为了更有效地发挥队列队形的作用，在使用队列队形时应尽量符合以下基本要求：

（一）熟练掌握口令

口令是武术散打教师必须掌握的一项基本功，熟练掌握一些常用口令，对有效组织教学过程，提高教学密度都有帮助。对口令的要求是声音洪亮，吐字清楚，发音准确，音调协调，抑扬顿挫分明。

（二）合理使用队形

不同的队形具有不同的特点、作用，适合不同的教学内容。在使用和安排队形时，要力求做到有利于学生看、听、练，有利于观察、帮助和保护学生。

三、教学课密度的控制

武术散打教学课密度是指在教学课中各项教学活动所运用的时间与上课总时间的比值。每次教学课中涉及教师的指导、学生的练习、观察与休息等不同的活动形式，某一形式活动所运用的单项时间与该次教学课的总时间的比称为该项活动的专项密度。如学生的练习密度是指一节武术散打课中，学生练习所用的总时间与上课所用总时间的比。武术散打教学课的密度是一节课中合理利用、分配时间的一个重要标志，课的密度安排得当与否，将直接影响课堂教学的整体效果，进而影响课堂教学目标、任务的完成。

（一）严密设计武术散打课堂教学

上课之前教师应根据本次课的教学目标、教学任务、教学内容、教学条件、学生特点及自身条件等，认真进行教学设计，采用有效的教学方法手段，选择合理的组织形式，采用科学的教学步骤，合理安排各类具体教学内容、教学活动，让整个课堂教学在严谨有序中进行。

（二）着力提高教学基本能力

着力提升教师讲解、示范、纠错等教学能力，以节省教师指导学生的时间，将更多的时间留给学生进行练习；提高教学组织与管理能力，严密组织教学过程；加强对教学各个具体活动的调控，尽可能减少整队、调动队伍、布置场地器材、分组轮换练习等时间，将更多的时间留给学生练习；提高课堂管控能力，尽量减少课堂违纪行为及偶然事件的发生。

（三）加强学生组织纪律教育

对学生进行课堂的组织纪律教育，使学生端正学习态度，明确学习具体目的、任务，主动提高自觉自律性，使教师的教与学生的学有机结合起来，将教学课的练习变成一种自觉自发的行为。

四、对课堂违纪行为的预防与处理

违纪是指学生违反武术散打课堂纪律或课堂有关规定的行为。武术散打课堂中学生的违纪行为主要有无故迟到、早退、旷课、交头接耳、嬉笑说闹、不服从教师管理、态度怠慢等，对于这些违纪乱纪行为首先要预防，如果发生要进行适当的处理。

（一）对课堂违纪行为的预防

1. 重视第一次课

新学期伊始或新承担一个班级的武术散打课程教学工作，教师第一次课的表现及提出管理方面的要求至关重要。首先，教师要在学生面前表现出非常自信，让学生了解教师的管理风格和特点；其次，应向学生详细介绍课堂管理规定及相应的处罚措施，使学生清楚违纪的后果。

2. 建立课堂管理常规

课堂管理常规是在武术散打教学过程中对学生进行课堂管理的经常性规定。建立比较完善的课堂常规并且要严格执行，有利于预防学生违纪乱纪行为的发生。课堂常规主要包括要求学生按时上课，认真做好准备活动，专心听讲，刻苦锻炼，遵守纪律，服从指挥等内容。课堂常规一旦宣布，教师就必须严格执行，并不断地予以强化，让学生逐渐适应并形成习惯，使学生把遵守课堂常规变成一种自觉的行为。

3. 严格考勤制度

考勤就是考查出勤，是对学生出席课堂教学课的情况所进行的考查。严格执行考勤制度是预防学生旷课、迟到、早退等违纪行为的一种重要方式。考勤的方式主要有常规考勤、报数考勤、随机考勤、目测考勤等。

（二）对课堂违纪行为的处理

在武术散打课堂教学中，如果发生违纪乱纪行为，这就要求教师掌握处理学生违纪乱纪行为的方法和技巧，达到既要制止学生违纪乱纪行为，又要尽量保持教学过程的连续性不被打断。

1. 提问法

提问法就是通过提问引导、转移违纪学生的注意力，终止其违纪行为，把其注意力引导、转移到所练习的内容上来。如教师在讲解或示范动作时，发现有个别学生注意力不集中，此时教师可以提出与教学相关的一些问题，请同学回答，必要时可以请违纪的同学回答，这样就可以中断违纪学生的违纪行为。

2. 暗示法

暗示法是通过眼神、语调变化、表情、手势等方式暗示违纪学生停止其违纪行为的方法。当有学生出现违纪行为时，教师可将目光集中到违纪学生身上，或改变讲解的语调、节奏，或走近违纪学生暗示其停止自己的违纪行为。

3. 停顿法

当有学生出现违纪乱纪行为时，教师可以采取突然停止讲解或停止示范的办法，使学生感觉到意外、异常，从而达到转移违纪学生注意力的效果。

4. 个别谈话法

当学生的违纪行为发生在学生正在自己练习而非教师集中讲解或示范等情况时，教师可走近违纪学生身边，与其单独谈话，以制止其违纪乱纪行为。

5. 直接制止法

当教师使用暗示、停顿等间接的方法对学生的违纪行为制止无实际效果，或学生出现严重的违纪乱纪行为时，教师可选择直接点名批评的办法制止学生的违纪行为。

第六节　武术散打教学评价

武术散打教学评价是获得武术散打教学反馈信息的重要手段，是对武术散打教学过程的评价，其主要目的是为调整教学内容与优选教学方法等提供参考依据。

一、教学评价的种类

教学评价的种类很多，根据评价所涉及教学内容对象的数量，教学评价分为单一评价和综合评价；根据被评价的对象不同，教学评价分为对教师的评价和对学生的评价；根据评价采用的方式不同，教学评价分为主观评价和客观评价；根据评价的标准不同，教学评价分为相对评价和绝对评价；根据评价在教学过程中不同的作用特征，教学评价分为诊断性评价、形成性评价及终结性评价。在这里主要介绍诊断性评价、形成性评价和总结性评价。

（一）诊断性评价

诊断性评价是指在课程开始之前或之初，对学生学习课程的准备程度所进行的评价。诊断性评价的主要作用是了解学生关于课程的准备情况，为设定适当的教学目标、任务安排合适的教学内容、教学方法、练习手段等提供参考。因此在开展武术散打教学课程之前，教师应先了解学生现有的武术散打技术水平、专项身体素质水平及武术散打基础知识等初始状况。

（二）形成性评价

形成性评价是指在武术散打教学过程中，为引导某项技术、战术教学内容前进或使这项内容的教学更为完善而进行的对学生学习结果的评价。形成性评价的主要目的是利用各种教学相关的反馈信息改进教师的教学和学生的学习，使教学相关因素在测评、反馈、改进的过程中逐渐完善，从而实现教学目标。形成性评价的作用在于促进学生学习，为教师的教学提供反馈。一般而言，在武术散打教学中教师会根据教学的总体目标，将教学完整过程划分为数个阶段（单元），并提出各个阶段（单元）的教学目标，以便组织教学工作。在每个阶段（单元）的初步教学完成后，对该阶段（单元）的教学内容进行评价，以了解这一阶段（单元）的教学情况。

（三）总结性评价

总结性评价是指在完成武术散打课程的全部内容后，对学生学习这门课程的总体情况进行的评价。总结性评价的作用在于评定学生该门课程的学习成绩，预测学生在后续学习过程中取得成功的可能性，确定学生在后续相关学习中的起点，证明学生掌握该课程知识的情况和技能水平。总结性评价既可以考查武术散打教学的质量、效果，也为科学地安排后续教学内容提供参考依据。

二、教学的评价标准

评价标准是武术散打教学中判断教学价值的具体准则、尺度。武术散打教学的评价标准有规范标准、理想标准和个体标准三种类型。

（一）规范标准

规范标准也称比较标准，是指借助于标准化的测量程序和统计学的相关方法，依据相关的评价量表而制定的规范化的评价标准。可用于个体与个体的比较，也可用于不同群体之间的比较。规范标准既可以相对准确、客观地定量描述个体所具有的水平在某群体中所处的位置，而且也可以用于群体与群体之间的比较与评价，如《武术散打运动员技术等级标准》《武术散打技术标准》。

（二）理想标准

理想标准又称优化标准，是指学生经过一定努力学习后可能实现的标准。该标准常用于与个体已经具备的能力水平进行比较。例如，对武术散打专项技术的评价，若将全体学生的85%以上的学生所能达到的标准作为理想标准，那么，对于其他学生来说，则是需要经过更多努力才有可能达到的一种评价标准。因此，理想标准的制定应符合单个学生的实际能力水平，评价标准过高，只有少数学生能达到这一标准，缺乏鼓励大多数学生学习的意义；评价标准过低，大多数学生就能轻松达到，这样显然失去了评价的意义。

（三）个体标准

个体标准又称特色标准，指个人在不同时间、不同状态下与有关指标进行比较的标准。在制定评价标准时，既要考虑学生学习的进步幅度，同时又要注意进步的难度。在武术散打教学中，要依据学生实际掌握水平制定适合学生个体评价的标准。

以上三种评价标准各有优点和局限性，每种评价标准的适用范围和使用时机也有所区别，在教学中可将三种评价标准结合起来使用。

三、教学评价的功能

（一）诊断功能

教师了解学生的能力、动机、兴趣及情感等方面，是提出切实的学习目标，设置适当的学习情境的基础。在武术散打课程开始之前，测试学生武术散打的基础情况，教师可以了解学生在武术散打知识、技能已经达到的水平和存在的具体问题，据此来确定具体的施教措施，设定适合的教学目标、任务。

（二）反馈功能

在教学过程中，对学生武术散打知识、技能等方面的评价结果，会反馈给教师和学生许多教学效果的信息。正面评价一般会对学生后续学习起鼓励作用，学生获得教师的认可，心理上获得满足，从而会激发其继续学习的积极性。负面评价往往会使学生产生焦虑，适度的焦虑则可以成为学生努力学习的动因。教师通过反馈性评价可以及时获得教学各个方面实施的情况，若发现不足，并根据获得的反馈信息修正或改进后续的教学工作。

（三）证明功能

对学生学习武术散打课程结果的评价，尤其是一个学期或一个学年学习武术散打课程后所进行的终结性评价，可以作为证明学生对武术散打理论知识、技术技能等方面的掌握程度、能力水平或学习水平的证据。对学生学习武术散打结果的评价，也可在一定程度上预测学生武术散打的发展潜力。同时，教学评价结果也可作为教学管理部门评价教师工作质量的基本依据之一，还可以作为教学研究人员判定相关教学改革计划有效性的基本依据。

（四）教学功能

在教学过程中的各种测试，本质上是一种重要的学习经验，是一种教学活动。武术散打教学过程中或之后所进行的考试、测验等评价，可促使学生在考试、测验之前对教学内容进行梳理，可进一步巩固所学内容，加深对这些内容的理解。而且，通过各种考试或测验提升学生的技战术能力，提高运用所学知识去分析、解决问题的能力，使学生养成认真、严谨、负责的学习态度。

（五）定向功能

定向功能就是引导学生将学习时间、学习精力等向某些教学内容方面集中。考试的内容、评价的标准常常会成为学生学习的重要内容和主要标准，决定学生学习的重点、努力的方向及学习精力的分配等。在武术散打教学中，如果考核内容、评价标准能有效反映教学大纲对学生的要求，能体现课程有代表性的内容，如冲拳、掼拳、鞭腿、接鞭腿摔等实用的技术，佯攻、防守反击等常用的战术，会促使学生重点学习这些内容，这样既能使学生快速掌握武术散打实战技能，又能提高学生的武术散打实战意识和能力。

四、教学评价的原则

（一）方向性原则

在进行武术散打教学评价时，要有正确的价值取向。评价武术散打教学质量，不仅关注学生掌握武术散打基本知识和技能的情况，还要关注教学过程中智力的情况，以及意志品质、价值观等方面的塑造情况。教学评价不能过于绝对化，不能依据一次考核成绩来判断学生是否适合练习武术散打。

（二）科学性原则

在进行教学评价时，不能只凭主观经验和直觉，而应该采用科学的评价标准进行评价，尽量使评价方法和评价过程科学化。第一，要具有科学的评价态度，尽量做到客观公正、实事求是。第二，要从教和学相统一的角度出发，依据武术散打教学的目标确定合理的评价指标体系和相应的评价标准。第三，在评价方法上应该把定量与定性评价的方法有机结合起来，按照统一的标准分析、衡量武术散打教学的状态和效果。第四，要对评价所采用的相关工具、设备等进行反复的修订和核准，使之具有一定的效度和信度后再实施。

（三）全面性原则

全面性原则是指在进行教学评价时，应对武术散打教学的各个方面或某一方面的全部内容做多角度、全方位的考查和测量，不能以偏概全。由于武术散打教学系统的复杂性和教学目标的多样性，要客观反映教学效果，必须全面考虑教学评价工作。第一，应该使评价标准全面、完整，尽可能包含武术散打教学的知识、技术、战术等内容。第二，评价对象的全面性，要面向全体学生，不能只注重少数技能优秀的学生。第三，要重视评价武术散打教学中各个要素整体功能的发挥情况，要发挥教学评价整体优化的功能。

（四）教育性原则

教育性原则主要是指在进行武术散打教学评价时，要注重发挥评价的正面导向作用，发挥教学评价的激励和改进的教育性作用。通过武术散打教学评价可以营造适合学生发展的教学环境，改进教学的相关工作、环节，激励学生积极学习武术散打知识、技术等。

（五）客观性原则

客观性原则是指在进行武术散打教学评价时，从评价所采用的标准和方法，评价资料的搜集、评价者所持有的态度等，到得出最终的评价结果，都应符合教学的客观事实，力求准确、公正、客观。在进行武术散打教学评价时，必须保证评价所采用的相关标准的客观性，不能敷衍了事；应保证所采用的评价方法的客观性，不带有偶然性；评价者应做到评价态度的客观性，不应带有主观性。

五、教学评价信息的搜集方法

（一）观察法

观察法是在对武术散打教学实施评价的过程中，评价者有目的、有计划地通过对教学评价对象的活动进行系统、深入的观察，以搜集评价信息资料的方法。通过观察法可以获得许多很有价值的关于武术散打教学的原始资料，这些信息资料通过其他搜集方法一般很难获得。例如，在武术散打课堂教学中，教师的精神面貌、课堂的氛围、学生的积极主动性等方面，只有深入课堂进行实地观察，才能掌握真实的情况。观察法是武术散打教学评价中获得资料信息的重要方法，是搜集教师和学生个人心理活动资料的重要途径。

（二）问卷法

问卷法是在对武术散打教学实施评价的过程中，评价者通过书面形式要求被调查者填写经过严格设计的关于教学的问卷，从而获取评价资料信息的方法。问卷法具有鲜明的特点，具有其他方法不可替代的作用。

（三）测验法

测验法是通过考试、考核等形式，搜集学生的武术散打课程的学习反应、学习行为等结果的重要手段。它是有计划、有组织、目的性强、定量化获取武术散打教学信息资料的手段。测验法包括武术散打理论知识的测验、武术散打技术的测验、专项身体素质的测验、态度情感行为的测验等。

六、教学评价的主要过程

（一）制定评价指标体系

武术散打教学评价实质上是对武术散打教学目标的实现程度作出的价值判断，教学评价的依据是教学大纲中对教学所要达到的各方面目标的统一规定和要求，在进行评价时具体反映在评价的指标体系中。

评价指标体系是指由各级各类评价指标及各指标权重和评价标准所组成的集合体，是一个有机的整体。评价指标是指评价所依据的目标的具体化；指标权重是指指标体系中各类评价指标在总的评价体系中所占的重要性程度，并赋予相应的数值，这个数值被称为相应指标的权重；评价标准是指衡量评价对象所达到评价指标要求的尺度。

（二）搜集评价资料

评价资料的搜集是教学评价赖以进行的前提和基础。要对武术散打教学作出客观、公正的价值判断，除了需要建立一个科学合理的评价指标体系，还要针对武术散打评价对象的性质、特点，运用科学的方法手段获得全面、可靠的评价信息资料。

（三）分析评价资料

要把搜集到的武术散打教学评价信息和资料转化为对评价对象进行价值判断的依据，就需要对评价信息和资料进行整理、分类及处理，使这些信息资料系统、集中、可用。

（四）进行价值判断

武术散打教学评价是对武术散打教学中教师的教和学生的学进行价值判断，是对武术散打教学评价资料进行梳理、分析、处理后得出的结果。是对武术散打教学评价资料的分析处理结果是依据相关价值评判标准进行价值判断后得出的结论。

七、学习质量的评价

武术散打学习质量的评价主要是针对学生从事武术散打学习的具体情况，对其学习进程、学习效果等方面的质量所作的一种评判。它不仅包括对学习进程的诊断判定，还包括对学习结果的评定。通过对武术散打学习质量的评价，可以判断学生完成教学任务的质量，进而可将教学活动提供的反馈信息作为改进依据，以激励、强化学生学习。

武术散打学习质量评价内容主要包括专项基本知识、专项技术技能、专项身体素质、学习的努力程度、学习态度、学习兴趣、出勤等。一般重点考核评价内容主要包括出勤及课堂表现、武术散打基础知识、武术散打专项身体素质、武术散打专项技术技能。这四项考核内容根据重要程度，被赋予的权重不一样。一般来说，出勤及课堂表现占10%，武术散打基础知识占20%，武术散打专项身体素质占20%，武术散打专项技术技能占50%，这四项分考核内容值权重因学段不同而也应有一定的区别，可以根据不同学习阶段所需要突出的学习重点进行相应的调整，以引导学生有重点地进行学习。

复习思考题

1. 武术散打教学具有哪些特点？结合实例进一步阐述。

2. 武术散打教学应遵循哪些原则？试举例说明。

3. 辨析武术散打技能形成过程的特点及教学要点。

4. 试述武术散打讲解教学法与示范教学法的功能、分类及基本要求。

5. 试述武术散打教学中打靶练习的功能、形式及要求。

6. 如何预防与处理武术散打课堂教学中的违纪行为？

7. 如何对武术散打教学进行质量、效果评价？

参考文献

1. 毛振明. 体育教学论［M］. 3版. 北京：高等教育出版社，2017.

2. 李俊峰. 散打教学文件的制订与范例［M］. 北京：北京体育大学出版社，2011.

3. 全国体育院校教材委员会. 中国武术教程（下册）［M］. 北京：人民体育出版社，2004.

4. 王鲁克. 体育教学技能［M］. 北京：人民体育出版社，2004.

5. 学校体育大辞典编委. 学校体育大辞典［M］. 武汉：武汉工业大学出版社，1994.

6. 刘星亮. 体育测量与评价［M］. 北京：北京体育大学出版社，2006.

7. 李秉德. 教学论［M］. 北京：人民教育出版社，1991.

8. 周登嵩. 学校体育学［M］. 北京：人民教育出版社，2004.

9. 曾于久. 武术散打训练新论［M］. 北京：人民教育出版社，2013.

10. 朱瑞琪. 武术散打技术理论与裁判［M］. 北京：人民教育出版社，2015.

第五章
武术散打训练

本章导读

　　武术散打训练是运动员在教练员的指导下，在各方面人员积极参与下，为创造优异运动成绩和保持高水平运动成绩而进行的一系列专门的训练过程。本章介绍了武术散打训练原则、武术散打训练方法、武术散打竞技能力训练和武术散打训练计划的制订四个方面。

学习目标

1. 熟悉武术散打训练的基本原则。
2. 掌握武术散打的训练方法。
3. 熟悉武术散打竞技能力训练的主要内容、方式和手段。
4. 具备制订武术散打课训练、周训练、年度训练、多年训练计划的能力。

第一节　武术散打训练原则

武术散打训练原则是依据武术散打训练客观规律的现实总结，是指导武术散打训练的基本准则。

武术散打训练主要的原则有自觉能动性原则、系统性原则、周期性原则、适宜负荷原则、区别对待原则、技战术训练相结合原则、竞技需要原则。

一、自觉能动性原则

自觉能动性原则是指要求武术散打运动员正确认识参加训练的目的，积极主动地完成训练任务的训练原则。通过各种方法和途径，激发武术散打运动员主动从事艰苦训练的动机和动力，培养运动员的独立思考能力、创新能力和自我调控能力，促使其高质量、高效率完成训练任务，从而取得优异的运动成绩。

贯彻自觉能动性原则的基本要求如下：

（一）明确武术散打训练目的，培养自觉积极的训练态度

武术散打运动员必须明确训练的目的、任务，要充分认识武术散打运动在国内外传播与发展的价值和意义。运动员取得优异运动成绩对国家、民族、家庭以及个人都具有重要价值。对运动员来说，要树立自觉训练的态度和正确的训练动机，胜不骄败不馁，为实现既定训练目标而奋斗。

在武术散打比赛中要获得优异的竞赛成绩，离不开运动员日复一日持续地训练，运动员要掌握运动训练理论知识，明确训练的目的和内容，熟悉训练方法，领会技战术意图，高质量完成训练任务。学会自主学习，独立思考，掌握武术散打运动的内在规律，面对训练和竞赛中出现的问题，能够积极主动进行思考、归纳、总结经验，锲而不舍，磨炼意志，精进技能，超越自我，达到更高的竞技层次，取得优异的竞赛成绩。

（二）发挥武术散打运动员的主观能动性

武术散打运动员是训练的实施主体，应了解训练的目的、任务、要求，参与训

练计划的制订和训练的组织，要明白怎样达到训练目的。训练的主观能动性是优秀运动员必须具备的品质。日常的武术散打训练是枯燥的，运动员需要承受巨大的心理负荷和生理负荷。而高强度的武术散打对抗比赛结果有很多不确定因素，伤病或偶然的技术动作失误，可能会使一段时间的训练不能达到预期竞赛目标。因此，运动员必须具备坚强的意志品质和理想信念，不为外界因素所干扰。

（三）重视武术散打教练员对训练主观能动性的教育和引导

武术散打运动员训练自觉能动性和教练员的激励与思想教育有着密不可分的关系。武术散打教练员是武术散打运动训练的设计者、组织者和实践者，又是武术散打运动员的教育者、指导者，在武术散打运动训练过程中起主导作用。武术散打教练员根据教育学、心理学等理论，采用激励手段来提高运动员训练的积极性，明确训练的目的和动机。不同年龄段的武术散打运动员、同一运动员处于运动生涯的不同时期，武术散打教练员应采用不同的训练方式和手段。针对武术青少年散打运动员，训练内容、手段和方法的选择要具有吸引力，在不偏离训练任务的前提下，尽量采用丰富多样的训练方法，调动运动员训练的积极性。对成年武术散打运动员，要加强思想教育，多关心运动员的生活，创造良好的人际关系，帮助武术散打运动员制定职业规划，分析解决实际问题，给运动员充分的信任与尊重，引导武术散打运动员形成"自我实现"的更高层次的需求，以产生积极从事训练和比赛的动机。

另外，武术散打教练员与运动员建立和谐友好、融洽信任的师生关系，其是运动员训练主观能动性的内在环境。教练员与运动员朝夕相处，教练员高尚的人格魅力、优秀的思想品德、精湛的专业水平，精益求精、舍己为人的执教精神，以人为本、心系队员的管理理念等方面，对运动员有着潜移默化且深远的影响，对运动员训练的主观能动性能起到良好的教育和引导作用。教练员除了使用正确的引导和激励方法，在执教过程中一定要注意自己的言行，切忌使用简单粗暴的方式，刻意批评指责、训斥运动员。在侵犯他们人格的同时，往往只能激化矛盾，损伤运动员训练的主观能动性。

（四）加强武术散打运动队文化建设

武术散打运动秉承着弘扬中华优秀传统文化、展现中华体育精神，具有健体防身、锻炼意志、发展心智、培养竞争精神等多种价值。武术散打运动员尤其在青少年阶段参加武术散打训练，有着不同的动机和目的，作为教练员要善于正确引导武术散打运动员，使训练动机和训练目的保持一致，激发武术散打运动员的训练兴趣和动力。同时，武术散打训练也是教育和培养不同层次专业人才的过程，武术散打运动队传递着超越自我、追求卓越、遵守规则、公平竞争的精神，以及追求人的全面、平衡、和谐、自由发展的竞技体育文化内涵，这种价值体系的思想以及立场和观点，应贯穿武术散打训练的全过程，潜移默化地影响学生的道德观念、人生价值、社会行为和生活方式。

二、系统性原则

系统性原则是指持续地、循序渐进地组织武术散打运动训练过程的训练原则。武术散打训练是一个多层次、多因素、结构复杂的"人造复合系统"工程。遵循武术散打竞技能力结构之间内在联系，包括技能形成与发展由低到高、由易到难的基本规律，人体机能训练适应性良好变化的规律等方面。技战术水平的提高，是长期不间断训练形成稳定的"格斗应答"条件反射和动力定性，是量变到质变的积累过程。贯彻系统性原则的基本要求如下：

（一）遵循武术散打运动技能形成的基本规律

武术散打运动员竞技能力的形成和提高，遵循运动技能形成的基本规律，是一个由易到难、由简到繁、由浅入深、循序渐进的积累过程。教练员在各阶段训练任务、内容的制订，训练手段的选择，都应充分考虑到各竞技能力之间的内在联系和特点，有序合理安排，才能取得理想的训练效果。武术散打运动员只有接受长时间的系统训练，才能保证有机体所产生的一系列适应性良好变化能够得到长期的积累，使获得的技术、战术、身体、心理品质等能力不断提高，促进竞技能力的形成和提高。例如，武术散打技能训练是由教练员指导单个技术学习、单独模拟练习、条件实战到实战对抗的顺序进行。具体的训练方法有原地规范技术练习、结合步法空击练习、不接触式的攻防练习、打靶练习、条件实战练习、实战练习等。

一个优秀武术散打运动员的成长过程大致需要经过启蒙、专项初期、专项深化、创造或保持优秀运动成绩、退役就业等阶段，各阶段依次相连，有机衔接。武术散打运动员竞技能力的形成和提高，离不开运动员长期保持系统性、不间断性地训练，要求教练员制定规范有序的训练内容、方法、计划及目标。武术散打训练的初级阶段，构建武术散打运动员竞技能力模型，有计划、有次序的全面发展各项竞技能力。武术散打训练的高级阶段，要求教练员在训练、竞赛过程中及时反馈、总结，充分引导和发展运动员的优势技能，对竞技能力结构中的劣势技能进行强化训练。

（二）遵循人体运动能力形成的规律

系统不间断的武术散打运动训练是取得理想训练效应的必要条件。多年系统的武术散打专项训练对运动员的机体会产生一系列良好的适应性变化，人体各个系统、器官机能得到强化，为人体运动能力的形成和发展提供了物质基础。武术散打运动技能的形成，是人体接受长期系统的武术散打专项负荷刺激，在神经系统调节和支配下各运动器官建立起的一种稳定的"格斗应答"条件反射和动力定型，是人体机能和功能不断加强和再构建的过程。同时，武术散打运动员在不同运动负荷作用下，踢、打、摔技战术能力运用和体能、智能、心理能力的变化具有不稳定性，当运动员训练一旦遭到某些因素的影响出现间断或停止，或者训练不系统，那么曾经获得的训练效果会相应消退，身体机能会开始下降，中枢神经系统对肢体精细运动的支配能力便会受到影响，反应迟钝，已形成的动力定型遭到破坏，运动员的各项竞技能力也会随之下降甚至消失。为了避免技术、体能等方面的消退，克服训练效应的不稳定性，运动员必须在训练效应产生后，持续一定时间的基础上重复给予适宜的负荷，使训练效应得到强化和累积，运动员的体能、技术、战术、智能及心理能力得到不断改进和完善。

另外，人体在训练负荷的生物适应过程，不仅是长期的，也是阶段性的。机体对一次适应训练负荷的反应，可分为工作、疲劳、恢复、超量恢复和训练效应消失几个阶段，在长时间跨度的训练过程中，武术散打运动员的竞技能力的变化也经历着不同的阶段，就是竞技能力提高、保持和下降三个阶段。为了在比赛中获得优异的运动成绩，教练员通过科学的训练安排，保持训练的不间断性、训练结构的有序性，使运动员在心理和生理上做好充分准备，在比赛中最大限度地动员机体的潜力，把武术散打训练中获得的竞技能力最充分地发挥出来。

三、周期性原则

周期性训练原则就是指在武术散打训练过程中以周而复始、循环往复的方式安排训练过程，周期性地组织运动训练过程的训练原则。依据运动员竞技状态形成与发展的规律、运动竞赛安排的周期性特点，教练员科学合理地安排周期性运动训练。

武术散打训练过程的周期一般分为多年周期、年度周期、大周期、中周期、小周期、日周期等不同类型。

贯彻系统性原则的基本要求如下：

（一）依据重大比赛日程来划分武术散打训练周期

武术散打周期性训练计划的制订，要求教练员根据运动队最终竞赛日程和目标进行周密规划，按训练时长确定不同周期类型，通过宏观的规划，精心设计中周期、小周期以及课时训练课的内容。训练周期是将训练时间分成较小且容易管理的部分，也就是通常所说的训练阶段，每个阶段都有着不同的具体任务且相互关联。例如，我国各省（自治区、直辖市）散打专业队参加全运会武术散打比赛以四年为一个周期（多年周期），四年之后全运会武术散打比赛中的预期成绩，是多年训练周期的最终目标。制订多年周期训练计划安排，要兼顾年度重要武术散打赛事，再确定年度训练周期的实际安排是单周期、双周期还是多周期，具体的组织实施一般都是通过中、小周期的落实得以实现。例如，各省（自治区、直辖市）武术散打专业队通常围绕全国武术散打锦标赛和冠军赛两个赛事来进行年度双周期安排组织实施，教练员要根据下一年的比赛日程、地点及竞赛目标等进行划分。每一个大周期精心设计的训练计划都是为了提高成绩，在最终的比赛中得到检验并被认可。

大周期一般包括准备期、比赛期和恢复期，武术散打运动员的竞技状态是随各阶段训练任务的完成而进入良好竞技状态保持阶段，并在比赛期间达到高峰，有助于创造佳绩，而比赛过后，运动员的生理和心理状态进入休整期，需要通过运动训练进行积极恢复，期间要总结上一周期训练情况并进入下一周期准备阶段。

（二）做好各周期武术散打训练之间的有机衔接

在完成一个大周期训练后要及时进行总结，针对前一个大周期在体能训练、技术训练、战术训练、运动负荷的安排、意志品质的培养，以及比赛等方面的具体情况和问题提出新的要求、方法和具体措施。教练员和运动员要重新规划新训练周期目标、任务，使运动员的训练水平在新的循环训练中得到提高。随着我国武术散打运动的国际化传播，目前已经形成了完备的国际性赛事体系、全国性赛事体系等，如全国武术散打锦标赛、亚运会武术散打比赛、武术散打世界杯、国内商业化武术散打赛事、中外武术散打交流赛。优秀武术散打运动员承担的赛事任务较繁重，当前武术散打赛事安排打破了传统的双周期性训练安排，需要将大周期或双周期划分为各个阶段性的多周期训练计划安排，要求教练员应根据武术散打运动员的具体情况，控制和调整备赛中的准备、比赛、恢复的时限，精心设计各个中、小周期及课时训练的内容和训练方法，保持运动员良好的竞技状态。

另外，小周期训练的任务能否完成，直接影响训练中、大周期任务的实现。训练大周期的内容、负荷的安排和训练目的实现，都要经过训练课和小周期、中周期训练的具体落实，只有通过每次课、每个小周期、每个中周期训练效果的积累，才能最终实现大周期的训练任务。

四、适宜负荷原则

适宜负荷原则是指根据运动员的现实可能和人体机能的训练适应规律，以及提高运动员竞技能力的需要，在训练中给予相应程度的负荷，以取得理想训练效果的训练原则。在武术散打训练中掌控适宜的运动负荷要循序渐进，切忌负荷过大或过小，要根据运动员的身体条件和成绩目标来确定训练的负荷强度和负荷量。

贯彻适宜负荷原则的基本要求如下：

（一）正确理解武术散打运动负荷的构成

武术散打训练的运动负荷的基本构成元素为负荷量和负荷强度，负荷量反映着负荷对机体刺激量的大小，负荷强度反映着负荷对机体刺激的深度。反映负荷量的指标通常有次数、距离、时间、重量等。负荷强度是一种反映某练习单位中作用力度、速度、频率等，以及某一时间内训练完成量的集中程度。负荷量和负荷强度构成了负荷的整体，二者彼此依存而又相互影响。

（二）训练过程中大训练负荷必须循序渐进

训练过程中负荷越大，对机体刺激越深，机体产生的相应变化越明显，人体竞技能力提高也就越快。大负荷训练是指有机体能承受的极限负荷，在武术散打训练中要根据运动员训练水平和身体机能的具体情况而定。人体机能对大训练负荷的适应是一个逐步提高的动态平衡过程，表现为机体对负荷强度加大—适应—再加大—再适应的动态过程。武术散打运动员大负荷训练主要体现在单位时间内合理地运用技术动作，最大频率完成"踢、打、摔"技术动作，击中对方得分，最大限度地提高击打力度，重创对手，也就是指在最大限度时间单位内提高"踢、打、摔"技术的输出能力。不同层次、不同阶段武术散打运动员承受的训练负荷不同，教练员和科研团队要建立科学的诊断系统，探索训练的极限负荷值，循序渐进加大训练负荷。

运动负荷越接近极限负荷，训练效果就越明显。但并不是说运动负荷越大，训练的效果就越理想。运动员在进行了一次接近极限的运动负荷训练后，要及时正确处理好负荷与恢复的关系，避免连续的接近极限运动负荷后给身体带来伤病，导致运动寿命缩短或训练质量下降。同时，当机体对某一负荷产生适应后，机体机能就会出现"节省化"现象，不会引起机体必要的应激反应，机体的机能则停滞不前。因此，在武术散打训练中只有循序渐进地施加新负荷，才能提高机能水平，产生新的训练效果。

（三）针对不同的训练阶段合理安排负荷量和负荷强度

突出训练强度是当今高水平运动员负荷安排的一个重要特征，不同的运动量与运动强度的结构搭配组合有着不同的训练效果。在武术散打训练中，运动负荷的掌控在不同的周期训练中有着不同的实施方案。例如，大周期准备阶段是运动员体能储蓄和提高技战术能力的关键时期，可以增加极限负荷训练的上频率，同时正确处理负荷与恢复的关系。赛前阶段，要减少运动负荷量，防止造成赛前疲劳，同时要平衡运动量与运动强度的关系，确保比赛中达到最佳的竞技状态。

五、区别对待原则

区别对待训练原则是指根据武术散打项目特征和运动员个人特点，有针对性地确定训练任务，选择训练方法、手段，安排训练负荷的训练原则。武术散打运动员的个人特点具有多样性，一般体现在年龄、性别、文化水平、心理品质、身体条件、承担负荷的能力、技战术水平等方面。在武术散打训练中要区别对待不同运动员个体、不同的训练状态、不同的训练条件，应有区别地组织安排相应的训练过程，选择相应的训练内容、训练负荷。

贯彻区别对待原则的基本要求如下：

（一）准确了解运动员个体特征

在武术散打比赛中，同级别运动员的身体形态存在着明显的个体差异性，在同等条件下进行系统的踢、打、摔训练，实战中表现出来的距离感、击打力量、动作完成质量、动作实效、摔与抗摔能力都有所不同，每位武术散打运动员都有其自身独有的技术特点。在武术散打实战中技法的运用复杂多变，上、中、下三个部位表现为立体进攻，比赛结果往往取决于武术散打运动员自身技战术水平的发挥和有效控制对手的能力。由于每个武术散打运动员个性心理、智能水平、知识储备、战术能力不同，就形成了每个运动员不同的技战术风格。教练在武术散打训练过程中，在保持运动员各项竞技能力均衡发展的共性基础上，要突出运动员的独特优势，充分发展其优势技能，形成个人技术风格，确保在实战中获得优势。例如，教练在培训过程中发现运动员具有超强的体力和无氧代谢能力，针对这一独特优势要引导他从不擅长的防守反击性风格向强攻型技战术风格转变，经过一段时间的针对性训练，会对竞赛成绩有大幅度提高。

另外，在比赛和训练中还要找出制约运动员成绩提高的劣势技能，针对一些运动员身上存在的缺陷要及时发现并科学诊断，制定训练解决方案，有针对性地组织训练，巩固和提高运动员已有的优势。

（二）制定训练方案要处理好统一要求和区别对待的关系

在制定各种训练计划时，要全面了解全队和每个运动员的具体情况，反映出统一要求和对每个运动员个体的特殊安排。如果所有的训练计划、训练内容和训练任务都只是针对整个队伍，忽视了对那些在某些方面有特长的运动员进行针对性训练，容易导致一些很有培养价值的运动员，因未被挖掘潜在的优势而错过了提高的机会。武术散打训练的实施通常采用集体训练的形式，统一要求和共同指导，有利于教练全面照顾，促进运动员之间的良性竞争，提高训练气氛，努力完成训练任务。但是依据重点队员训练和参赛的实际需要，适当安排针对性指导和训练，要求教练根据训练的具体任务和实施训练过程中的变化，恰当分配指导精力，使每位运动员都感觉到教练的训练安排都能从自己的实际出发。

六、技战术训练相结合原则

技战术训练相结合原则是指在训练中培养运动员的技术和战术能力，针对比赛的现实条件，优化高效地运用各种技术方法的训练原则。技术是战术的载体，战术是技术的综合运用，二者互为补充、互相促进。

贯彻技战术训练相结合原则的基本要求如下：

（一）正确理解技术、战术之间的关系

武术散打战术要根据比赛双方的各种具体情况，充分发挥自己的特长、采用计策和方法战胜对手。武术散打战术的作用是把运动员已经获得的体能、技术、心理等训练成果，根据比赛双方的具体情况最优化地综合运用，其核心是对己则"扬长避短"，对他则"抑长制短"。武术散打运动员的战术能力是通过运用一定的技术动作来实现的，不同的动作合成方案，表达出不同的战术意图，武术散打技术动作完成的经济性、实效性是战术能力的外在表现。武术散打运动员战术能力是建立在一定的体能、技能、心智基础之上，而武术散打战术的训练培养过程又促进了体能、技术、心智的迅速提高，二者之间互为补充，互相促进。

（二）在训练过程中应注重战术能力的培养

武术散打训练的组织与实施通过最小的基本单位"技术动作"来实现，武术散打的"踢、打、摔"技术动作有各自的技术特征和应用要求，每个技术动作及技术动作组合的完成都有着不同攻防目的和不同路线轨迹、距离等。这些技术要建立在诊断对手或模拟对手现实基础上，避实就虚，抓最佳时机有效地击打对手，它有着明确的针对性和攻防意图，是形成战术能力的最小基本单位。技术是战术形成的动作基础，受运动员掌握的技术数量和质量的影响，技术动作掌握得越精细、越全面，就越能更好地完成战术要求。

但是，战术能力并非随着技术水平的提高而提高，而是需要精心培养和刻意练习的。武术散打技术须勤加练习才可以掌握，更难的是如何在瞬息万变的比赛中合理、成功地运用技术。因此，每一种技术都需要在特定的条件下才能实施，需要结合特定的战术背景来进行创造性发挥。在训练过程中，教练要有意识地将技术训练与各种战术训练相融合，更要依据运动员自身的实际情况、各技术动作的功能特点、比赛对手的实际情况（如技术状况、攻防类型、动态类型、身体素质等）等制订技战术训练计划，将战术能力培养贯穿武术散打运动员训练的全过程。

七、竞技需要原则

竞技需要原则是指根据提高运动员竞技能力及运动成绩的需要，从实战出发，科学安排训练的阶段划分及训练的内容、方法、手段和负荷等因素的训练原则。武术散打竞技的核心是运动员实战中踢、打、摔技术方法运用的实效性，即比赛中用动作击中、摔倒对手的能力。其一般取决于两个方面：一是掌握基本技术的数量和质量，二是实战时运动员运用技术动作的合理性、有效性。

贯彻竞技需要原则的基本要求如下：

（一）准确掌握武术散打项目特征和制胜规律

武术散打运动是两人按照一定的规则，运用踢、打、摔等攻防技法制胜对手的徒手对抗的现代竞技体育项目。它在继承中国传统技击术的基础上，整合了不同文化特质的技击术，以相生相克的思想理念，构建了一个互为循环、互为制约，适应现代竞技的对抗技术体系。"远踢、近打、贴身摔"是其技术方法的运用法则，武术散打技术方法变化多样，击打部位立体多层次，充分表现出竞技对抗的整体性特点。

技击性是武术散打项目的本质特性，击打对方、保护自己是训练的基本目的。判定武术散打竞赛胜负的依据是合理地运用技战术方法击打对手，致使对手倒地、下台得分，或以重击致使对手失去比赛能力。在竞赛规则的导向下，教练应依据武术散打的竞技需要，围绕合理、有效运用"踢、打、摔"等技法，以及提高体能、心智等竞技能力方面来设计和组织训练的内容、方法、手段以及负荷等，使武术散打运动员通过训练获得比赛所需的竞技能力。

（二）围绕着武术散打项目竞技能力的主导因素组织训练

武术散打运动是技能主导类格斗对抗性项目。武术散打竞赛是综合比拼体能、技术、战术、智能、心理等多种能力。技术与战术是武术散打运动员竞技能力的主导因素，体能是运动员承受负荷训练和高强度比赛的前提条件，而智能和心理是比赛发挥稳定的思想基础。运动员的常年训练计划是依据武术散打竞技需要，围绕提高技战术能力，系统发展各专项能力，提高竞技水平制订的。高水平运动员训练计划的制订与实施应围绕参赛目标，科学诊断运动员自身竞技能力现状和对手的特点，依据运动员参赛的现实需要确立训练目的，合理安排训练负荷结构，突出训练重点，有针对性地选择训练手段和方法，发展运动员相应的竞技能力，最终目标是在比赛中获得胜利。

（三）树立"动作就是竞技"的训练理念

当代运动训练理论认为动作质量关乎竞技能力。"动作"是专项技术的最小单位，"动作"是技术的本源，"动作姿态"是技术能力最基本的体现。复杂的武术散打技术可理解为由若干个独立的"动作"构成，精湛的技术应该建立在规范和正确的"动作"基础之上。如果一个运动员每个"动作"都是"快速、准确、经济"，那么可以认为由这些单位组成的"动作链"在很大程度上是高质量的。反之，如果每个单一的动作是缓慢、不精确和不经济的，那么整个动作序列也必然存在缺陷。目前，"动作就是竞技"这一理论同样适用于武术散打组合技术动作的训练，是精湛运动技术形成的源头，是优异身体组织得以发挥的平台。动作质量是武术散打竞技需要的基础，动作质量决定了整个比赛过程中的动力和消耗，同时可以提高运动效率并减少受伤风险。

第二节　武术散打训练方法

训练方法是教练或运动员根据武术散打运动的项目特点，在训练过程中为提高各项竞技能力水平，采用合理的途径和方法完成训练任务。武术散打运动常用的训练方法有重复训练法、持续训练法、间歇训练法、循环训练法、变化训练法和比赛训练法。

一、重复训练法

重复训练法是指多次重复同一练习，两次（组）练习之间安排充分休息的练习方法。重复训练法具有安排宽松、休息充分的特点，间歇时间的控制应使呼吸和心率基本恢复，重复训练法是武术散打训练中常用的训练手段，一般用于技术训练、战术训练、体能训练等训练中。

重复训练法在技战术训练中主要是针对某一技术或战术安排进行多次训练，通过稳定的负荷强度反复刺激机体，可使机体尽快形成较高的适应性机制，强化条件反射的过程，有利于运动员掌握和巩固技术动作，进一步发展和提高身体素质。

按照训练时间长度，将重复训练划分为三种类型：短时间重复训练法（低于30秒）、较长时间重复训练法（30秒~2分钟）和长时间重复训练法（2~5分钟）。训练强度可以划分为超大训练强度、大训练强度、小训练强度。依据武术散打运动员专项技能发展的需要，确定训练内容和有效重复次数。实施重复训练法时，应先明确发展运动员何种身体素质或技战术方法，预先设定好强度要求和间歇时间。

二、持续训练法

持续训练法是指负荷强度较低、负荷时间较长，无间断地连续进行练习的训练方法。它是强化武术散打运动员某项专项技能，学习、创新、推演武术散打技战术方法，发展专项耐力和有氧耐力常用的训练方法之一。训练时平均心率保持在130~170次/分为宜。

持续训练法在武术散打周期训练的准备期中应用较为普遍，目的是规范运动员技术动作，演练技战术方法。武术散打运动员在运动强度较低的情况下，能够潜心钻研各项技战术方法，完善技术动作，提高运动员技战术方法运用的合理性和实效性。在武术散打训练中运用持续训练法的内容包括单个拳、腿、摔法技术，拳腿法组合，拳腿摔法组合技术等。在瞬息万变的武术散打比赛中，才能准确把握进攻时机，抓住对手进攻或防守的空当，熟练运用技术方法，最大限度地打击对手，保护自己，掌握比赛节奏，压制对手，获得比赛胜利。

在日常训练中，通过分析运动员比赛录像技术，教练推演技战术方法，加深运动员现实场景合理技法运用的理解和印象，反复磨炼，完善技战术细节，以在实战中能够熟练地运用技战术。

三、间歇训练法

间歇训练法是大强度、多组数、严格控制间歇时间，使机体处于不完全恢复状态下反复练习的训练方法。通过不同类型的间歇训练，可明显改善武术散打运动员的心肺功能，提高运动员无氧代谢能力，有利于运动员在激烈的对抗比赛中保持稳定、巩固的技术动作，在高强度负荷下具备持续运动比赛的能力。

间歇训练法按照负荷强度和时间划分为三种类型：高强性间歇训练（小于40秒，大强度）、强化型间歇训练（A型：40～90秒，大强度，B型：90～180秒，较大强度）和发展性间歇训练（大于5分钟，中等强度）三种。依据训练需要选择适宜的间歇训练法类型。

高强性间歇训练法能够在短时间内最大限度地提高武术散打运动员大负荷的耐受力和适应能力，特别是针对实战中无氧代谢能力的强化。训练中通常采用每组技术动作小于40秒，间歇休息时间不超过30秒，高频率、高质量的拳腿连续击打沙包、击靶及其他体能类训练，使心率指标达到190次/分左右。在机体没有完全恢复的情况下进行下一组训练，可以有效地提高运动员的心脏功能和无氧代谢能力，提高运动员力量耐力、速度耐力以及技术动作运用的稳定性，使运动员具备足够的体能储备，保持技术动作的时效性和稳定性，适应对抗激烈、高强度、快节奏的比赛需要。

强化性间歇训练负荷时间较短、负荷强度较低，通过控制间歇时间及不充分休息，启用机体糖酵解供能系统或以其为主的混合代谢系统供能，提高无氧与有氧混合代谢系统的供能能力，发展耐力素质。根据武术散打比赛每局净打2分钟的规则，强化性间歇训练的负荷时间一般设置为每组150～180秒。

发展性间歇训练法是在强化性训练法的基础上对训练时间和训练强度进行调整，主要发展武术散打运动员有氧代谢系统供能状态下的高强度运动能力，并为进一步发展无氧代谢系统的运动能力奠定基础。武术散打训练运用间歇训练法的依据通常是每组技术动作在5分钟左右，负荷强度较低，负荷时心率指标控制在160次/分左右，间歇时间长度以心率降至120次/分左右为准。

四、循环训练法

循环训练法是指根据训练的具体任务，将练习内容设置为若干个练习站（练习点），运动员按照既定顺序和负荷要求，依次完成每站练习任务的训练方法。旨在提高运动员的身体素质，强化技战术综合运用能力。

循环训练法的运用设计，针对比赛中竞技能力的需要，在训练前制订好6~8个训练内容进行分站（点），练习者依照规定顺序完成各站内容，间歇时间可以根据训练负荷和训练目的，持续一个循环或者两个循环来做一次长间歇，是提高体能和技术的综合练习方法。

依据武术散打运动员专项素质发展的需求，制定所要训练的素质类型，如力量、速度、耐力、柔韧、灵敏等。将多种身体素质的训练内容组合在一起，大负荷、高密度进行循环持续性练习，每一站之间没有间歇时间，全部完成各站的技术动作为一个循环。由于每一站训练内容的不同，当进入下一站训练内容时，其他部位也得到了相应的恢复，不会在上一站的训练部位上产生太大负荷，相反还可以对上一站所练习的身体机能和训练部位进行适当的调整恢复。循环训练法的内容较为充实，能够促进武术散打运动员身体机能的全面发展，有效提高运动员的无氧代谢能力与有氧代谢能力，有效提高速度耐力及力量耐力。

武术散打技战术训练时采用循环训练法是根据比赛中常出现的技术，如重拳重腿击靶、贴身摔、快速组合拳击靶、接腿摔、拳腿组合等技术练习设定成练习站并编排成组合技术循环练习。运动员循环持续完成整套练习，遵循高质量、高强度的要求，模拟与对手比赛的情形。此方法可有效地提高运动员持久的对抗能力、运动技术的稳定能力、技术之间的衔接能力以及攻防技术的转换能力，同时提高呼吸系统、循环系统的工作能力。

五、变化训练法

变化训练法是指在练习过程中有目的、有计划地变化运动负荷、动作组合、练习环境以及练习条件的训练方法。变化训练法可使运动员身体素质、技术和战术得到系统训练和协调发展，从而使之具有更接近实际比赛需要的综合运动能力和临场发挥应变能力。

武术散打训练中变化训练法可分为负荷变化训练方法、内容变化训练方法和形式变化训练方法。

运动员坚持着日复一日、年复一年的枯燥乏味训练，承受着巨大的心理和生理负荷。如果训练方法过于单一而没有变化性，久而久之，运动员很容易失去训练的动力与兴趣，并且产生抗拒心理。教练应根据比赛的特点和需要，在训练中通过内容和形式上的巧妙变化，使训练更加具有多样性、趣味性，以此调动运动员的积极性，缓解疲劳，达到提高训练效果的目的。

在武术散打技战术训练时，通过变化负荷强度和负荷量的比例，来适应不同的训练需求。运动负荷的承受能力、专项竞技的需要和训练的周期规律性是影响运动员负荷的重要因素。比如在武术散打训练中，较低的运动负荷强度适合学习武术散打技术。为了使机体适应比赛的需要，可以相应提高运动负荷的强度及密度。例如，在赛前一周备战期中，遵循提高负荷强度、降低负荷量的变化原则；在准备期的周期训练中，遵循降低负荷强度和练习密度，提高运动负荷量的变化原则。

为完成具体的训练任务，武术散打练习动作及其组合方式可以采用固定或变异组合方式。运动员应当根据武术散打专项技术训练有效负荷区间进行训练，练习内容的变化顺序符合比赛的规律，练习动作的用力程度符合专项要求。根据比赛的实际需要，制定符合力学原理和人体规律的内容，变化训练，进而提升运动员比赛的应变能力，达到经济性、时效性的成果。

形式变化训练法主要体现在场地、路线、落点和方位等条件或环境的变化上。通过基本环境、训练气氛、训练时间和连续形式的变化，运动员在训练中产生新的刺激，提高机体对外界的适应性，使运动员处于良好的准备状态，能够更好地投入接下来的训练和比赛中。

六、比赛训练法

比赛训练法是指在模拟或真实的比赛条件下，按照比赛的规则和参赛程序进行训练的方法。比赛训练法有助于全面提高专项比赛所需要的体能、技术、战术、心理、智能等竞技能力。

比赛训练法共分为教学性比赛法、检查性比赛法、模拟性比赛法、适应性比赛法四种。根据武术散打队伍的总体计划及个体实际情况，教练选择合理的比赛类型，检验平时的训练效果，挖掘运动员的潜能，发现问题并在日后训练中予以重视。此外，比赛训练法可以提高专项训练强度，培养竞技状态，强化心理素质和竞技意志，对于比赛经验少的运动员尤其重要。

比赛训练法是对体能、技术、战术、心理、智能等竞技能力的全面检验，有助于运动员提高综合竞技能力。由于比赛训练法和平时训练有着明显的区别，运动员面对比赛所带来的激烈的竞争性，承受着与各竞技能力相适应的运动负荷。无论在比赛前还是比赛中，运动员在生理和心理方面都承受着较大的压力。因此，比赛训练法虽然在武术散打训练中是重要环节，但是不宜过多采用，一般在一个训练周期或阶段结束后，安排适宜的比赛来检验前一阶段的训练效果，根据运动员的表现找出可以发掘的潜力和暴露出来的问题，为下一阶段的训练提供参考。

第三节　武术散打竞技能力训练

武术散打竞技能力训练是以武术散打教练和运动员为主体，为提高运动员的竞技能力和运动成绩而专门组织的一种准备性的训练过程。本节着重介绍武术散打竞技能力中的技术、战术、体能、心理、智能训练。

一、技术训练

武术散打技术，是指武术散打运动员在实战中完成进攻与防守动作的方法，是提高运动员竞技能力水平的重要因素。根据动作的组成，可将武术散打技术大致分为单个动作技术和组合动作技术两大类，其中单个动作技术有格斗式、拳法、腿法、摔法、步法、防守法、跌法等，组合动作技术有拳法组合、腿法组合、拳腿组合、拳摔组合等。另外根据动作技术的应用功能，可将武术散打技术大致分为主动进攻型技术和防守反击型技术两大类。在比赛中，运动员根据攻守平衡的对抗原理，将单个和组合技术不断地运用到进攻和防守之中。

武术散打运动员技术水平的高低主要取决于两个方面：一是掌握基本动作的数量与质量，二是实战时运动员在无序动作状态的瞬间发出动作的有效性。技术是运动项目的核心，是竞技能力顺利实施的保障和基础，是运动员获得优异比赛成绩的必备条件，是重要的训练内容。运动员对技术动作的熟练程度和在赛场的发挥运用与运动员的成绩有直接关系。在比赛时运动员能够最大限度地发挥技术，以最经济的手段获得最大的利益，从而达到取得比赛胜利的目的。

（一）技术训练的基本要求

武术散打技术的训练首先要符合人体运动生物力学原理，符合运动学特征，从各技术环节到完整动作要符合运动的规范性和公认的动作规格。但是，武术散打的各项技术的规范要求都是暂时固定的，随着运动员个人身体形态与竞技能力的个体差异、比赛规则的变化等因素而不断更新。

通过规范训练内容、明确训练标准、创新方法手段，积极探索武术散打运动员技术发展训练途径。此外，学校迫切需要提供配套完善的器材设备、功能齐备的训练场地，为运动员创造良好的训练环境。针对当今武术散打竞赛的需要，武术散打技术训练的安排一般遵循以下基本要求：

1. 扎实的基本技术是获得优异成绩的基本保障

武术散打竞技的基本技术主要分为拳、腿、摔，拳法主要由直拳、摆拳、上勾拳及转体摆拳构成，腿法主要由侧踹腿、正蹬、鞭腿和转身后摆腿等腿法技术构成，摔法是由贴身搂抱、下潜、接腿摔等摔法技术构成。每一项基本技术都有着严格的动作要素与技术结构，即使是优秀运动员也需要长期、系统地进行训练。组合技术由多种基本技术有序组合而成，是技术运用的必然途径。全面运用身体各个部位参与实战，充分发挥身体搏击的潜能，实现攻防转换，这说明了组合技术在武术散打实战中的重要性。对拳腿组合技术的培养需要以扎实的基本技术作为保证，才能提高其在实战中的运用能力。

2. 处理好特长技术与全面技术的关系

特长技术是运动员在武术散打比赛中制胜的法宝，也是武术散打训练的重要内容。教练在培养运动员特长技术之前，首先要了解运动员的个人身体形态优势或各项竞技能力的情况，进行深入了解和透彻分析。运动员应当针对武术散打技术"群"中的优势进行专门练习，并在训练和比赛中不断磨炼，不断总结经验和教训，坚持创新求索、超越自我，从而使特长技术成为比赛中的主要得分手段，并在相持的关键时刻作为克敌制胜的有力保证。

武术散打是两人以拳、腿、摔等攻防技术进行徒手对抗的格斗项目。如果比赛一方在某一环节技术上有明显的缺陷，就会给对手留下可乘之机。所以，运动员在训练中一定要重视技术训练的全面性，特别是在基础训练阶段。运动员的基础训练是为特长技术的发展打好"地基"，虽然武术散打比赛中有时运动员的特长能力能够有效弥补某些技术上的缺陷，但是明显的技术缺陷往往容易造成更多的失分。

技术是战术的基础，是组成战术必不可少的基本要素。技术只有在合理的战术安排下，才能得以充分发挥。先进的技术必然促进战术运用的多样化。战术的不断变化发展，同样也反过来促进技术更新。在比赛中，运动员应当充分结合特长技术和全面技术，尽可能地限制迷惑对手，给对手制造不确定性，同时根据对手的比赛风格制定相应策略。所以，武术散打特长技术应该建立在技术全面发展的基础之上。

3. 重视武术散打技术的创新

武术散打从1979年国家开始试点以来，无论在理论科研还是在技术发展方面，经过教练和运动员的不断完善和提高，现在有了翻天覆地的变化。武术散打技术的创新一般分为两种情况：一种是渐进式，另一种是飞跃式。渐进式创新是在原有技术或技术体系的基础上改革创新，飞跃式创新是在技术进化发展到一定程度后发生质的变革。武术散打技术的创新直接突破了原有的技术结构，使对手基于行为方式产生不适应感，被迫付出时间精力以跟进和应对创新技术的出现，这样创新者在一段时间内可以保持一定的技术优势。

创新技术的出现也意味着新技术结构的出现，会在短时间内带动武术散打技术的进步。技术的创新往往需要教练和运动员对当今武术散打技术有着清晰的判断和对未来技术发展趋势有着敏锐的嗅觉，敢于在现有的训练基础上进行创新突破。例如，针对武术散打比赛修改后出现的新规则，教练要抓住针对新规则所带来的创新契机，形成自己独特的理解，在新规则视角下创新变化训练理念及训练内容。

所以，在平时的训练中要结合当前武术散打技术的发展趋势，潜心学术研究，开拓实战思路，大胆创新技术，这样才能走在武术散打行业前沿，保持领先优势。

4. 抓好技术风格的培养

武术散打技术风格的确立，应当从运动员本身的身体素质、气质类型和特长技术三方面确立。在身体素质方面，通过分析运动员耐力、爆发力、柔韧性和协调性等身体素质来发展技术风格。如身体力量和爆发力较强的运动员，更适合主动进攻的技术风格；身体柔韧性和耐力性较好的运动员，则适合以防守为主的技术风格。在气质类型方面，根据对运动员外在的表现特点及内在的心理特征，为运动员技术风格的确立提供参考依据。在特长技术方面，首先是对基本功进行全面的训练，明确运动员的特长技术，再围绕其特长技术进行集中、反复、有针对性的训练。当运动员通过训练发现打法类型或者技术风格不合适的情况，应当及时进行调整。

（二）技术的训练方法

武术散打技术训练须在基本原则指导下，根据比赛目标、专项要求、运动员自身情况等采取具体方法循序渐进进行。武术散打常规训练方法包括空击、打靶、模拟、打沙包、攻防、实战等。

1. 空击训练

空击训练是运用武术散打的各项技术，运动员独自或者两人一组无接触地进行徒手练习的一种训练方式。空击训练是熟练自如地掌握动作技术的重要手段，并能以此加强和改善神经传导通路的信息传递功能，进而提高动作应变能力和反应速度。

空击训练的方式有多种，每种训练方式都有着不同的训练目标和效果，也可根据运动员对武术散打技术掌握的程度分为几个步骤或阶段来分别实施，空击练习方式主要分为以下几种：

（1）个人单个技术空击

个人单个技术空击是为了熟练或提高巩固某单一技术而进行的一种反复空击练习的手段，旨在提高和掌握技术，使其科学、规范。个人单个技术空击练习适合不同练习阶段水平的运动员练习，特别是初学者，其在教练的指导下通过练习，不断地重复练习和体会动作要领，可以提高动作的规范性和熟练性，可以不断巩固技术动作以形成正确的动力定型。

（2）个人组合技术空击

个人组合技术空击是把进攻和防守中的某几种方法串联起来反复训练的方式，它主要提高组合技术运用的协调能力。比如结合步法、距离感、相应的技战术等进行拳腿摔技术的组合空击练习，强化组合技术的规范性和协调性，提高力量和速度。

（3）模拟空击实战

模拟空击实战是通过假设对手，进行模拟空击实战的训练方式，也就是根据想象对手的技战术情况，结合实战步法的练习方式。空击动作的规律和路线是不固定的，要完全根据自己的意念和想法自由发挥，假想在同对手进行一场比赛，以此来培养运动员的技术运用能力和实战意识。

（4）两人隔空实战空击

两人隔空实战空击是两人在身体不接触的情况下，一方针对另一方的攻防技战术及时做出与之相应的动作反应的练习方法。两人隔空实战空击是一种无接触实战反应练习，能够有效地提高运动员在实战中的快速反应能力、攻防转换能力，增强战术意识。

两人隔空实战空击是武术散打空击训练中难度较大的一种训练，相较于个人模拟空击实战而言，其更接近实战训练，对武术散打各项竞技能力也有了更高的要求。初学者通过练习可以逐渐消除实战的惧怕心理，增强自信心。两人隔空实战也是逐渐向实战对抗过渡的一种训练手段。

2. 打靶训练

打靶训练在武术散打训练中是一种极为重要的训练手段，主要分为手靶和脚靶的练习。训练中根据不同的训练目的，采取不同的训练方式，一般来说，打靶练习分为单一技术打靶、组合技术打靶、攻防技术打靶、移动实战技战术打靶及全力高强度打靶的练习。

不同的打靶练习方法，有不同的训练效应。例如，单一技术打靶有利于重点提高和巩固运动员武术散打单一技术的规范性、运动轨迹、发力、速度等方面，对初学者来说，其是打靶的基础训练，对单一技术的动力定型有很大的帮助。组合技术打靶主要是针对武术散打拳腿组合技术的提高训练，重点培养运动员组合技术的协调性和节奏感，以及对训练的专注和击打的精确度。攻防技术打靶训练主要是通过打靶过程中，持靶者在击靶的过程中掺杂一些击打动作，以培养运动员攻防兼备的实战意识，同时也使一些不规范的防守技术得到及时纠正。移动实战技战术打靶更接近实战，打靶者和持靶者之间要高度专注，持靶者结合实战需要，通过各种"喂把"，让打靶者在突然和变化中完成各种攻防及反击动作。它是培养运动员在动态中运用技术的能力，可以不断发展战术意识，提高对击打时机、距离的把握能力，发展武术散打专项所需的专项素质。全力高强度打靶主要是为满足运动员对武术散打比赛负荷强度能力的需要而进行的一种无氧高强度打靶练习。其采用稍高于比赛负荷的运动强度和比赛时间，采用间歇训练法，以增强运动员的无氧代谢能力。

打靶训练是持靶者和打靶者两个人之间的互动，持靶者根据竞赛或训练的需要，通过各种"喂靶"，培养打靶者在实战中的击打技术、反应能力、防守和反击的技术。经过长期的击靶练习可以把武术散打的一些技术转化为本能的反应。另外，通过各种"喂靶"练习，还可以有针对性地弥补打靶者技术上的短板。

3. 模拟训练

模拟训练是模仿实战中某一技术和战术的运用特征、某一运动员的打法特点、某一实战场景的氛围等方面进行的有针对性的练习。这种练习在培养战术意识、提高心理承受能力以及在实战中的应变能力等方面有着很好的效果。它是运动员通过专门的模拟训练获得特殊技战术能力的一种针对性极强的训练方法。

模拟训练是武术散打训练中针对比赛需要而制订的特殊的训练手段，在训练中可以通过多种途径来实施，如针对身高臂长、擅长控制距离感打法的对手，在训练中可以选择与其体重、身高相似的陪练，并模仿其技术特点；如对手是拼打型选手，则选择风格相似的陪练进行技术模仿，旨在训练中找出应对对手技术的解决方案；在实战场景方面，为提前适应时差问题，避免因时差给比赛带来的不适，赛前一周开始调整训练时间，保持与比赛地点的比赛时间相一致，提前解决时差问题。

赛前模拟训练方案的设定，须建立在获得准确情报信息的基础上，然后明确模拟对象和重点。模拟训练的关键在于模拟的对象要逼真、形象，动作要准确、到位。而练习者必须尽快在模拟对象上尽快找到合理的应对策略，尽最大可能在赛前做好应对对手的备战工作。

4. 打沙包训练

打沙包训练是利用沙包作为击打目标的一种练习方法。打沙包是运动员在训练中经常采用的训练手段之一。它对提高拳、腿击打的力量，提高连续进攻的频率和专项耐力，培养在近距离实战时运用组合技术的能力等方面有着非常显著的效果。

打沙包训练和打靶训练的不同之处是，打靶是在持靶者的各种"喂靶"下体现的，而打沙包则完全是练习者来掌控沙包，虽然沙包是固定的，但是练习者要把它打"活"，练习者通过灵活的步法，利用武术散打各种技术在中、远、近等不同距离的攻防，使沙包产生不同位置的位移，根据实战需要，来掌控击打的距离、频率、节奏及运动强度。

打沙包训练要根据练习目的，结合实战需要进行，练习内容、要求不尽相同。其大体可分为专门的击打爆发力及速度训练、组合技术训练、全力无氧击打训练、移动实战技战术训练。

在打沙包练习时，因为沙包是固定的，整个训练过程都靠练习者来掌控沙包，练习者稍有懒惰心理就容易精神不够集中，所以练习者一定要精神专注，努力克服练习过程中的"走神"现象，从实战需要出发，始终将技战术意识贯穿在打沙包的练习中。

5. 攻防训练

攻防训练是两人按照武术散打运动的攻防规律有针对性地进行练习。武术散打训练要循序渐进，开始可规定只做单招的进攻与防守，逐渐过渡到连招、随机性进攻与防守，最后达到灵活运用。

攻与防是实战对抗的主要得分手段，运动员平时的训练始终离不开攻防训练。进攻的目的是为武术散打各种技术在比赛中得分创造条件，防守是为下一步进攻创造机会，攻与防二者并存于比赛之中，互相矛盾、互相制约、互相转化。

攻防训练可有效地提高练习者攻防技术动作的规范性，较快建立正确的本体感觉，增强攻防意识。由于攻防练习是按照一攻一防（不做反击动作）有限制地进行，所以对消除和预防初学者的害怕心理有着积极作用，因而在教学的起步阶段采用较多。在攻防练习中，应要求练习者在做出防守动作之后必须注重保持反击意识（不完整地表现反击动作），以利于尽快建立防守与反击的条件反射。

6. 实战训练

实战训练是两人按照一定规则进行的对抗练习，它是检验和提高技术、战术的重要方法，也是总结、积累实战经验的有效措施。针对比赛的需要，实战训练在运动员日常训练中是不可缺少的一部分，如条件实战，是教练根据阶段训练内容以及为提高运动员的某种能力而进行的有一定规则限制的实战。从初学者到优秀运动员都适合采用条件实战训练，因此其具有较强的针对性。如教练为提高运动员某一项技能而设置了拳法实战、腿法实战、摔法实战、拳与腿的实战、拳与摔的实战、腿与摔的实战等，旨在解决某一方面的技术短板或提高和巩固特长技术。再如检查性实战，是一种在正式比赛规则条件下进行的实战比赛，通过实战检验训练质量，发现运动员在实战比赛中存在的问题，然后在后续的训练中得以解决。还有模拟实战，让不同陪练分别在实战中进行对手技术动作的模拟、战术特征的模拟、某项特长突出的模拟等。实战训练加强了训练的实战性和针对性，提高对真实比赛状况的预见性，也检验了教练训练指导思想的正确性。

二、战术训练

武术散打战术是根据比赛双方的各种具体情况，为充分发挥自己的特长战胜对手而采取的计策和方法。战术是由采用的谋略和相适应的行为方案两个部分组成的，而且以谋略为主。战术在武术散打比赛中起到极为重要的作用，涉及技术的合理安排与使用，具有明显的目的性和预见性。教练的指挥意图与运动员临场战术思维均依赖战术指导思想，运动员的比赛行为体现着战术指导思想。所以说，战术思想决定着运动员整体发挥的效果。

（一）战术训练的基本要求

武术散打运动员在比赛中使用的战术，一是来自教练的赛前部署和临场指挥，二是来自运动员在场上根据对手的技战术特点而做出的战术应变。不论赛前准备战术，还是临场战术安排，都离不开运动员平时的训练及经验积累。武术散打运动员执行或独立运用战术的能力不是与生俱来的，需要通过平时训练来循序渐进地培养战术意识和执行能力。

通过丰富训练内容和手段，使武术散打运动员精湛的技术及其他竞技能力发挥出最大潜力。运动员战术能力的培养离不开教练的精心培育和运动员的自身努力。在遵循武术散打战术制定原则的基础上，教练在训练中要注意培养运动员的谋略素养，使其加深对战术运用的理解。武术散打运动员不但需要很好地执行教练的战术意图，还需要在比赛中根据对手的特点，快速转换各种战术形式，创造性地实施战术。教练、运动员在战术训练中一般要掌握好以下几个要点：

1. 把握武术散打项目的制胜规律

根据武术散打技术和实战经验，其制胜的核心因素有"快、准、狠、稳、硬、绝、全、变"八个要点。所有的战术行动都围绕这八大制胜因素进行，以求比赛发挥到最佳水准。每一个制胜因素都包含着明确的战术含义，如"快"，除了具有拳、腿、摔技术出击要快的基本内涵，还包括在对抗中快速实施战术转换的含义，这是教练、运动员在战术训练中特别需要注意的。

竞赛规则是武术散打训练的准绳，更是比赛判罚的标准，也是教练合理安排训练内容的重要依据。武术散打规则的遵循是运动员在竞赛中战胜对手、争取优异成绩的前提。武术散打竞赛规则和武术散打技术、战术的完美结合是本项目生存和发展的重要前提。

2. 战术意识的培养

战术意识的培养是战术训练中的中心环节，是运动员在比赛中的判断能力、应变能力、技术运用能力和战术实现能力的概括。战术意识不是运动员与生俱来的，需要经过精心培养。

在武术散打初级阶段的运动员应当有意识地培养战术意识。战术意识的培养应当与运动员的技术训练、战术训练同步进行，三者相辅相成、密不可分。随着技术水平及其他竞技能力的提高，战术意识及运用能力也随之提高。

3. 培养战术运用能力

武术散打战术的作用在于把运动员已经获得的身体、技术、心理等方面的训练成果，根据比赛双方的具体情况，加以最优化地综合运用。战术能力是运动员在平时艰苦的训练中逐渐培养起来的。在制订战术训练计划时要有明确的目的性和针对性，结合多种训练手段和方法。通过运动员的实战成绩检验训练成果，及时发现问题进行改正，并相应地调节武术散打训练计划的主要内容。

教练定期向运动员讲解战术理论，是提高运动员学习效率、加快理解速度的途径之一。在进行理论介绍时，教练向运动员生动系统地传授战术的作用、方法、重点、难点和运用条件，选取一些优秀的武术散打运动员的成功范例制作成视频资料供运动员观看，结合运动员实际情况加以对比和重点分析。在实战训练中，教练要根据运动员的表现及时予以指导，耐心讲解战术的基本原理和操作规范，既指出缺点不足，又给予鞭策鼓励。

4. 注重武术散打战术的创新研究

武术散打运动的竞争日益激烈，运动员的竞技水平不断提高，武术散打运动也随之不断发展。武术散打战术创新可分为常用战术创新和特殊战术创新。常用战术创新是一种基础性创新，在国内外具有较大的普及性，是指运动员在巩固和提高技战术的基础上探索新的创新手段。武术散打运动的技战术处于不断更新的状态，如果能够在比赛中使用创新技术，出其不意地给对手一击，可取得对抗的优势地位。与常用战术创新相比，特殊战术创新是一种实用性创新。因为特殊战术创新具有很强的针对性，既可以针对某一个对手的技战术特征而设计，也可以针对新规则引发的创新契机。

中国武术散打竞赛规则的修改从根本上引导着武术散打比赛的战术形式和战术行动的变化，如果武术散打运动员实施创新化的战术形式，突破旧有的模式，有助于在比赛中取得优势地位。特殊战术创新使用较为普及。

另外，战术的创新一定要考虑武术散打运动员的实际技术水平。战术是技术发挥的指导思想，与运动员技术水平的高低和战术运用的能力有着直接的关系。精湛的特长技术促使了战术运用的个性化，技术的全面性造就了战术运用的多样化。

（二）战术的训练方法

1. 假设性训练

针对对手的技术特征，在空击、沙包等训练中，设想对手就在眼前，根据对手比赛的技术特点，有针对性地运用相应的技术与其实战。如对手采用比较擅长的身体假动作虚晃后的后鞭腿强攻技战术，我方立即抢先用直线腿法阻击，然后接拳法组合拳的"阻击战术"而破之。这种练习可以一个战术反复练习，也可以多种战术结合运用，以求应对战术的多样化；可单法练习，也可配套练习。如根据对手实战习惯，先用身体假动作虚晃伴攻，想象对手出击后再反击等多种战术的结合。主要是针对对手的各种习惯技术和战术特点，在训练中通过假设性练习，加深对比赛对手的技战术运用特征的战术应对策略，同时达到培养战术意识，丰富战术运用能力。

2. 战例分析训练

战例分析训练是指组织武术散打运动员观看比赛录像，选择一些比较典型的比赛片段，可选择成功案例，也可选择失败案例及从失败到成功大逆转的经典案例，教练全面细心讲解，借助声像的直观印象，启发运动员对战术运用的综合分析能力，加深理解战术的重要性，培养运动员对战术运用的积极主动性的方法。

3. 战术分解训练

战术分解训练是指把一个完整的战术组合过程划分为几个部分，然后分部分进行训练。这种方法通常在运动员学习一种新战术时采用，通过战术分解、演示、讲解，然后进行完整示范、讲解，队员反复配合训练，使运动员牢固、熟练地掌握新的战术方法。

4. 战术模拟训练

战术模拟训练是指教练根据运动员竞技能力的特点或实战所需，在训练中通过自身或陪练效仿不同战术训练所需的动作或形式，陪同运动员练习，使运动员获得特殊战术能力的一种针对性极强的训练方法。

运动员在比赛中要面对各种不同技战术风格的对手，所以，运动员在平时训练中要有针对性的训练。例如，有擅长强攻战术、防守反击、游击战术、重拳重腿等类型，特别是当明确了对手时，要通过赛前获得准确的信息情报，了解到其技战术打法基础上进行模拟训练，提前适应对手的技战术风格，找出应对技战术策略，达到在比赛中获胜的目的。

战术模拟训练要求模拟者动作逼真，这样才能达到运动员的训练效果，随着武术散打运动的水平不断提高，模拟训练方法运用得越来越多，而且也在不断创新方法。另外，比赛场地、气候、时差及比赛场景等也成为模拟训练的范围。

5. 条件实战训练

条件实战训练是指根据战术训练的需要，教练规定在一定的内容或使用动作或战术的范围内进行对抗训练的方法。其实施方法是教练根据战术训练的目的，通过限制一些技战术，有针对性地在训练中运用指定的技战术进行对抗，旨在重点培养某一方面的技战术运用能力。例如，只能运用拳法和下潜摔的条件实战，只能运用鞭腿和接腿摔的条件实战，只能运用鞭腿和拳法的条件实战等。

在运用条件实战战术训练时，教练应该视情况随时暂停，根据运动员战术运用情况进行分析讲解，及时指出问题，提出新的目标任务。

6. 比赛实战训练

比赛实战训练是按武术散打比赛规则进行的非正式比赛。它是检验运动员战术运用能力的最佳方式，也是对日常各项竞技能力训练效果的一个综合评价。通过实战比赛，检验运动员运用技战术的能力，赛后及时总结，养成研讨的良好习惯，根据比赛找出问题并在训练中及时解决问题，牢固地树立战术观念。

三、体能训练

武术散打运动员的体能是指运动员在武术散打竞赛规则允许的条件下，以踢、打、摔等武术散打独有的技术体系作为获胜手段时，所需的身体的运动能力。这种能力是武术散打运动员在训练、比赛时所表现出来的综合运用能力，是支撑运动员在比赛中发挥技能作用的物质系统。它由运动员的身体形态、身体机能、身体素质三个部分组成，每一个部分都有各自独立的作用，相互之间又有着密切的联系，彼此制约，相互促进，每一部分都影响着体能的整体水平。

体能训练是武术散打运动训练过程的重要组成部分，根据武术散打运动的特征，通过各种有效的训练方法和手段，对运动员机体施加适宜负荷，最大限度地挖掘运动员的竞技潜能，改造运动员的身体形态，提高身体机能，全面提升武术散打运动员的体能水平。体能对促进武术散打运动员技术水平提升、保持训练稳定性和保障比赛发挥有重要影响。维持良好的体能是延长运动寿命的基本保障。

体能是武术散打运动员机体的基本运动能力，由身体形态、身体机能、身体素质三个方面决定。身体形态是指武术散打运动员的外部姿态和身体特征，如运动员的身高、体重及身体各部位肌肉的宽度和围度等；身体机能是指机体各器官系统所表现出来的整体的功能，主要包括心肺功能、神经反射速度等功能；身体素质是指机体在运动时所表现出来的各种基本运动能力，通常包括运动员的力量、速度、耐力、柔韧性、灵敏性、协调性等运动能力。身体素质可以通过训练或比赛直接表现出来，与身体形态、身体机能紧密相关，身体素质的基础来自身体形态和身体机能。

武术散打的体能训练分为一般体能训练和专项体能训练。一般体能训练是指采用多种非专项的身体练习，使运动员身体形态、身体功能、身体素质和健康水平诸方面全面发展。一般体能训练包括跑步、卧推、深蹲、提拉、立卧撑等有氧或无氧运动，能够有效改造运动员的运动机能，全面提高身体素质，为专项体能训练打下坚实的基础。

武术散打专项体能训练主要是根据专项的需要，采用与专项密切联系的专门性身体练习，真正做到项目的专项化、有效化和科学化。发展专项所需的身体形态机能和专项身体素质，可以提高武术散打运动员在专项运动中承受负荷与适应环境变化的能力。例如，为提高拳腿击打速度和力量而利用弹力带施加一定阻力而进行的空击训练；针对比赛中高强度的无氧连续击打能力进行30秒全力持续击靶的训练；为了加强步法移动灵活性而进行快速跳绳训练等。

武术散打专项体能是运动员在比赛中技战术发挥及心理稳定的重要保障，也是运动员取得优异成绩的身体基础。高效能的体能训练对运动员竞技能力的提高尤为重要。现代武术散打竞技比赛，实行三局两胜制，每局净打2分钟，局间休息1分钟，每一局比赛，都要求运动员精神高度集中，运用踢、打、摔等特有的技术特征，全力以赴和对手斗智斗勇，对运动员的体能有较高的要求。反应快、判断准确、动作迅猛、变化巧妙是武术散打项目的基本特征。武术散打运动对运动员专项体能的各项要求比较全面，运动员在力量、速度、耐力及心肺功能等方面的良好状态，是在高强度比赛中保持技战术运用的稳定性保障。

（一）体能训练的基本要求

教练应当结合武术散打项目特点及比赛需求，研究制定训练内容，科学、合理地安排体能的各项训练，循序渐进地提高运动员的一般体能和专项体能。武术散打运动的体能训练要求如下：

1. 合理安排一般体能和专项体能的训练

一般体能训练能够全面发展运动员的各项身体素质，提高各个器官系统的机能，使身体得到均衡全面发展，并且为武术散打专项体能的提高打下坚实的基础。

专项体能训练是针对自己的专项特别计划，根据武术散打项目的竞赛特点，提出特别要求，有助于提高专项成绩的训练。

一般体能训练并不能代替专项体能训练，要根据周期训练的竞赛计划和个人具体情况，合理安排好二者的训练比重。例如，一般体能训练可以在训练周期的准备期增加，为后期专项体能的提高打下基础，或者作为赛后的一种恢复手段。比赛期的安排主要以高强度的专项体能训练为主，目的是使武术散打运动员提高专项技能水平，进而适应高强度、高负荷运动的技术需要。

2. 体能训练要体现武术散打运动的特征

体能训练的内容要求尽可能包含武术散打运动的动作结构、运动形式，具有专门的适应性，符合武术散打项目的竞赛规律。武术散打则强调全方位、立体式的进攻模式，在比赛中要求运动员运用拳法、腿法和快摔等技术。武术散打强调技术全面性的同时，也对运动员的专项身体素质有了更高的要求。武术散打体能训练不仅仅局限于提高运动员的体力，更体现在武术强调的手眼身步法的协调，精神气力功的统一上，实现武术散打"远踢、近打、贴身摔"的武术风格，形成三位一体、攻防合一的技术体系。

3. 加强积极进行运动员体能训练的思想意识

相对于单纯的技术训练，体能训练对运动员在心理上和生理上都提出了很高的要求，各种极限训练对运动员的意志品质是一个很大的考验，再加体能训练单调、枯燥，运动员难免产生消极抵触的心理。因此，加强运动员对体能训练重要意义的认识和教育是很有必要的。另外，教练要时常通过变化训练内容、调节训练气氛来提高运动员的训练兴趣，保持训练的积极性。

（二）体能训练方法

1. 力量训练

力量素质是指人体神经肌肉系统在工作时克服或对抗阻力的能力。力量素质在武术散打项目中占有极其重要的地位。武术散打运动员的力量素质主要体现在拳腿击打的爆发力、贴身搂抱或抱摔时的最大力量和爆发性力量、拳腿连续打击和连续抱摔时的力量耐力以及身体承受对方击打的抗击力。

武术散打是一项集踢、打、摔多项技能为一体的对抗性项目，在实战对抗中各项技术动作的完成对力量素质也有着不同的要求，因此，武术散打运动员的力量训练要避免使用单一的力量训练方法。针对比赛的需求，力量素质的训练要追求多样化，既要发展拳腿击打的速度力量（爆发力），又要发展身体和四肢协调发力摔倒对方的最大力量，还要发展拳腿击打和抱摔相融合的力量耐力，以及在比赛过程中的抗击力等。所以，在训练中不要过分单一地发展其中某个力量素质，既要突出力量训练的重点性，又要顾及力量素质发展的全面性，否则会影响和制约其他力量素质的发展。

（1）最大力量的训练方法

最大力量是指肌肉通过最大随意收缩克服阻力时所表现出来的最高力值。最大力量是快速力量的基础，两者高度相关，具有相互促进的作用。训练最大力量的常用方法有重复训练法、极限强度法、阶梯式训练法、极限次数法、静力训练法等。

① 重复训练法：其特点是负荷重量的大小随肌肉力量的增大而逐渐增加。此法适用于训练的各个时期和阶段，有利于改进用力的协调性，能迅速而有效地提高

肌肉力量。

负荷特征：负荷强度为75%～90%，每组重复次数为3～6次，组数为6～8组，每组间歇时间为3分钟。

② 极限强度法：其特点是采用最大负荷安排。在练习时负荷强度逐渐达到极限值，然后继续用中上强度的负荷，直到对机体产生极限刺激为止。此方法多用于高水平武术散打运动员的训练，它有利于提高最大力量、相对力量，却不会引起肌肉体积的增大和体重增加。但采用这种方法需要运动员具备较好的体力和心理准备。此外，还需有丰富的营养及良好的恢复手段作保证。

负荷特征：负荷强度为85%～100%，每组重复次数为1～3次，组数为6～10组，每组间歇时间为3分钟。

③ 阶梯式训练法：其特点是突出极限强度，几乎每周、每天和每个练习都要求接近、达到甚至超过本人当天最高水平。经过一段时间训练，当运动员能够在原最大力量能力的重量上成功完成2次时，就可以增加新的重量。以此类推，使力量水平逐级提高。每级阶梯的训练时间为2周。如果运动员不能承受新的负荷，则退回到原来的阶梯，训练2～3天后再继续增量。

负荷特征：以90%负荷强度练习3组，每组重复2次，每组间歇3分钟；以97.5%负荷强度练习2组，每组重复2次，间歇3分钟；以100%负荷强度练习2组，每组重复1次，间歇3分钟；以100%以上负荷强度练习1～2组，每组次数1次，间歇3分钟。

④ 极限次数训练法：其特点是以某一个强度达到极限练习次数的训练方法。此方法对机体的结构（肌纤维增粗）和机能（心血管系统）的影响全面、深刻，是一种能得到肌肉内协调和肌纤维体积双重训练效应的方法。其对促进肌肉肥大、增加肌肉横断面积效果显著。

负荷特征：负荷强度为50%～75%，每组重复10～12次，组数为3～5组，每组间歇3～5分钟。

⑤ 静力训练法：其特点是用较大重量的负荷并匀速增重量的方式进行练习。

负荷特征：负荷强度为60%～70%时，持续时间为6～10秒；负荷强度为80%～90%时，持续时间为4～6秒；负荷强度为95%以上时，持续时间为2～3秒。练习组数不超过4组。组间间歇时间较长。

（2）速度力量的训练方法

速度力量是指肌肉快速发挥力量的能力，是力量与速度的有机结合。快速力量具有力量和速度的综合特征，它的提高受力量和速度两种素质的影响。我们经常把武术散打运动员拳腿击打的力量称为爆发力，爆发力是速度力量中的一种表现方式，是指张力已经开始增加的肌肉以最快的速度克服阻力的能力。速度力量训练的重量不宜过大，间歇时间应该以保证运动员工作能力完全恢复为原则，也不宜过长，否则会使中枢神经的兴奋性明显下降，不利于训练质量和速度力量的提高。

① 利用阻力带（弹力带），采用极限重量30%~50%的负荷，快速空击30~40秒，然后快速空击2分钟，间歇2分钟。重复6组。

② 利用阻力带（弹力带），采用极限重量30%~50%的负荷，在阻力带的作用下进行单一腿法或摔法技术动作的完整练习。15次一组，间歇2~4分钟。重复6组。

③ 采用极限重量60%~80%的负荷，以基本训练动作三分之一的幅度举起重物，然后迅速放下，再立即以极限速度举起。每组3~5次，完成3~4组，组间间歇4~5分钟。

④ 采用极限重量30%~50%的负荷，以极限速度重复7次，完成5组，组间间歇3~5分钟。

⑤ 采用等同比赛的阻力负荷，进行持续时间为6秒的等长练习，间歇2分钟，重复2~3次。再以极限重量40%~50%的负荷，并以极限速度练习4~6次，重复2组，组间间歇3~4秒。全套动作重复2次，中间间歇4~6分钟。

⑥ 各种快速跳跃练习，每组10~15次，完成3~5组，组间间歇5~8分钟。

以上各套练习，可根据武术散打技术动作设计出多种组合，以发展运动员的速度力量和爆发力。

（3）力量耐力的训练方法

力量耐力是指肌肉长时间克服阻力的能力。力量耐力兼有力量和耐力的双重特点，既要求肌肉具有较大的力量，又要求肌肉能够长时间工作。发展武术散打运动员力量耐力需要结合专项比赛特点，按照比赛规定时间里完成踢、打、摔动作，采用25%~40%的负荷强度进行多次重复力量耐力训练。

① 循环力量训练法：根据人体不同肌群训练方法，按一定顺序选择若干练习手段组成各练习"站"，并以循环方式进行练习。循环练习可设计为发展最大力量、

速度力量、力量耐力或综合力量的各种训练方案，整个循环应使身体的各部位和各肌群都得到锻炼。武术散打力量耐力的循环练习通常采用4~8个练习，一次可循环3~4组，总持续时间20~30分钟。

② 采用40%~60%的负荷强度，每组完成10~20次，进行3~5组，组间间歇60~90秒。

③ 采用25%~40%的负荷强度，以快速的动作节奏完成练习，每组重复30次以上，完成4~6组，组间间歇30~60秒。

④ 重复训练法：采用低强度负荷的专项手段，如持哑铃的拳法练习、轻负荷的腿法练习、步法练习和单支撑连续高抬腿等，每组重复20~40次，组间间歇60~90秒，完成3~5组。

2. 速度训练

速度素质是指运动员快速完成动作的能力。速度素质在武术散打比赛实战中起着至关重要的作用，武术散打运动员所需要的智能、技术甚至体能，都以速度为中心，以不同的速度形式表现出来。因此，速度素质直接决定着武术散打运动员技战术运用和发挥的成效。

（1）反应速度的训练方法

① 重复反应法：运动员通过视觉或听觉，完成规定的单一性应答动作。如报号击靶位，运动员根据教练报号的位置，分别击打不同的靶位。又如"亮靶击打"，教练事先规定出靶的位置和靶面以及运动员相应击打的动作，反复亮靶引起运动员对刺激的反应。重复反应法主要用于提高运动员的简单反应时。

② 视动反应法：在武术散打比赛中，运动员主要通过视觉判断对手的进攻方向和攻击动作的运行路线，随之果断确定适宜的攻防动作，快速运用各种技法防护自身或反击对手。视动反应法主要用于提高运动员观察对手动作变化能力和选择反应能力。视动反应法可以分步骤进行。

步骤1：通过配对练习，观察队友出拳、出腿的方法，判断对手发出动作的方向、路线、高度和击打位置，提高对"潜伏信息"的判断能力，即"预料能力"。

步骤2：在步骤1的基础上，对队友发出的某一技术动作做出1~2个常规的反应动作或简单的反击动作。

步骤3：随着运动员对某一技术动作的常规反应动作的掌握和熟练，不断增加新的反应动作练习，使运动员掌握对某一攻击动作进行正确防守和反击的各种攻防技能，提高运动员在复杂、瞬息万变的比赛中选择反应的能力，准确地选择有效的行动对策。

（2）动作速度的训练方法

① 重复动作法：是提高武术散打运动员动作速度和动作频率的基本方法，它通常通过一定的练习时间和难度，多次重复一定的技术动作。重复训练法不只是用于提高速度能力，也可用于改善运动技能和技术动作，技术动作只有经过多次重复练习，才能形成动力定型。

速度性练习的效果在很大程度上取决于运动员完成动作的强度和最大限度动员机体机能的能力。因此，运用重复动作法进行速度训练时，应充分动员和调动运动员练习的积极性，将练习的注意力集中到以最快速度完成技术动作方面，并力求超过自身的最大速度能力。

② 变速训练法：是有节奏地变换速度练习强度的训练方法。通过采用极限强度的重复练习，有可能导致"速度障碍"的出现。此时，如果仍采用相同的训练方法和训练强度，很难使速度能力得到进一步提高。有节奏地变化速度训练的强度，如不同速度条件下的拳法、腿法练习，会给运动员一种新的速度感觉，引起生理和心理上的变化，中枢神经系统和神经肌肉协调将重新适应新的要求。变速训练法既可打破极限强度训练单一化，又有利于运动员更轻松省力地完成技术动作，是有计划地提高速度能力和预防"速度障碍"的有效训练方法。

③ 预先激活训练法：是在速度练习之前或速度训练时，通过采用特定的练习激发运动员机体的能力，在后效应作用下提高速度训练效果的训练方法。

预先爆发性用力刺激：在武术散打专项速度训练之前，先完成1~2组上肢或下肢爆发性用力的练习，通过充分调动机体进入良好工作状态提高速度性练习的工作效率。

递减阻力训练：速度练习前，运动员进行由重到轻的负重训练。由于阻力的降低，对于提高动作的速度有着良好的训练实效。例如，首先采用加重负荷（重拳套、护腿、沙袋等）进行空击，然后使用标准负荷进行空击，最后在没有负荷的情况下进行空击。

声响节奏导引训练：教练通过掌声或节奏器鸣响发出速率指令，运动员以尽可能快的速度跟上信号的节奏，完成拳法、腿法或拳腿法组合动作，努力适应和建立更快的速度节奏。

3. 耐力训练

耐力素质是指机体在一定时间内保持特定强度负荷或动作质量的能力。武术散打运动员的耐力素质则表现在长时间负荷下抵抗神经、肌肉疲劳以及疲劳后迅速恢复的能力。武术散打比赛要求运动员具备一场三局、坚持到比赛终结的充沛的体力，保证技战术的运用和发挥。耐力素质的训练，除对肌肉耐力和心血管机能的提高具有高度影响以外，还决定着肌肉疲劳后恢复的快慢。耐力素质越好，疲劳后迅速恢复的能力越强，这是武术散打比赛对运动员保持高强度运动能力不变的特殊要求。耐力素质对武术散打运动的影响十分显著。

（1）提高无氧能力的方法

① 高强性间歇跑：如60~100米跑（60~100米的间歇跑）、100~400米跑，负荷时间通常在10~60秒，负荷强度的心率指标可达到180次/分。这种方法主要用于提高非乳酸能和乳酸能系统混合供能的能力及提高速度耐力。

② 强化性间歇训练方法：负荷时间通常在60~120秒，负荷强度控制在心率170~180次/分，练习数组，组间间歇时间不充分，待心率降至130次/分左右，即可进行下一组（次）的练习，如拳法、腿法和拳腿法组合击打沙包的练习。这种方法主要用于发展乳酸能系统的供能能力和提高在无氧供能状态下技术动作的稳定性和实效性。

（2）提高体力的方法

① 12分钟跑：该方法是提高心脏机能水平的有效练习，要求运动员在12分钟内跑到2 800~3 000米距离。随着训练水平的提高，可逐步增加距离。

② 变换强度跑：主要用于提高心脏对高变强度运动的适应能力。可采用快跑20~40米，接着进行40~60米的慢跑。如此重复6~10次，完成2~3组，组间充分休息或不充分恢复。

③ 比赛特征的模拟练习：模拟每局武术散打比赛的时间特征、运动强度变化特征和运动形式特征，设计空击或击打、摔的组合练习，以提高机体对武术散打比赛供能机制和运动强度等特定条件的适应。一般练习3~5分钟，重复3~4组，间歇1~3分钟。

④ 高强度、高密度、多重复、短间歇的专项对抗练习：在武术散打比赛中，技术、战术动作的运用和发挥的速度很快，每次攻击持续时间短，但爆发力强，攻防转换很快。"没有对抗性的训练，是不成功的训练。"只有在训练强度、训练时限

接近或等同，甚至超过专项练习和对抗性练习的需求中，才能最大限度地动员机体的生理和心理能量。越是激烈的对抗练习，越能发展武术散打比赛所需的体力，达到提高运动员体力储备的训练目的，但这种练习的频率不宜太快（以保证机体的充分恢复），并要注意采取必要的防护措施。

武术散打运动员的耐力训练是一项复杂的任务，武术散打比赛既要求运动员有较强的有氧能力，也要求运动员有高水平的无氧能力。因此，必须采用多种训练方法，全面提高机体的耐力水平。在全年的训练安排上，要分阶段、系统和有侧重地进行各种耐力训练，以保证获得最佳的训练效果。

4. 柔韧训练

柔韧素质是指身体各关节的活动幅度以及韧带、肌肉、肌腱、皮肤及其他组织的弹性和伸展能力。武术散打对运动员柔韧素质有很高的要求，运动员柔韧性差，身体各部位的活动范围就会受限，如肩、肘、腕、腰、髋、膝、踝的柔韧性训练不足，就会造成肌肉、韧带僵硬，动作幅度减小，这不仅直接影响武术散打技术的提高，而且阻碍力量、速度、协调能力的发展，还易使运动员在训练中发生损伤。显然，柔韧素质在武术散打训练中具有重要意义。

柔韧训练的基本方法有动力性拉伸法和静力性拉伸法。动力性拉伸法是有节奏地多次重复同一动作的拉伸练习，使软组织逐渐被拉长；静力拉伸法是通过有节奏的、缓慢的动作将肌肉等软组织拉长，当拉长至一定程度时保持静止不动。

动力拉伸法和静力拉伸法又有主动训练和被动训练两种方式。主动训练是运动员依靠自己的力量完成拉伸练习，如各种负重或不负重的摆动练习、维持最大幅度拉伸的静力练习等。被动训练是武术散打运动员在外力（同伴、器械、体重等）帮助下完成拉伸练习，如由同伴帮助加大压腿的幅度等。柔韧训练中常将动力拉伸与静力拉伸、主动训练与被动训练结合起来进行，以提高训练质量。

5. 抗击力训练

所谓抗击力，是指人体对外界击打的承受能力。武术散打比赛中双方运动员互为攻防，只有击中或重击对手，才能达到得分或直接取胜的目的。它不仅要求运动员有良好的力量、速度、耐力、柔韧、灵敏等素质，而且对运动员抵抗击打的能力同样有很高的要求。较强的抗击打力也是一名优秀武术散打运动员所必备的基本素质之一。

在激烈的武术散打对抗中，会不断遭受对手的击打。如果抗击力较弱，一旦被对手的重拳、重腿击中，或是遭受对手的重摔，就会影响技术动作的运用和发挥，动摇取胜的信心，导致技术失调。更为严重的是，如果没有足够的抗击力，在遭受到对手重击后倒地不起，就会因此失去整个比赛。而较强的抗击打能力能使自己在遭受击打后仍然保持较清醒的头脑，并很快进行自我调整，从而化解对手的攻势，改变不利局面，为最终取得比赛胜利提供有力的保证。

抗击力训练就是为了提高运动员的抗击打能力而进行的专门训练，是武术散打运动一种独特的练习形式。通过抗击力训练，不仅能使骨骼变得粗壮、坚硬，有效提高运动员身体的灵活性，为技战术的发挥打下良好的基础，而且对增强自我保护能力，避免和减少运动损伤等都具有重要作用。抗击力训练的手段有很多，常用的有以下几种：

（1）拍打训练

① 自我拍打：自我拍打可徒手对自己身体各部位和易受击打部位进行适度拍打，如拍打手臂、股部、胸部和头部等。自我拍打亦可利用特制的器械拍打或撞击身体部位，如戴拳套击打面部、用特制木棒敲打胫骨、手臂磕碰树干、撞击沙袋和木人桩等。

② 相互拍打：相互拍打练习可与同伴一起进行，相互拍打或撞击身体相关部位，如靠臂练习，肩、髋、背的靠撞练习，相互拍击、撞击胸腹部，用拳法或腿法相互踢打身体相关部位等；也可在同伴的帮助下利用特殊器械对身体各部位进行相互拍打，如让同伴戴手套击打面部和胸腹部，用实心球抛击胸腹部，用脚靶拍击腹部、背部和下肢等。

（2）跌法（倒地）训练

在武术散打训练和比赛中经常会出现倒地的现象，尤其是在摔法的运用中，倒地是在所难免的。为此，运动员必须掌握合理的倒地技术，加强摔跌训练，以增强抗震能力，避免伤害事故的发生。

（3）模拟实战训练

为提高武术散打运动员的抗击打能力，可在一定条件下进行模拟实战练习。如限定一方防守，另一方用拳法、腿法或摔法等进行针对性或随意性进攻，以提高运动员的抗击打能力和击中后的应变能力。

抗击力训练应注意以下几个方面：

循序渐进：抗击力训练要合理安排运动量，切实掌握好击打力度，要由轻到重，不可急于求成，不可轻易进行抗击力的对抗比赛。

全面击打：要全面发展身体的抗击力，包括头部、颈部、四肢、躯干等，尤其要注意加强易受伤部位的抗击力练习。

持之以恒：人体机能的改变不是在短期内可以奏效的。它对训练的适应必须经过机体自身各个系统、器官、肌肉，乃至每个细胞的变化逐步实现。另外，机体负荷作用下所获得的功力，在停止训练后也会较快消退。因此，提高人体的抗击力必须系统地、不间断地进行。

有针对性：进行抗击力训练要针对个人的不同情况及不同训练阶段的任务采取相应的手段。还要注意训练与实战相结合，一切从实战出发，根据技战术的需要进行有针对性的练习。

注意力集中：做到被击打时要反应到位，及时做到有意识利用被击打部位的突然紧张抵抗，切忌随意击打，精神不集中。

注意恢复：进行抗击力训练后可用按摩、沐浴、热敷、心理暗示等手段进行恢复，也可以结合合理的营养与药物，促使机体尽快得到恢复。

四、心理训练

所谓心理训练，就是通过各种手段有目的、有意识地培养运动员具有良好的心理品质和个性心理特征，具备从事武术散打专项所需的优秀心理素质，使运动员在参加武术散打训练和比赛时能够有效地调节和控制自己的心理状态，为获得最佳的训练效果和争取优异成绩的心理准备过程。

在训练或比赛中，运动员除了要具备娴熟的技战术和超强的体能，还要能够控制自己的心理活动，在合理利用规则下通过情绪的干扰来影响比赛。心理能力是发挥技术能力和战术能力的保证。研究武术散打运动员的心理特点、状态控制及心理训练，对提高武术散打运动员的综合实力具有重要价值。只有在心理能力参与配合下，运动员的体能、技战术能力、智能才能得到充分体现。

心理能力较差的运动员，往往意志薄弱，情绪波动较大，在训练或比赛中容易出现紧张、胆怯、焦虑、易激动、盲目自信等负面现象。优秀的武术散打运动员往往具备适合武术散打运动特点的心理能力和个性特点，比如目标设置、集中注意力、较强的动机水平和自信心等。特别是在比赛的关键时刻，他们始终保持着对比赛的冷静专注,保持稳定的自信心态,拥有果断顽强的意志品质,很少有大起大落的情绪反应。武术散打比赛不仅是运动员运用技战术的较量,往往也是心理素质的较量。

心理技能训练的主要目的是为了使个体掌握心理技能,是一种有计划、有目的的训练过程,是武术散打训练中较为重要的一部分。心理技能训练是运动员的心理技能得到提高的有效途径,有助于运动员运动表现提升及个人成长。

在武术散打启蒙阶段,运动员往往带着不一样的心态接触武术散打,有的出于兴趣爱好,有的则被动接受安排。运动员的心理状态控制能力,主要包括注意能力、情绪调节及预判能力。经过一段时间的心理训练,运动员的心理能力逐渐提升至符合比赛的要求,要不断往适合武术散打的方向发展。

(一)心理训练的基本内容

武术散打运动员的专项心理训练主要分为一般心理训练、赛前心理训练及赛后心理调节三部分,每一部分都不可忽视。

1. 一般心理训练

一般心理训练的主要作用是形成武术散打运动员应具备的心理素质,促进其心理过程不断完善,培养运动员对情绪的调节和自控能力,为运动员比赛打下坚实的基础。

在平时训练中,教练在语言和行为上要注意方式,坚持表扬与批评相结合的原则,让运动员能够在鼓励中得到继续前进的信心,在批评中认识到自身不足。只有保持良好的心理动机,运动员才能在高强度、大运动量的训练中不言放弃,在遇到挫折后及时调整自我。

良好的运动动机可以有效提高运动员的参与程度,一定水平的运动动机能够对体育活动者的运动活动产生积极作用,有助于形成更明显的运动效果。

2. 赛前心理训练

赛前心理训练是针对运动员比赛前的一种短期心理训练,一般于比赛前2~3周开始。比赛来临之际,运动员面临着对手、家人、教练等多方面的压力,如果运动员不能在短时间内学会自我调节心理状态,就不能形成最佳的竞技状态,从而影响比赛的发挥。

赛前的心理训练具有非常大的重要性。在比赛前,教练在训练中应当给予运动员一些和比赛场景接近的训练内容，确定具体比赛目标，消除运动员赛前紧张情绪。意念、诱导及模拟等训练法的运用，能够调整运动员心理动机，使他们以积极乐观的心态面对比赛。

3. 赛后心理调节

比赛结束后，运动员容易产生多种情绪变化和心理波动。运动员获得佳绩后，教练首先应当肯定运动员的心理建设能力，但也要进行赛后总结，分析存在的问题、对策和努力方向。面对失利的运动员要及时疏导他的负面情绪，激发运动员再战求胜的强烈动机。

（二）心理训练的方法

1. 意念训练法

意念训练是通过积极的思维，借助想象或运动表象进行自我心理暗示，以改善运动员个性心理的过程。

意念训练对技战术训练作用显著，武术散打运动员在平时的训练前、训练后以及在比赛前、比赛后都要养成意念训练的习惯，可以在训练或比赛中达到排除杂念，增加训练或比赛的专注度，有利于技战术超常发挥。例如，在实战训练时，运动员容易因紧张而在比赛中手忙脚乱，未能发挥出应有的技战术水平。如果每次在实战前静下心来，梳理对手的技战术特征，然后把自己的技战术应对策略及要领在大脑皮质中留下"痕迹"。这时候，精神就会聚集在实战中，有利于在实战对抗中激活留在大脑皮质中的"痕迹"，发挥出自己应有的技战术水平。赛后，再对刚才实战中的技战术进行"回忆"，使发挥好的一面在脑海里更加巩固，对发挥不好的一面在脑海里进行检讨并找到正确的应对策略，避免再次出现。

意念训练使运动员注意力要高度集中，闭目练习，身体放松，排除杂念，在赛前运用积极的暗示语言进行自我动员和自我鼓励，控制和调节赛前状态，才能收到良好的效果。

2. 诱导训练法

诱导训练法是通过他人的语言信号或其他途径（如录像、录音）的外界刺激来引导运动员按照预定的要求去执行的心理训练方法。诱导训练法可为顺利完成训练与比赛任务建立良好的心理状态。

鼓励、启发、说服、举例，乃至批评等都是常用的诱导方法。教练还可以运用一些直观的方法，如动作示范、电视、图片等向运动员传递特定的、感兴趣的信息，把运动员的注意力及思维引导到有利于武术散打训练或比赛的方向上去，并按照预定的要求实施。

3. 模拟比赛训练

模拟比赛训练时通过在训练中设置与未来比赛时可能出现的各种相似的情况，使运动员在模拟未来比赛的条件下（包括心理训练在内的综合训练），锻炼和提高对正式比赛心理适应能力的训练方法。运动员通过在近似比赛的条件下，锻炼和提高其对未来比赛的适应能力以及情绪控制能力等能力。

武术散打心理的模拟比赛训练内容包括很多，如对竞赛组成因素的模拟训练（技战术的模拟训练、心理状态的模拟训练等），对包括比赛环境在内的环境条件适应性的模拟训练，适应比赛对手特点的模拟训练，适应时差的模拟训练等。

（三）心理训练的注意事项

运动员的心理能力要在平时训练中慢慢培养，在比赛中积累经验并逐步完善。在心理训练中要注意以下几个方面：

（1）教练在训练中要把心理训练同技战术、体能等训练有机结合，在训练中全面渗透心理训练的内容。培养运动员心理意识的建立和训练比赛时的专注力，使他们形成条件反射。运动员在训练和比赛中保持良好的心理状态，离不开平时的培养和积累。

（2）引导运动员能够自觉参与到心理训练中去。平时训练之外，教练要让运动员了解心理训练的目的、任务和作用，充分发挥运动员训练的积极性。此外，教练应当定期对运动员进行心理方面的理论讲解，加深运动员对心理训练的理解。

（3）教练的语言行为对武术散打运动员心理的成长起到极为关键的影响。教练应善于分析运动员心理状态成因，客观评价运动员的身体、技术条件，科学运用心理学的原理，精心安排和合理设计心理训练内容。在运动员泄气的时候，教练应当以鼓励的方式使运动员体会到教练对其的肯定和信任，而不能采用人格攻击的方式打击运动员。运动员得意忘形、骄傲自满的时候，教练需要合理引导，提醒其理性面对自己。在心理训练中，运动员学习和掌握一些自我心理调节的方法，通过正确的认识和评价个人所处的环境，尽力消除那些不愉快的心理刺激和生活事件，形成健康良好的心理状态，从而去更好地适应社会环境。

五、智能训练

智能是指运动员在训练或竞赛过程中，运用技法进行人体格斗所表现出来的思维能力。武术散打运动智能以一般智能为基础，运用包括体育运动理论在内的多学科知识，参加武术散打训练和比赛的能力，其是武术散打运动竞技能力的重要组成部分。

武术散打运动员须具备较高的运动智能，在训练中能够更快更准确地理解教练的训练意图，提高学习和掌握运动技巧的效率，能够高质量地完成教练预定的训练计划。在比赛中，善于灵活多变地运用战术，应变能力强，从而保证在比赛中更为出色地发挥已有的竞技水平。

近年来，武术散打运动对运动员智能水平的要求也越来越高。运动智能训练一般运用运动训练学、运动生理学、运动心理学等体育运动理论进行训练，以提高运动员参加运动训练和比赛的能力。

（一）智能训练的基本内容

运动员一般都具备一定的运动天赋，这也是教练选材的重点，但是在某些情况下运动员智能水平是决定比赛成败的关键。运动智能的提高以一般智能训练为基础，一般智能的构成分为观察力、记忆力、思维、想象力等方面的认知能力。培养运动员运动智能的主要途径有传授知识、掌握技能和开发智力。

运动智能训练中要求教练激发运动员学习理论知识的主观能动性，增加对发展运动智能意义的了解，使他们提高参加运动智能训练的自觉性。

1. 观察力训练

运动员的观察力，是指通过视觉采集对手身体活动的各种信息，为自己采取正确的行动提供客观依据的能力。运动员在训练或比赛中，不管寻找战机、借用战机、制造战机、捕捉战机，还是进攻、防守、反击、攻中带防、反反击，所有的行动都是在观察对方的身体活动以后，通过自己的思维决策进行的。因此，运动员的观察是所有活动之首。

运动员的智能水平和运动员的训练质量及比赛成绩有着直接的影响，运动员在训练、比赛及和武术散打运动有关联的活动中，他所观察到的都是受思维影响的有目的的知觉活动，直接影响到他最后的决策。所以教练应该把运动员的观察能力当成一项不可缺少的训练任务。运动员观察力的训练主要由教练引导，先学会如何去观察，养成观察习惯。教练在培养运动员观察力的基本方法是在比赛、训练时布置观察任务、传授观察方法、培养观察习惯。教练要告诉运动员怎样观察，观察的重点及途径，在训练和比赛期间有针对性地给运动员布置观察任务，运动员将观察的体会及时反馈给教练，以进行及时补充、纠正等。例如，武术散打运动员在观看对手比赛后，教练要及时听取其观察后对对手技战术特征与特长、身体形态、技术短板等情况的分析，教练听取后给予肯定鼓励，再及时指出不足，给予讲解和补充。

2. 记忆力训练

武术散打运动员的记忆力，是指运动员通过武术散打训练后，在比赛条件下使用技法的再现能力。武术散打训练过程中，教练在传授技术要领、战术运用分析，讲解实战经验和要领时，运动员需要极强的记忆力，把这些信息传输到大脑，经过分析、不断强化形成暂时神经练习，在大脑记忆中枢储存，在实战对抗中达到随时提取、随时再现，才能够对技术动作的巩固起到强化作用。

武术散打记忆力训练就是发展运动员对武术散打技战术记忆敏捷性、持久性和迅速正确再现等能力。其训练方法以教练培养和引导为主，如给运动员布置与武术散打运动有关的作业、记忆技术动作要领、记忆自己实战中的场景和应该运用的动作时机、回忆自己观看的高水平比赛录像，或开队会时要求他对某一场比赛技战术运用进行回忆和讲解。

3. 思维、想象力的训练

武术散打运动员的思维力，是指认识人体运动动作做功规律、运动项目活动规律和竞技能力训练规律，从直接的到概括的，从感性的到理性的，从现象的到本质的反映过程及其深入的程度。想象力是指在训练的条件下，使用技法时对比赛的客观条件所表现出来的再现和创新能力。思维和想象力两者密切联系，想象是思维的特殊形式，是在有关信号刺激的影响下，头脑中对过去形成的众多表象进行加工改造而建立新事物形象的过程。

通常情况下，武术散打运动员的思维和想象力支配行动的特征明显，在训练或比赛中的行为都是在大脑思维支配下实施的。所以思维和想象力在比赛中的作用极为重要，教练要在平时训练中培养运动员正确的思维和想象力。

教练应该始终把思维、想象力的训练融合贯穿到技战术训练中来，训练遇到运动员思维不到位的地方，要及时暂停，并耐心讲解，让运动员在训练中养成保持思维的好习惯。另外，还要重视运动员的直觉能力，在训练中注意启发运动员发掘即兴的灵感，鼓励运动员谈出自己的奇思妙想，培养创造性的灵感思维。

武术散打比赛瞬息万变，所以对思维速度的训练至关重要。在激烈的比赛中，思维慢了，行动就不到位，便意味着失去了时间、失去战机，甚至失去取胜的机会。所以，思维训练要尽量在瞬间决策，学会简化思维步骤，拓宽思路，养成集中注意力的习惯。

（二）智能训练的基本要求

1. 提高专业理论知识水平

运动员训练之余养成学习文化理论知识的好习惯，特别是多关注有关武术散打专业的理论研究，及有助于专项成绩提高的理论知识，如运动训练学、运动生理学、运动生物力学等，并结合训练实践，得到有效指导，做到理论和实践相结合。

2. 提高运用知识的能力

养成认真记训练笔记的好习惯，每堂课、每次比赛都自觉认真地做好总结，带着比赛或训练中发现的问题去学习、去思考，学好、学通。运动员在结合训练实践学习理论知识的同时，注意观察和研究自己的对手及国内外优秀运动员的训练实践，并对其进行科学的比较，从中发现和理解训练成功的规律。

运动员对专业理论知识水平的认知越高，越能在训练中发现问题，主动地改进训练，一般智能也会同步提高，主要表现在训练或比赛中的观察力、记忆力、思维及想象力等方面也在逐渐提高，观念也在改变，变得更专业、更有创新性。

第四节　武术散打训练计划的制订

武术散打训练计划是教练、运动员在组织训练过程前，依据竞赛周期、参赛目标、运动员现实水平对训练过程预先做出的理论设计。制订训练计划是教练进行教学训练工作中的一个重要环节，目的是把训练过程的目标具体化为若干独立而又彼此联系的训练任务，并进一步划分为若干按特定要求进行的练习，使运动员逐一实现训练任务和要求，逐步接近直至完成训练的目标。有了计划才能使工作有步骤地实施，制订计划有助于提高教练业务水平和教学训练质量，而科学的诊断能为训练目标的建立和训练计划的制订提供重要依据。制订计划既要考虑实现目标的需要，又要考虑主客观条件提供的可能。

一、训练计划的分类与基本要求

（一）训练计划的分类

武术散打训练计划是围绕着运动员为达到所要参加比赛的预期目标而精心制订的。武术散打训练计划按照一个训练周期所包含的时间跨度不同，可分为多年训练周期、年度训练周期、大训练周期、中训练周期、小训练周期、日训练周期。这几种周期训练计划是统一整体并紧密相连的，周期越短，在内容、安排上越详细具体。

对于教练来说，接触最多、运用最多的训练周期是年度训练周期和周训练周期（或称训练小周期）。按照周期学说的基本理论，一个大周期包括一个准备期、一个比赛期及一个恢复期，也就是一个竞技状态提高、保持和下降的完整过程。通常一个年度训练计划制订是按照目标控制思想的"倒数时"充填式方法，以主要比赛日期为标定点，向回程方向依次确定比赛阶段和比赛时期。因此，武术散打训练计划的制订与武术散打运动竞赛的特征是紧密相连的。目前我国武术散打运动员每年所面临的主要赛事有全国武术散打锦标赛（团体赛）、全国武术散打冠军赛及全运会武术散打比赛。而代表国家参赛的赛事主要有亚洲锦标赛、世界锦标赛、世界杯、亚运会武术散打比赛等。教练在训练实践中了解各种周期时间构成及其应用范畴，贯彻不同周期安排训练的类型是一个必不可少的重要条件。运动训练计划的分类及基本任务如表5-1所示。

表5-1　运动训练计划的分类及基本任务

训练计划类型		时间跨度	基本任务
多年训练计划	全程性	10~20年	系统培养高水平选手
	区间性	2~6年	完成阶段性训练任务或准备参加一轮大赛（如全运会）

训练计划类型		时间跨度	基本任务
年度训练计划	单周期	6~12个月	准备参加一次或一组重要比赛
	双周期	每个周期4~8个月	准备并参加2次或2组重要比赛
	多周期	各周期2.5~5个月	准备参加3次或3组以上重要比赛
大周期训练计划	准备期	5~20周	提高运动员竞技能力
	比赛期	3~20周	参加比赛创造好成绩
	恢复期	1~4周	促进心理/生理恢复
周训练计划	训练周	4~10天 或3~20次课	提高运动员竞技能力
	比赛周		参加比赛创造好成绩
	恢复周		促进心理/生理恢复
课训练计划	综合训练课	0.5~4小时	综合完成多项训练任务
	单一训练课	0.5~4小时	集中完成一项训练任务

引自：田麦久，《运动训练学》（第二版），2017。

（二）训练计划制订的要求

1. 科学地制订训练计划

长时间系统的武术散打训练活动，必须进行科学的诊断并予以全面规划。科学的诊断是制订散打训练计划的前提，是保证训练实施的连续性和取得理想训练效果的重要手段。首先，制订系统、详细具体的计划要遵循人体生物适应的长期性，人体对训练负荷的生物适应必须通过机体自身的各个系统、各个器官、各部分肌肉乃至每一个细胞的变化，一点一点地去实现。其次，要遵循人体生物适应的阶段性特点，人体在训练负荷下的生物适应过程，不仅是长期的，同时也是有阶段的。机体对一次适宜训练负荷的反应，可分为工作、疲劳、恢复、超量恢复和训练效应消失等阶段。在更长一些时间的跨度内，如几个月至一年的训练过程中，运动员机体能力的变化同样经历着不同阶段。运动员参赛的准备状态，叫作竞技状态。运动员不可能始终处于最佳竞技状态。在机体高度紧张动员之后，必然要进入一个调整阶段，以便生理、心理得到充分恢复，然后重新动员起来进入新的训练阶段。运动员必须多次经历这一过程，才能一步一步地走向竞技运动高峰。

2. 训练计划实施过程的有效控制

武术散打训练中应准确把握和控制运动训练活动的各个方面或训练过程的各

个阶段、训练内容及实施情况，并进行及时和必要的调整，以使训练活动能够按照预先设计的方式运行，保证训练目标的实现。在武术散打训练中要学会根据具体情况，及时、准确、客观地检查评定所获得的信息，将这些信息与预定的训练目标状态进行对照分析，主动地对武术散打训练过程做出必要的、适宜的调整，以保证运动员顺利实现状态的转移，完成预定目标，这正是对武术散打训练过程实施最佳控制的关键所在。

二、多年训练计划

当教练决定要长期带领一支武术散打队进行专业训练时，首先要结合队员自身的实际竞技水平、年龄等客观因素制订一个宏观的多年训练计划，时间跨度可以是两年、三年，甚至有时可以长达十几年。然后对多年训练计划进行阶段划分，制订其训练的重点内容。这要求教练一定要有战略眼光。

如表5-2所示，运动员的多年训练计划通常包括基础训练阶段、专项提高阶段、最佳竞技阶段以及竞技保持阶段。各个阶段有不同的训练任务和训练内容，并对训练负荷提出了不同的要求。其中，最佳竞技阶段是核心阶段，在这一阶段中，运动员所表现出来的竞技水平可以看作对运动员多年训练成果的主要评价。基础训练阶段和专项提高阶段的整个安排和要求，都服从最佳竞技训练任务的完成，竞技保持阶段则视为最佳竞技阶段的延续阶段。

表5-2　全程性的多年训练阶段划分

阶段	主要任务	年限	训练的重点内容及顺序	负荷特点
基础训练阶段	发展一般运动能力	2~4年	1. 武术散打的基本技战术及身体的协调能力 2. 武术散打的多项基本能力 3. 一般心理品质 4. 基本身体素质	顺序渐进 留有余地
专项提高阶段	提高专项竞技能力	4~6年	1. 专项技战术 2. 专项身体素质	逐年增加 逼近极限
最佳竞技阶段	创造专项优异成绩	4~8年	3. 专项心理品质 4. 训练理论知识	在高水平区间起伏

阶段	主要任务	年限	训练的重点内容及顺序	负荷特点
竞技保持阶段	努力保持竞技水平	2~5年	1. 心理稳定性 2. 专项技战术 3. 专项身体素质 4. 训练理论知识	保持强度 明显减量

1. 基础训练阶段

武术散打运动员基础训练阶段的年龄段一般在10~15岁，此年龄段的运动员身体发育一般尚未完全成熟，受年龄、身体竞技能力的限制，在运动负荷上应该严格遵循循序渐进的原则，重点内容为掌握基本技术、发展协调能力和培养兴趣。在发展各种运动素质的训练内容上，随年龄的增长，应按照柔韧—有氧耐力及反应速度—最大速度及速度力量—最大力量、无氧耐力及力量耐力的顺序安排，为后面的专项提高阶段打好基础，避免出现机体过度疲劳、拔苗助长的现象。

2. 专项提高阶段和最佳竞技阶段

武术散打运动员的专项提高阶段的年龄段一般在15~17岁，此阶段运动员的运动竞技能力应该达到二级水平，甚至接近一级水平，在经过几年的基础训练阶段后，已经能够逐步承受较大的专项训练负荷，可以全面发展踢、打、摔等技术动作，提高速度、力量等素质，具备一定的战术运用能力。个别运动员的武术散打天赋也逐渐在训练和比赛中显露出来，经过2~4年的训练和比赛后，其身体综合素质、技战术、对抗能力和心理素质等方面得到大幅度的提高，整体竞技能力得到充分发展，能够熟练地运用武术散打的各项技战术，培养出参加艰苦训练与激烈比赛所必需的心理品质。也就是说，运动员的竞技能力各方面都臻于成熟，竞技能力接近或达到高峰，进入最佳竞技阶段。

经过几年专项提高阶段的训练后，部分队员在竞技能力和比赛成绩上明显得到提高，技战术水平、体能状况达到个人的最佳水平，进入最佳竞技阶段。最佳竞技阶段与专项提高阶段之间并没有绝对的分界线。它们既各自有独立的训练任务，有适用的训练方法，有明显的负重特点，彼此间又紧密联系。

武术散打运动员在专项提高阶段和最佳竞技阶段中训练任务的内容及其序列是相同的。首先努力发展决定专项竞技能力的主导因素，特别是武术散打这个对体能和技能要求很高的项目，在平时训练中除了要不断发展专项身体素质，完善专项运动技术，还要尽可能地提高技战术水平，加强训练理论的学习。

教练在运动员最佳竞技阶段负荷特点的把握上要特别注意，细致安排训练，当运动员进入最佳竞技阶段，由于多年承受高负荷和高水平竞赛的影响，以及伤病的积累，致使许多运动员难以继续承受高负荷的训练。因此，此阶段负荷的安排通常呈波浪形，有起有伏，有张有弛，保持明显的节奏，从而保证运动员能以充沛的精力和理想的竞技状态参加激烈的竞争，取得理想的成绩。

3. 竞技保持阶段

运动员度过了自己的最佳竞技年龄区间之后，其自然发育过程中会逐步出现体能下降的趋向，长时间的紧张训练和激烈比赛，也使运动员产生心理上的饱和与疲劳，对持续参加竞技、创造优异成绩及荣誉的激情下降，甚至产生冷漠感。加上年轻对手的出现、训练伤病的积累，长期从事竞技运动之后产生的对安逸生活的渴望，以及某些社会因素的影响，使运动员会产生退出竞技舞台的愿望。而此时这些运动员的竞技水平仍然能够继续发挥效益，继续在比赛中争得荣誉，激发和激励年轻运动员尽快成长。大量实例说明，许多已过竞技高峰的运动员，在适宜的条件下仍然有可能达到更新更高的竞技水平。

教练应根据运动员的训练年限、水平等因素制订不同阶段的训练方案和计划，这样才能让运动员健康成长，为走向成功奠定好坚实的基础。切记不能急于求成，不可拔苗助长。

三、年度训练计划

年度训练计划是对多年训练计划的细化表现，根据比赛日程划分成几个训练周期。我国武术散打运动员一般以每年的全国武术散打锦标赛和全国武术散打冠军赛及每四年一届的全运会武术散打比赛为核心来制订年度训练计划。根据每年的大赛次数而设定训练周期的次数，即一年中有几个核心比赛，就把年度训练计划划分成几个训练周期。然后把每个训练周期再一一细化，划分成准备期、比赛期及恢复期三个阶段来实施，每个阶段要有每个阶段的训练重点。一般来说，每个训练周期中的准备期阶段是时间安排最长的，为了更好地组织训练过程，有必要将准备期划分为两个或更多阶段，也就是说进行更深一步的细化。

以武术散打队参加备战全国武术散打锦标赛为例（表5-3），按照我国武术散打比赛每年的竞赛日程，通常会有半年左右的一个大周期来备战，但是参加完锦标赛后备战冠军赛就通常只有三四个月（甚至更短）的训练周期，如何计划、运用好这两个一长一短的训练周期，达到有效提高竞技能力，并在比赛中充分地发挥出来，把提高了的竞技能力转化为运动成绩的目的，这就要求有更为科学的训练方法，更为有效的恢复手段以及更为理想的比赛条件。因此，制订一份科学且目标具体的训练计划必不可少。如表5-4所示的武术散打训练大周期训练规划。

武术散打代表队阶段训练计划模板

表5-3 全国主要赛事时间分布

比赛名称	时间
全国武术散打锦标赛	每年5月或6月
全国武术散打冠军赛	每年9月或10月
全运会武术散打比赛	四年一届
各种商业赛、对抗赛及不定期比赛等	不定期

表5-4 武术散打训练大周期训练规划

时期和总时间	阶段	时间	基本训练内容	主要任务	基本要求	负荷	
						量	强度
准备期（3个月）	一般准备	1.5～2个月	1. 加强和提高拳、腿、摔各项技术，有针对性地改进技术，使动作更规范、合理、流畅 2. 提高和改进各种摔法技术，学习和掌握新技术 3. 适量的战术练习 4. 提高身体素质	提高一般训练水平，改进武术散打中的各种技术环节，提高个人技战术能力	1. 全面提高和掌握武术散打各项技术，在此基础上加强击打速度、力量的练习 2. 加强摔法技术的熟练性和规范性，开发和创新新技术	中	小
	专门准备	1～1.5个月	1. 踢打技术的连贯性、动作击打点准确性及其运用能力的提高 2. 摔法技术的细化（包括贴身摔、接腿摔、抗摔和反摔） 3. 攻、防、反击相互转换的练习，培养战术意识 4. 专项身体素质和一般身体素质练习	提高专项技术水平，逐步过渡到完整技术，改进个人战术运用能力	1. 进攻合理，防守得当，反击到位。培养对抗中攻防兼备的能力，做到"攻中有防，防中有攻，攻防结合" 2. 摔法成功率逐步提高，变招快、攻防转换能力强	最大或大	小或中

时期和总时间	阶段	时间	基本训练内容	主要任务	基本要求	负荷	
						量	强度
比赛期（2~2.5个月）	赛前准备	1.5~2个月	1. 踢、打、摔技术的综合运用得分能力的提高 2. 对抗训练及模拟比赛 3. 战术练习（直攻、伴攻、抢攻、多点、擂台等战术） 4. 专项身体素质的练习	发展专项身体素质，发展竞技状态，参加热身比赛	1. 综合运用能力时机恰当，方法巧妙，攻防转换意识强 2. 使用方法合理，得点意识强，要具有拼搏精神 3. 技术含量高，效果好，应变能力强，热情高涨	中或大	中或大
	集中比赛	7~10天	1. 根据比赛日程的负荷强度，适量保持一定负荷的针对性技战术练习 2. 调节队员最佳竞技参赛状态	保持最佳竞技状态，参加重要比赛，创造优异成绩	1. 把握好赛期训练的负荷强度和负荷量的关系，避免疲劳 2. 训练要根据比赛需要或对手情况有针对性 3. 避免受伤，保持最佳竞技状态	中或小	大或最大
恢复期（0.5~1个月）		0.5~1个月	1. 非专项的球类活动、游戏等 2. 专项技术的演练 3. 一般性的身体训练	积极恢复，消除心理疲劳总结经验，制订新计划	热情逐渐提高，避免受伤	小或中	小

四、周训练计划

周训练计划是教练对全年训练计划及多年训练计划更深入的细化，也是现在武术散打教练采用比较多的训练计划。周训练计划分为基本训练周、赛前训练周、比赛周、赛后恢复周四个阶段，四个阶段的训练任务、重点、负荷各不相同。所以，教练应该针对这四个阶段进行细致的分工，为适应不同任务而制订相应的周训练计划。

从表5-5中可以看出，各个训练周类型在训练任务和运动负荷上的安排有着明显的区别，各个训练阶段分工明确，突出重点，以实现预期目标。

表5-5　不同训练周类型及其主要任务

训练周类型	主要训练任务	运动负荷
基本训练周	提高运动员各项武术散打专项技术、战术及体能，并有针对性地改进和完善技术，让运动员逐渐适应大负荷训练，综合提高运动员的竞技能力	根据每周训练课的次数，合理分配负荷，一般大负荷占35%~45%、中负荷占35%~45%、小负荷占25%~30%
赛前训练周	使运动员的机体适应比赛的要求和条件，把各种竞技能力集中到专项竞技中去	提高运动强度，适当减少负荷量。训练的组织形式更加接近专项的比赛特点
比赛周	为运动员在各方面培养理想的竞技状态做直接的准备和最后的调整，并参加比赛，力求实现预期目标	根据比赛日程制订相应的周训练计划，负荷量和负荷强度均要相应地减少，一天最多进行一次训练
恢复周	消除运动员生理和心理上的疲劳，促进超量恢复的出现，激发强烈的训练动机，准备投入新的训练	大大降低负荷强度和负荷量，多进行一般性的身体练习，如球类活动、游戏等

在周训练中的课次安排上也要强调训练手段的多样性，在运动负荷上，要根据运动员身体的承受能力做出合理的安排，避免出现过度疲劳，也有利于激励运动员的训练积极性。确定好每次课的课型，如单一训练课、综合训练课、技术训练课、战术训练课等。如表5-6所示。

武术散打代表队周训练计划模板

表5-6　周训练计划

时间		主要内容	基本要求	负荷		效果评定
月　　日						第　　周
				量	强度	
一	早操	1. 关节操及韧带拉伸 2. 两人摸肩反应练习 3. 模拟空击 4. 短距离爆发力冲刺（30米）	1. 幅度逐渐加大 2. 步法灵活，动作敏捷 3. 模拟逼真，攻防意识强 4. 启动快，爆发力强	中	小	
	下午	1. 拳法模拟空击 2. 拳摔实战 3. 拳法打靶接下潜摔 4. 拳法连续击打（30秒） 5. 立卧撑、跳栏架	1. 模拟逼真，攻防意识强 2. 拳摔综合运用能力强 3. 动作流畅，下潜突然 4. 动作放松，爆发力强 5. 弹跳好，士气高涨	大	大	

时间		主要内容	基本要求	负荷		效果评定
				量	强度	
二	早操	1. 400米×6圈计时跑 2. 复习转身后蹬腿 3. 身体各部位韧带拉伸	1. 不掉队，步法统一，最后一圈全力以赴 2. 体会动作要领 3. 循序渐进，幅度逐渐加大	中	中	
	下午	1. 两人不接触打点反应 2. 两人拳、腿、摔攻防训练 3. 直拳空击（佩戴阻力带） 4. 橡皮带快速提膝	1. 技战术意识强 2. 攻防转换能力强，战术意识强 3. 出拳快速，动作完整规范 4. 幅度逐渐加大	中上	中上	
三	早操	1. 10 000米耐力跑 2. 身体各部位韧带拉伸	1. 意志品质强，步法一致，不掉队 2. 幅度逐渐加大	大	中	
	下午	1. 拳、腿、摔模拟空击 2. 打沙包练习 3. 接腿摔 4. 一般身体素质训练	1. 模拟逼真，动作流畅 2. 战术意识强，动作流畅 3. 体会动作要领的合理性 4. 动作规范，效果好	大	中上	
四	早操	1. 400米×3圈，慢跑 2. 身体素质训练 3. 拉伸、放松	动作质量高，意志品质强	中	中	
	下午	1. 两人摸肩反应练习 2. 实战 3. 抗摔练习	1. 步法灵活，出手快 2. 体力充沛，速度、力量到位，战术意识强 3. 跤劲意识好	中	大	
五	早操	1. 3 000米计时跑 2. 协调性练习 3. 蛙跳	1. 意志品质强，最后一圈全力以赴 2. 动作协调，自然 3. 蹬腿爆发力强	中上	大	
	下午	1. 得点反应练习 2. 战术打靶 3. 跤劲练习 4. 一般身体素质训练	1. 动作快，节奏好，击打意识好 2. 结合实战，战术意识强 3. 体会动作要领 4. 全力以赴，动作质量高	大	大	
六	上午	1. 条件实战 2. 贴身摔 3. 快速提膝，直拳（阻力带）	1. 得点和战术意识强 2. 技术转换快，合理	中上	中上	
	下午	1. 力量练习 2. 腹背肌练习	热情高，意志力好	大	大	
日	全天	休息				

五、课训练计划

武术散打训练课是武术散打运动基本的组织形式，当教练制订好多年训练计划、年度训练计划及周期训练计划后，就必须对课训练计划进行精心设计与安排，明确每堂课的训练任务。可以说武术散打运动员的竞技能力的提高是一次次课训练效益积累的结果。因此，训练课的质量直接关系到训练过程的进行及运动水平的提高。

每堂课的结构具体分为准备部分、基本部分和结束部分。所以，教练应该根据每堂训练课的类型做出不同的安排。

构成运动员竞技能力的体能、技术、战术、智能及心理等需要在具体的训练课中培养，大多数训练课以培养某一种或两种能力作为重点，还有一些训练课则以综合发展多种竞技能力为主。所以，制订课训练计划时首先要明确训练任务。另外，课的内容、手段方法、负荷都要与周计划紧密联系，并符合周训练计划的总体要求。

武术散打代表队训练课教案模板

复习思考题

1. 武术散打训练应遵循哪些原则？试举例说明。
2. 武术散打训练方法可分为哪几种？各有什么特点？
3. 武术散打竞技能力训练都包括哪几种？各有什么特点？
4. 简述武术散打各项竞技能力训练的方法。
5. 简述武术散打多年训练计划与年度训练计划的区别。

参考文献

1. 田麦久. 刘大庆. 运动训练学［M］. 北京：人民体育出版社，2012.

2. 全国体育院校教材委员会. 中国武术教程（下册）［M］. 北京：人民体育出版社，2004.

3. 曾于久. 武术散打训练新论［M］. 北京：人民体育出版社，

2013.

4. 田麦久. 高水平竞技选手的科学训练与成功参赛［M］. 北京：人民体育出版社，2014.

5. 朱瑞琪. 武术散打技术理论与裁判［M］. 北京：人民体育出版社，2015.

6. 田麦久. 运动员基础训练过程及训练计划的制订［M］. 北京：北京体育大学出版社，2006.

第六章
武术散打竞赛组织编排、规则与裁判法

本章导读

　　本章结合武术散打锦标赛，介绍武术散打竞赛的组织编排、竞赛准则及执裁标准；结合武术散打商业赛事，介绍商业赛事的组织与管理。

学习目标

1. 熟悉武术散打竞赛组织工作。
2. 熟悉武术散打竞赛的编排方法。
3. 掌握武术散打竞赛规则与执裁的标准。
4. 熟悉武术散打职业赛事的组织与管理工作。

第一节　武术散打竞赛组织编排

一、武术散打竞赛组织工作

武术散打竞赛的组织工作一般包括竞赛筹划、竞赛开始、竞赛进行、竞赛结束四个阶段。

（一）竞赛筹划阶段

1. 制订赛事计划

武术散打锦标赛事计划一般由主办单位的项目主管部门制定，是针对要举行的竞赛的设计与规划，是竞赛前需要预先拟定的具体工作方案和行动步骤。例如，"全国男子武术散打锦标赛"由国家体育总局武术运动管理中心武术搏击部等相关部门制订竞赛计划，经总局武术管理中心研究确定，报国家体育总局竞技体育司批准后执行。

地方举办全国性或国际性散打比赛必须提前将完整的竞赛计划和方案，呈报上一级体育行政主管部门审批或备案后，再上报至国家体育总局武术运动管理中心批准。

2. 制定竞赛规程

武术散打锦标竞赛规程是武术散打竞赛工作的重要文件之一。在通常情况下，竞赛主办单位须提前制定竞赛规程，并于第一时间发送至参赛单位（一般在赛前3~4个月），以便参赛人员合理安排训练等相关事宜。竞赛规程是竞赛的法规，编写时语言要精确，文字要简明扼要，内容要全面、准确，更重要的是便于工作人员理解和执行。竞赛规程主要包括以下内容：

（1）竞赛名称

（2）竞赛的目的与任务

（3）竞赛时间、竞赛地点和主办单位、承办单位

（4）竞赛项目和组别

（5）参加单位和参赛人数

（6）运动员参赛资格

（7）竞赛办法

①竞赛方法，如采用淘汰赛、循环赛及其他方法。

②编排原则与具体方法。

③比赛名次的设定及计分规则的确立。

④注明运动员（队）违反规定的处罚方法。

⑤规定比赛使用的护具与服装等。

（8）竞赛规则

明确竞赛所采用的规则以及相关的补充规则等事宜。

（9）录取名次与奖励措施

①规定竞赛晋级资格或获奖的名次条件，确定优胜者奖励措施。

②设置相关团队奖项及激励的奖项，如体育道德风尚奖。

③若设置技术奖，应注明获奖条件等。

（10）报名办法

对报名参赛的人数、资格条件、时间、报名方式和地点等进行详细的阐述，并附则违反报名规定的处理办法。

（11）抽签日期和地点

（12）对其他事项进行补充

①补充相关未提及的竞赛注意事项，如参赛队员的食宿安排。

②注明规程解释权归属单位。

3. 成立组织委员会

组织委员会一般简称组委会，是武术散打竞赛期间各个部门的最高领导机构，一般在赛事举办前成立。赛事组委会由主任、副主任和若干委员组成。

组委会的主要职能是决策、控制、组织和管理武术散打竞赛工作，组织协调各部门分工与合作，并充分调动各组织机构及人员的积极性。

组织委员会一般下设秘书处（办公室）、竞赛处、后勤处等部门。

（1）秘书处（办公室）

主要负责竞赛有关具体工作，如日程安排、经费预算、活动组织、人员管理、宣传教育、生活保障、安全防卫，以及开幕式和闭幕式等工作。秘书处下设总务组、接待组、宣传组、医务组、保卫组等工作组，各司其职，为比赛服务。具体工作任务如下：

全国男子武术散打锦标赛竞赛规程范例

① 制订工作计划，确定工作流程并监督工作执行情况。

② 制定开幕式、闭幕式组织方案和具体实施细则。

③ 负责宣传和各项教育工作。

④ 负责筹备会议并准备相关文件，起草并落实各种通知。

⑤ 负责竞赛期间活动日程安排及相关场地布置。

⑥ 确定奖品设置并参与组织颁奖仪式。

⑦ 印制请柬，安排票务工作。

⑧ 设计并印制秩序册和制作与会相关证件。

⑨ 组织赛事期间各项活动和相关人员的接送工作。

⑩ 组织竞赛期间新闻报道和简报的编写工作。

（2）竞赛处

① 制定竞赛计划和竞赛规程。

② 办理运动员报名和资格审查。

③ 组织运动员体重称量。

④ 组织竞赛的编排和抽签。

⑤ 调配并组织裁判人员学习。

⑥ 负责印制竞赛表格和竞赛文件的工作。

⑦ 按规程和规则要求检查与落实有关场地、器材等。

⑧ 对已报名各参赛运动队安排赛前训练相关事宜。

⑨ 及时对比赛成绩进行记录与公示，向下阶段参赛队伍发送比赛秩序表。

⑩ 协同有关部门及人员组织对运动员使用违禁药物的检查。

⑪ 监督比赛并对竞赛中出现的赛风、赛纪等问题进行公正处理。

⑫ 做好竞赛的宣传工作，发布新闻稿等并编印成绩册。

⑬ 组织各种奖项的评选活动，如体育风尚奖、优秀运动队、优秀裁判员。

（3）后勤处

① 负责赛事的经费预算和决算。

② 安排参赛有关人员的衣、食、住、行等工作。

③ 负责场地、器材维护，场地清洁，检录安排等。

④ 负责竞赛的票务事宜。

4. 成立竞赛监督委员会

竞赛监督委员会一般设主任1人，副主任1人，委员3~5人。主要职责如下：

（1）监督仲裁委员会的工作。

（2）监督裁判人员的工作。

（3）监督各参赛单位的领队、教练、运动员的行为。

（4）听取参赛相关人员的意见。

（5）竞赛监督委员会不直接参与，不干涉仲裁委员会、裁判人员的工作。

5. 成立仲裁委员会

仲裁委员会一般设主任1人，副主任1人，委员3~5人。主要职责如下：

（1）受理参赛队对裁判执行竞赛规程、规则的判决结果有异议的申诉，只限对本队裁决的申诉。

（2）接到申诉后立即对申诉材料进行讨论、研究并处理，但不得耽误后续的比赛工作，包括名次和颁奖。

（3）必要时复审录像。开会时可以吸收相关人员列席，但无表决权。

（4）仲裁表决结果须超过半数以上作出的决定方为有效，如果表决结果相等时，仲裁委员会主任有终裁权。

（5）仲裁委员会成员不参加与本人所在单位有牵连问题的讨论。

（6）仲裁裁决确认原判无误，则维持原判；仲裁裁决确认原判有明显错误，不得改变裁判组的判决结果，可提请中国武术协会或国际武术联合会技术委员会对错判的裁判员按相关规定进行处理。仲裁委员会的裁决为最终裁决。

6. 组建裁判队伍与赛场工作人员

通常设总裁判长1人；副总裁判长1~2人；裁判长1人，副裁判长1~2人，记录员1人，计时员1人，边裁判员5~12人，台上裁判员2~6人；编排记录长1人，编排记录员4~6人；电脑操作员2~4人；检录长1人，检录员5~10人；医务人员2~3人；广播员1~2人。

（二）竞赛开始阶段

1. 组织裁判学习

赛前裁判员学习时间短、任务重。首先进行思想政治教育，提升思想认识。然后学习和熟悉竞赛规程、竞赛规则，领会规则精神，统一评判尺度，提高执裁能力。学习可以采用授课、讨论、自学、实习、考核等形式。裁判学习的最终目的是落实"严肃、认真、公正、准确"八字方针。

2. 组织安排各参赛代表队的赛前训练

赛事组委会在各代表队抵达驻地后协调各参赛队安排其进行赛前场地熟悉和训练场地等安排。

3. 组织运动员赛前第一次称量体重

赛前第一次称量体重在抽签前进行，一般在开赛前一天早上6时进行。称量体重工作由检录组负责，编排记录员配合，仲裁委员监督。组织运动员赛前第一次称量体重有4个目的：一是按竞赛规程，抽签前全体参赛运动员必须进行赛前第一次体重称量；二是在第一次称重时对全体参赛运动员进行现场报名资格审核；三是通过称量体重，检查核实运动员的体重是否符合报名时的级别，确定每一级别参赛运动员；四是为编排记录组抽签工作确定各级别实际参赛名单和人数。

4. 检查和布置比赛场地

检查比赛场地以确保场地符合赛事要求，特别是比赛场地的规格和比赛场地的整体布置要符合规定、要求。

5. 召开第一次组织委员会会议

会议的主要内容有：

（1）通报赛事的准备情况。

（2）征求委员、领队、教练的意见。

（3）研究决定与赛事有关的重要问题。

（4）明确赛事的目标、任务及注意事项。

（5）提出对参加赛事的所有人员的要求等。

6. 召开教练员、裁判员联席会

会议的主要议程有：

（1）赛事主要负责领导通报、传达经组委会研究决定的竞赛方面相关问题和文件。

（2）仲裁委员会主任宣布申述的有关内容和要求。

（3）总裁判长解读竞赛规程和竞赛规则中的重点内容或条款，解释重点裁判方法，提出各参赛队所需注意事项和配合事宜。

（4）解答与会者对竞赛有关疑点的提问。

7. 组织赛前的抽签工作

抽签工作由编排记录长主持，仲裁主任、总裁判长监督工作，由各队的教练或领队代表本队运动员进行抽签。编排记录组及时准确地完成轮次表和第一单元出场表，并通知到各参赛队和裁判组。

（三）竞赛进行阶段

1. 组织开幕式

2. 裁判组的工作

公正、公平执裁，每场比赛结束后，各裁判组要及时总结，以便改进工作。根据比赛开始以来的现场执裁情况，做到每单元赛前有准备会，赛后有小结，拟定工作方案、措施和人员安排，提出注意问题和要求，不断总结经验，改正不足。对于临场执裁人员要采取相关回避制度，还要保证上场执裁人员的随机性、公平性，可采用抽签上场执裁。

3. 场地器材组的工作

场地器材组清点检查所有的比赛设备和器材，以备下一单元比赛正常使用。

4. 编排记录组的工作

每个单元比赛结束后，编排记录组应及时将比赛成绩进行登记和公布，编制下一单元比赛秩序表并及时下发至各运动队和裁判组、检录组、仲裁委员会、竞赛监督委员会等。

5. 检录组的工作

按时检录运动员，确保运动员着装、护具等穿戴符合比赛规定要求，按出场表顺序上场比赛。及时收回大会提供给参赛运动员的护具等器材，并随时清点比赛护具及所需用品，及时解决出现的问题。

6. 召开第二次组委会会议

一般在决赛前召开第二次组委会会议，主要事项包括：

（1）组委会领导对前段赛事的基本情况进行小结，肯定优点，改进不足，为保证后续赛程顺利完成提出要求。

（2）研究确定获奖事项。

（3）研究落实闭幕式及颁奖。

（4）布置大会结束后的总结和相关收尾事宜。

（四）竞赛结束阶段

（1）组织大会闭幕式。公布比赛成绩、举行颁奖仪式、致闭幕词、组织表演或文艺演出。

（2）组织领队、教练、运动员、裁判员交流经验或做技术报告。

（3）各组织机构进行工作总结，包括裁判组、后勤组、总务组、秘书组等部门。

（4）安排办理离会交通等有关事宜。

（5）印发成绩册，邮寄奖状。

（6）整理竞赛资料交相关单位存档。

（7）竞赛工作结束，向上级汇报。

二、武术散打竞赛的编排工作

编排工作是比赛正常开始的保障，是比赛顺利运转的轴心，是比赛圆满结束的保证。

（一）编排原则

1. 科学合理

竞赛日程安排要以竞赛规程、参赛运动员总人数、各级别运动员人数和比赛的总时间为依据，合理地安排好比赛。一般情况一天最多安排上午、下午、晚上共三个单元比赛，一个单元安排不多于24场比赛。

2. 保证参赛的条件均等

确保同一级别、同一轮次的比赛，或同一级别、同一区域的比赛，应相对集中安排，条件要均等。一名运动员一天最多安排两场比赛。

3. 单元比赛级别顺序由轻到重

同一单元的比赛从体重轻级别开始。

（二）编排方法

1. 单败淘汰赛编排方法

单败淘汰赛中，对阵的两名运动员，胜者进入下一轮比赛，败者被淘汰。整个比赛只能决出冠、亚军。

（1）号码位置数的选择

应根据参加比赛的人数，选择最接近的2的乘方数（即2^n）作为号码位置数。常用的号码位置数有：$2^3 = 8$，$2^4 = 16$，$2^5 = 32$。

如60千克级参赛人数8人，要选择8人轮次表，也就是要选用8个号码位置；如果参赛人数少于8人多于4人，也要选用8轮次表。以此类推，14人参赛要选择16人轮次表，28人参赛要选择32人轮次表。

（2）轮数计算

单败淘汰赛所选用的号码位置数（2的乘方），其指数（自乘的次数）即为轮数。

如8人参赛，需用8人轮次表，设置8个号码位置，比赛轮数为2^3的指数，即3轮。如图6-1。

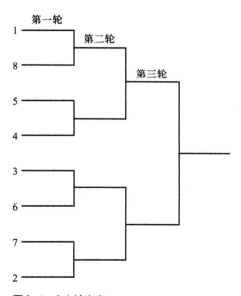

图6-1　8人轮次表

（3）场数计算

在单败淘汰赛中，每进行一场比赛就淘汰一名运动员。因为最后冠军不会淘汰，其余参赛运动员全部淘汰。因此，单败淘汰赛场数计算是参赛人数减1，即14人参赛的单败淘汰赛场数为：$14 - 1 = 13$（场）。

（4）附加赛

附加赛是对单败淘汰赛的一种补充，因为单败淘汰赛只能确定冠、亚军，其他名次均为并列名次，所以可以采用附加赛的办法排定除冠、亚军以外的其他名次。附加赛的办法是每一轮对抗结果的胜者与胜者、负者与负者之间进行比赛，直到排出所有的后续名次。16人参赛取前八名进行附加赛的轮次表排法如图6-2。

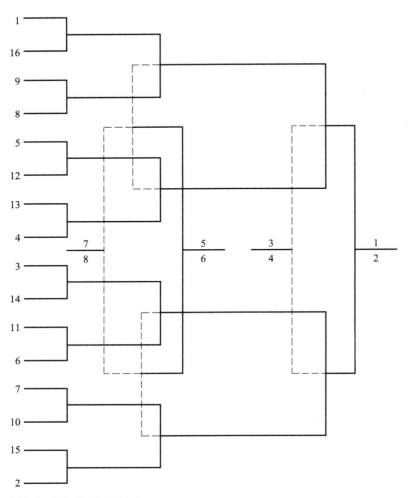

图6-2　附加赛16人轮次表

2. 双败淘汰赛编制方法

双败淘汰赛中，运动员失败两场就被淘汰，即运动员在正轮失败一场后进入负轮，在负轮再败一场就被淘汰。负轮最后一名未被淘汰的运动员和正轮未输过的运动员之间进行决赛，决出冠、亚军。

（1）号码位置数的选择

与单败淘汰赛相同，必须符合2的乘方数，即2^n的原则，n为轮数。若参加人数不满2的n次方时，如参赛人数不满8、16、32人时，需要采用增设轮空号码予以补足成2^n的乘方数，或者采用抢号办法予以解决。

（2）轮数的计算

轮数=$2 \times n$

如8人参加比赛，则$2^3=8$；$n=3$

轮数：$2 \times n = 2 \times 3 = 6$

（3）场数的计算

场数=$2 \times$ 人数 $-3+$ 决赛 $=2 \times$ 人数 -2

若8人参加比赛，则场数=$2 \times 8 - 2 = 14$（场）

（4）附加赛

凡取至第5、6名，必须在负方最后第3轮增设附加赛。凡取至第7、8名必须在负方最后第4轮增设附加赛。

（5）编排方法

编排的关键是在排列负轮时，排列的基本规律是负轮中两名负者比赛一场后，其胜者再与正轮中负者比赛一场，最后形成区域范围内正轮和负轮各剩下一名运动员的情况。

负轮的排表可采用交叉和不交叉两种形式（图6-3、图6-4），但交叉必须在同一轮次中进行，不得轮次相错交叉。

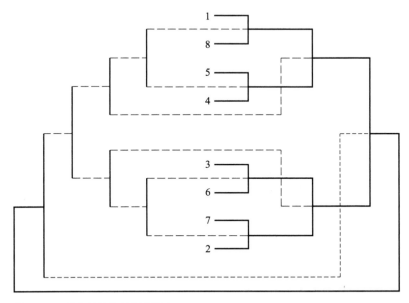

图6-3　双败淘汰赛负轮不交叉表

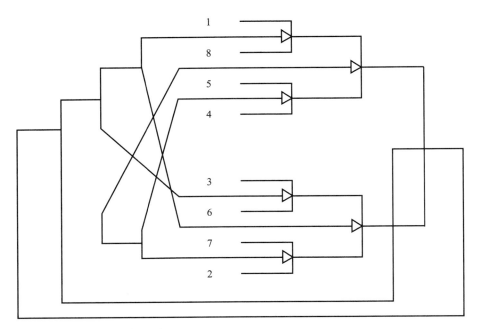

图6-4　双败淘汰赛负轮交叉表

3. 单循环比赛

编排原则是所有参加同一级别比赛的运动员之间均要轮流相遇一次，最后根据每名运动员胜负场次的积分来决定名次。

（1）比赛顺序的编排

用阿拉伯数字等量地将参加人数分为左右两列。左列由上往下排，右列由下往上排。然后用横线将相对的两个数连接。如果是奇数可用"0"占位，"0"号位代表最大参赛位置数（即参赛人数加1），如5人参赛"0"号代表6号位，则与它相对的运动员轮空。从第二轮开始，1号位固定不变，其他位数按逆时针方向轮转一个位置，即可排出下一轮的比赛顺序。目前，武术散打比赛一般4人（含）以下采用单循环比赛。如图6-5、图6-6所示。

第一轮	第二轮	第三轮
1—4	1—3	1—2
2—3	4—2	3—4

图6-5　4人参加比赛的编排方法

第一轮	第二轮	第三轮	第四轮	第五轮
1—0	1—5	1—4	1—3	1—2
2—5	0—4	5—3	4—2	3—0
3—4	2—3	0—2	5—0	4—5

图6-6　5人参加比赛的编排方法

（2）轮次的计算

参加比赛的运动员为偶数时，轮次＝人数－1，如8人参赛，轮次为8－1＝7（轮）；参加比赛的运动员为奇数时，轮次＝人数，如5人参赛，轮次为5轮。

（3）场数的计算

场数计算是用人数乘（人数－1）再除以2，即（总）场数＝$n \times (n-1)/2$，n即为参赛的人数。如5名运动员参加比赛，比赛总场数是：5×（5－1）/2＝10（场）。

4. 种子和轮空

（1）种子选手的确定原则

第一，上一次锦标赛或冠军赛各级别前4名的运动员为种子选手。第二，变动级别的运动员不能定为种子选手。第三，根据各级别种子数目，按种子名次，由第一名往后排满为止。

（2）种子选手的位置

第一，根据种子选手上一次锦标赛或冠军赛的成绩名次排出种子的顺序号。第二，种子选手不参加抽签。按种子的顺序号在轮次表中找到相应号码的位置，即种子的位置，如第一名对应1号位，第二名对应2号位，以此类推。第三，单败淘汰赛的种子应均匀地分布在轮次表中若干相等的区域，1号种子应在上半区顶部，2号种子应在下半区的底部，3号、4号种子应在下半区的顶部和上半区底部，保障4个种子，每个种子进入不同的1/4区。

如图6-7，按照由小到大的数字顺序，即1，2，3，4，…，为种子的位置号码。如设3个种子，1号、2号、3号位置即为1号、2号、3号种子的位置。

（3）确定轮空和抢号的位置

轮空是某运动员在某一轮没有安排对手而直接进入下一轮的比赛，也指在轮次表中没有比赛运动员的位置。淘汰赛的轮空位置安排在第一轮比赛中。

当参赛人数少于轮次表中的号码数时，即少于2^n数，应设轮空位置。轮空数＝号码最大位置数－运动员数，如12人参赛，轮空数为16－12＝4（轮），其轮空号码是16、15、14、13。轮空号码从轮次表中的最大号码数，由大到小依次排列，轮空位置应均匀地分布在各个区内。如图6-8所示。

轮空位置不能多过。轮次表中轮空与抢号的确定，应有利于编排。参加比赛的运动员超过2的乘方数时，若安排轮空多，可采用抢号的办法。抢号要安排在第一轮前，即两名运动员在第一轮的一个号码位置上先进行一场比赛，负者淘汰，胜者

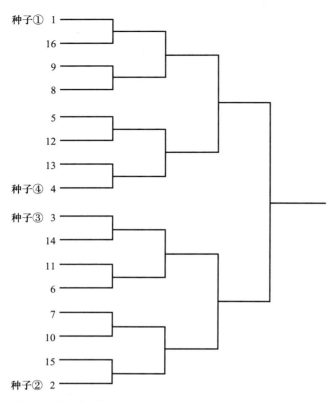

图6-7 种子选手位置轮次表

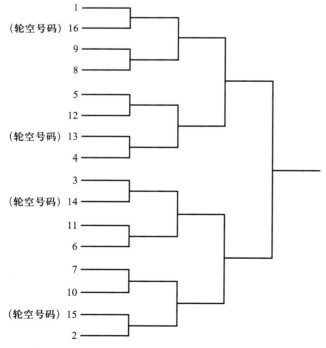

图6-8 轮空位置轮次表

第六章
武术散打竞赛组织编排、规则与裁判法

进入第一轮的比赛。抢号的位置从轮次表中最大号码数开始，由大到小依次排列。如10人参赛用16人轮表，需要6个轮空位置，像这种情况应用8人轮次表，先进行两场抢号比赛淘汰两名参赛运动员。如图6-9，7号和8号位置为抢号位置。

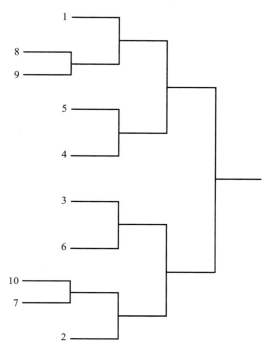

图6-9　抢号8人轮次表

（三）抽签工作

抽签工作要确保公平、公开。抽签工作要保证准确性。

1. 抽签工作程序

（1）提前准备抽签用具，进行抽签过程彩排。

参加抽签工作人员做好详细的分工及运作方案，保证抽签工作过程有序化。

（2）落实抽签地点和时间，提前布置好场地。

至少提前一天到抽签现场勘查，对现场所需器材逐一落实，确保抽签现场准备就绪。

（3）设计抽签的程序。

抽签性别顺序为先女子后男子，级别顺序为由小到大。按一般规律是先抽出各级别的"抽签顺序"号，再抽运动员的位置号。

（4）确定抽签办法。

通常采用对号入座法，即由本队教练或代表抽取本队运动员的签号，抽出的签号就是该运动员的位置号。

（5）核实各级别种子选手名单，并确定其顺序。

如果某一名种子选手因故空缺，由下一名次的种子选手补上，以此类推。

（6）每一个级别抽签开始前和抽签后都要公示运动员名单与抽签结果。

（7）由总裁判长确认所有抽签程序和结果。

2. 抽签注意事项

（1）抽签程序和办法须经总裁判长同意，并在抽签会上宣布。

（2）抽签程序、办法、人员分工、所需用具、场地器材等事宜要提前做好充分准备。

（3）确定合格参赛人员名单。

（4）各级别抽签前宣布核实本级别的参赛运动员和种子选手位置。

（5）抽取的签号要高声宣读，根据签号及时将运动员编入轮次表位置，宣布最后抽签结果。

（6）抽签过程不容有错，一旦出错须及时向仲裁委员会主任、总裁判长汇报，研究决定解决方案。

（7）抽签工作务必全程录像，以备对抽签结果质疑复查。

第二节　武术散打竞赛规则

一、武术散打竞赛通则

（一）竞赛种类

竞赛种类一般分为团体比赛和个人比赛两种。现行的全国性武术散打赛事上半年为团体赛，记团体成绩，即锦标赛；下半年为个人赛，记个人成绩，即冠军赛。

（二）竞赛办法

1. 循环赛与淘汰赛

循环赛是指同一级别参赛运动员之间均能相遇一次，最后根据每名运动员在竞赛中的胜负场次计算积分来决定名次。循环赛优点在于比较公平，能避免优秀运动员被提前淘汰。但循环赛比较耗时，所以一般情况在级别人数为四人及以下时会采用该赛制。

淘汰赛分为单败淘汰赛和双败淘汰赛。

单败淘汰赛是现行比赛中常用的赛制，即每进行一场比赛将淘汰一名运动员，胜者进入下一轮比赛，败者淘汰。单败淘汰赛中运动员抽签位置有一定的运气和随机性，签号避开强手是关键。在下半年冠军赛中就采用了种子选手位置，这就合理避免了强手提前相遇，使强手最后相遇。

双败淘汰赛即运动员失败两场会被淘汰出局，负一场后进入负轮，在负轮再输一场被淘汰，负轮最后一名未被淘汰的运动员和正轮未输过的运动员之间进行冠亚军决赛。双败淘汰赛比单败淘汰赛更科学合理，但和循环赛一样相对耗时，所以在比赛中也较少被运用。

2. 三局两胜制

每场比赛采用三局两胜制。每局比赛净打2分钟，局间休息1分钟。而青年比赛和少年比赛为了保护青少年运动员一般可采用比赛1分30秒，局间休息1分钟。

每局比赛2分钟（1分30秒）是指每局除暂停之外的实际比赛时间。计时员听到台上裁判员喊"开始"口令就开启计时表，台上裁判喊"停"就即刻停表，直至计时表累计达到2分钟（1分30秒）时，计时员必须准时鸣锣通告本局比赛结束。

局间休息1分钟是指每局之间的间歇时间。上一局比赛一结束，计时员即刻开始计局间休息时间。休息时间至50秒时通知运动员上场准备比赛，局间休息满1分钟时，台上裁判员必须发出比赛"开始"的口令。

（三）体重分级

48公斤级（≤48公斤）

52公斤级（>48公斤—≤52公斤）

56公斤级（>52公斤—≤56公斤）

60公斤级（>56公斤—≤60公斤）

65公斤级（＞60公斤—≤65公斤）

70公斤级（＞65公斤—≤70公斤）

75公斤级（＞70公斤—≤75公斤）

80公斤级（＞75公斤—≤80公斤）

85公斤级（＞80公斤—≤85公斤）

90公斤级（＞85公斤—≤90公斤）

100公斤级（＞90公斤—≤100公斤）

100公斤以上级（＞100公斤）

参赛运动员必须严格按照所报名级别称重，且体重必须在所报级别规定范围，如56公斤级，参赛运动员的体重必须大于52公斤并小于56公斤。若比赛称重时不在此范围，不允许上升或下调级别参赛，也不准许其参加比赛。

（四）称量体重

（1）运动员经资格审查合格后方可参加称量体重，必须携带本人身份证。

参赛运动员必须在称重前进行资格审查，资格审查一般由编排组来负责，审核合格的运动员将编入级别参赛名单，检录组将根据这个名单称量体重，凡是在名单的运动员都应视为已审查合格的，可进入称量体重环节。

（2）必须在仲裁委员的监督下称量体重，由检录长负责，编排记录员配合完成。

全国大型比赛一般每天早上都要称量体重，均须在仲裁委员监督下进行，由检录长负责，检录组具体执行称重，编排记录员参与配合检录组完成称重工作。检录组将由仲裁委员和检录长签字的称重结果交予编排组。

（3）参赛运动员必须按照大会规定的时间到指定地点称量体重。称量体重时，运动员须裸体或只穿短裤（女运动员可穿紧身内衣）。

在国际比赛中一定要尊重各国运动员的风俗习惯，国外运动员称量体重时无关人员须回避。

（4）称量体重先从比赛设定的最小级别开始，每个级别在1小时内称完。在规定的称量时间内体重不符合报名级别者，不允许参加后面所有场次的比赛。

称量体重必须从最轻的级别开始，而且每个级别必须在1小时内称完。如果某运动员当天第一次称重超重，那么从该运动员第一次称重时间开始算，1小时内须达到级别体重要求。如果在限定的1小时之内未达标将作为"超重弃权"论，但已经取得的成绩有效。

（5）当天有比赛的运动员，须在赛前规定的时间内称量体重。

第一次称重全体参赛运动员都要参加，根据大会要求后续比赛每天早上称量体重，但只需要当天有比赛的运动员参与称重，而当天没有比赛的运动员则不需要称重。

（五）抽签

（1）由编排记录组负责抽签，仲裁委员会主任、总裁判长及参赛队的教练或领队参加。由各队教练或领队为本队运动员抽签。

抽签工作具体由编排记录长负责，编排记录组执行完成。仲裁委员会主任、总裁判长监督和主导编排组完成抽签，教练员或领队负责抽取本队队员的签号。

（2）在第一次称量体重后进行抽签，由比赛设定的最小级别开始。如该级别只有1人，则不能参加比赛。

抽签工作是在第一次称量体重后进行，因为称量体重中有不符级别体重要求、资格审核不合格、未称重等情况，必须是符合要求的参赛运动员参与抽签。

（六）服装护具

（1）运动员必须穿大赛规则规定的武术散打比赛服装及护具。一般情况下，大会准备护具，运动员自备比赛服装。

（2）比赛护具分红、蓝两种颜色，包括拳套、护头、护胸；运动员须自备护齿、护裆和缠手带。护裆必须穿在短裤内，缠手带的长度为3.5～4.5米。

比赛期间由检录组负责监督、协助运动员穿戴，运动员的护具只有得到检录组的确认才可以上场比赛，否则将不予参赛。

比赛中运动员必须穿戴竞赛规则中规定的护具，否则判技术犯规，改正后可继续比赛。运动员因伤确需穿戴竞赛规则规定以外的护具时，须经医务监督盖章确认后，只能穿戴软性护具上场，如护肩、护腰、护膝、护踝、绷带。

（3）女子运动员和65公斤级及以下级别男子运动员的拳套重量为230克；70公斤级至85公斤级男子运动员的拳套重量为280克；90公斤级及以上级别男子运动员的拳套重量为330克。

（七）比赛礼节

比赛礼节规定了运动员、台上裁判员、教练、边裁判员的礼节要求，并且对运动员行抱拳礼的先后顺序也做了规定，相关人员必须严格遵守此规定。

（1）每场比赛开始前介绍运动员时，运动员向观众行抱拳礼。

（2）每局比赛开始前，运动员上台后先向本方教练员行抱拳礼，教练还礼；运动员之间再相互行抱拳礼。

（3）宣布比赛结果时，运动员交换站位。宣布结果后，运动员先相互行抱拳礼，再向台上裁判员行抱拳礼，裁判员还礼。然后向对方教练行抱拳礼，教练还礼。

（4）边裁判员换人时，互相行抱拳礼。

（八）弃权

（1）比赛期间，运动员因伤病（需有医务监督出具的诊断证明）或体重不符合报名级别不能参加比赛者，作弃权论，不再参加后面场次的比赛，已取得的成绩有效。

因伤弃权：比赛期间，运动员出现伤病后不能再参加比赛，须提交随队医生和领队签字的书面弃权申请书，经大会医务监督审核诊断后，提出诊断意见后报总裁判长批准，方有效。否则将视为无故弃权。

（2）比赛时，运动员实力悬殊，为保护本方运动员的安全，教练可举弃权牌表示弃权，运动员也可举手或主动下台弃权。

在比赛中，如确实因为双方运动员实力悬殊而举手（牌）要求弃权时，可按弃权处理。但也要防止个别运动员打假赛，如比赛中未有发生身体接触或稍有接触而自己主动下台者，比赛中未被对方击中、踢中或对方未使用摔法而自己主动倒地者等类似情况，则按打假赛处理。

（3）不能按时参加称量体重、赛前三次检录未到或检录后擅自离开不能按时上场者，作无故弃权论。

无故弃权包括不参加称量体重、不准时参加检录和检录后未能按规定时间准时参加比赛等三种情况。

（4）比赛期间，运动员无故弃权，取消本人全部成绩。

无故弃权一旦确认，将按照规定，取消该运动员在本次比赛中已取得的全部比赛成绩。

（九）竞赛中的有关规定

（1）临场执行裁判人员应集中精力，不得与其他人员交谈，未经裁判长许可，不得离开席位。

（2）运动员必须遵守规则和比赛礼节，尊重和服从裁判。在场上不准有吵闹、谩骂、甩护具等任何表示不满的行为。每场比赛未宣布比赛结果前，运动员不得退场（因伤需急救者除外）。

（3）比赛时，教练只能代表所报名单位，着正装坐在指定位置进行现场指导，并只能带一名队医或助手协助工作。

（4）运动员严禁使用兴奋剂，局间休息时不得吸氧。

二、武术散打竞赛基本规则

（一）可用方法

可以使用武术的拳法、腿法和摔法。

其中拳法包括冲、掼、抄、鞭四拳；腿法包括蹬、踹、鞭、勾、扫、摆、劈七腿；摔法中有接招摔和贴身摔两大类。

（二）禁用方法

1. 用头、肘、膝攻击对方或迫使对方反关节的技法

用头、肘、膝进攻对方是指用以上部位主动发力攻击对方，属于"侵人犯规"。比赛中许多情况下需要贴近对方，常出现低头、抬肘、提膝等防守动作时，头、肘、膝触及对方的身体而没有明显的发力，不属于犯规。

迫使对方反关节的技法是指固定对方关节前端并击打关节外侧，或迫使其关节超出正常活动范围的攻击动作。

2. 用迫使对方头部先着地的摔法或有意砸压对方

迫使对方头部先着地的摔法是指在使用摔法过程中，控制住对方的身体，强迫对方头部先着地，有意伤害对方的行为。

有意砸压对方是指对方倒地时，有意用身体砸压对方，以达到伤害对方的

目的。

3. 用任何方法攻击倒地一方的头部

用任何方法攻击倒地一方的头部是指一方倒地后（包括被击倒、摔倒或自行滑倒），站立者不得用任何方法攻击倒地方的头部。

4. 青少年比赛可禁止运动员使用腿法击打对方头部或用拳法连续击打对方头部

拳法连续击打指运动员用拳法连续进攻，其中两拳击中对方头部，为连击头部。

（三）得分部位

得分部位为头部、躯干、大腿。

头部是指除后脑以外的面部和头两侧的部位。躯干是指胸部、腹部、背部、腰部。大腿是指髋关节以下、膝关节以上、包括臀部在内的部位。人体的肩部、上肢、小腿、脚跟、脚掌与脚背，既不是禁击部位，也不是得分部位，击中后既不能判犯规，也不能判得分。按照"方法清楚，效果明显"的得分标准，就低不就高。例如：击中肩部与胸、背的连接部位，不得分；击中大腿与小腿的连接部位，不得分；击中腰部与臀部的连接部位，得1分。

（四）禁击部位

禁击部位为后脑、颈部、裆部。

后脑是指头部耳郭垂线以后的部位。颈部是指人体第一椎骨以下、锁骨以上的部位。裆部是指人体的阴部。

（五）得分标准

1. 得2分

（1）一方下台，对方得2分

一方下台是指一方运动员在比赛中，身体的任何部位支撑了台下的保护垫或场地，均判为下台。

（2）一方倒地，站立者得2分

倒地是指运动员在比赛过程中除两脚以外的身体任何部位支撑了台面。倒地有三种情况：① 被击倒，是指遭受对方拳法、腿法的打击而失去重心倒地。② 被摔倒，是指被对方用摔法致使身体失去平衡倒地。③ 自行倒地，是指由于进攻、防守动作不当等原因造成的倒地。凡属以上情况的倒地，站立者均可得2分。

（3）用腿法击中对方头部、躯干，得2分

执行这一条款时，主要是正确地理解和掌握"击中"。"击中"得分是指运动员使用可用方法，击中对方的得分部位后产生了相应的效果。从以下四个方面判定：第一看进攻，进攻方法清晰、力点准确，明显击中得分部位。第二看防守，击中时没有相应的防守动作；或击中在先，防守动作在后；或防守失误而没有产生相应的防守效果。第三看位移，击中后身体部位产生的移动、震动、晃动现象。第四听声音，击中对方后发出清脆或者沉闷的响声。

此四个方面是评判击打时能否得分的关键依据，看进攻和看防守是基本条件，也是重要条件，而看位移和听声音是评定质量和效果（击打力度）的参考标准，是辅助条件。看位移和听声音并非需要同时出现明显的效果，对声音和位移的判定，应从击打的路线、部位、运动员性别、运动员级别、现场噪声和裁判员观测点等方面的不同进行区别评定，或者从某一侧重点入手，根据具体情况作出实事求是的判断。

（4）用主动倒地的动作致使对方倒地，而自己顺势站立者，得2分

主动倒地是指使用两脚以外的其他身体部位先支撑台面，致使对方倒地的进攻方法。

顺势站立是指在使用主动倒地的动作击倒对方后，自己能利用动作的惯性，在场裁判喊停之前或同时成功起立的状态。

主动倒地的5种判罚：

第一，使用主动倒地的动作将对方击倒，并能顺势站立，得2分。

第二，使用主动倒地的动作将对方击倒，双方分离，但不能顺势站立，判对方倒地在先，得1分。

第三，使用主动倒地动作没有击中对方，但在3秒内迅速站立，对方不得分。

第四，使用主动倒地动作没有击中对方，且在3秒内不能迅速站立，判主动倒地方"3秒"，对方得1分。

第五，使用主动倒地的动作将对方击倒，但对方倒地时压在了主动倒地方的身体，致使其不能顺势站立，判主动倒地方倒地在先，对方得1分。

（5）被强制读秒一次，对方得2分

读秒一般分为两种：一种是因对方犯规而有可能造成伤害，为保障运动员安全进行的读秒；另一种是运用合理的方法重击对方，使其不能马上继续比赛，为保障运动员安全进行的强制读秒。读秒时，台上裁判员须迅速靠近被读秒的运动员，以利于清楚地观察其面部表情，并且所处位置要以不挡住裁判长的视线为宜。读秒后，必须予以判罚。

读秒有三种情况：

第一，读8秒。

台上裁判员在读秒过程中，运动员已举手示意可继续比赛，但仍须读完8秒后再继续进行比赛。

第二，读10秒。

台上裁判员在读秒过程中，运动员没有示意要求继续比赛，或虽已示意可以继续比赛，但发觉其知觉失常时仍须读到10秒，终止比赛。

第三，终止读秒。

台上裁判员在读秒过程中，如果发现运动员出现休克、关节脱臼、骨折等危险状态时，应即刻停止读秒，取下运动员的护齿并用手势请医生将其送到后场进行急救处理。

读秒后的判罚有5种情况

第一，一方因对方犯规被读秒，但在读至8秒前已表示能继续比赛且知觉也正常，则给犯规方"警告"的判罚。

第二，因对方犯规造成读秒，而终止比赛，经医务监督检查确认不能继续比赛，则判犯规方"取消比赛资格"。

第三，因对方犯规造成读秒，而终止比赛，经医务监督确认能够继续比赛，则判犯规方"警告"，并为该场胜方。

第四，一方使用允许的方法重击对方，使之"强制读秒"，被强制性读至8秒前，如表示能继续比赛，则应给其"强制读8秒"手势和相应的判罚。

第五，一方使用允许的方法重击对方，使之"强制读秒"，被强制性读至8秒时，仍没有表示能继续比赛，则必须读完10秒后才能终止比赛，判对方为该场胜方。

（6）受警告一次，对方得2分

第六章
武术散打竞赛组织编排、规则与裁判法

2. 得1分

（1）用拳法击中对方头部、躯干，得1分

此处"拳法"是指用腕关节以下的拳面、拳背和拳轮部分攻击对方的拳法。如果用前臂（肘关节除外）或拳心、拳眼击中对方是不能得分的，可以使用也不属于犯规动作。

（2）用腿法击中对方大腿，得1分

在临场执裁时，判断击中躯干还是大腿，一般以护具为界，如听到击打的声音是护具响声，就判定为躯干，如果听到是皮肉的声音，就判定为髋关节以下的部分，得1分。但对于是否击中膝关节或小腿的判断时，要以视觉为准，绝对不能只凭感觉或声音判定是否给分，否则容易将击中膝关节或小腿误认为是大腿，反之出现把击中大腿误认为是膝关节或小腿的误判现象。以上情况，的确无法判定清楚时，按"就低不就高"的评分原则。

（3）先后倒地，后倒地者得1分

先后倒地是指运动员在使用摔法的过程中，双方的身体重心都失去了平衡而出现的一方倒地在先。倒地在先有三种情况：一方倒地在先，另一方倒地在后；一方压在先倒地方的身上；双方先后倒地，身体没有完全脱离，先倒地方支撑了台下地面，应判倒地在先。

（4）被指定进攻后5秒内仍不进攻时，对方得1分

被指定进攻是比赛中运动员互不进攻时间达到5秒时，台上裁判员须指定消极一方运动员或双方消极中的任何一方进攻，此情况判定消极一方被指定进攻。台上裁判员指定一方运动员进攻后，按每秒一次的频率用手指在体侧计数5次的方法计时，运动员达5秒仍不进攻时应喊"停"，并给予被指定方"消极5秒"的判罚。

（5）主动倒地3秒不起立，对方得1分

3秒是指运动员使用主动倒地动作进攻后，不能在3秒内站立，台上裁判员喊"停"，判罚"3秒"。运动员使用主动倒地动作进攻，如果没有将对方击倒，双方仍可以相互进攻（站立者不能攻击倒地方头部），当到达3秒时，台上裁判员喊停，判主动倒地方消极3秒，对方得1分。

（6）受劝告一次，对方得1分

比赛中，运动员因技术犯规而被劝告一次，对方得1分。凡属技术犯规不能因为多次出现而加重处罚，只能按劝告进行再次处罚。劝告不能累加转变为警告。

3. 不得分

（1）方法不清楚，效果不明显，不得分

方法不清楚、效果不明显是指运动员完成动作时的质量和效果均不符合击中得分的要求。

（2）双方下台或同时倒地，不得分

双方下台是指双方运动员从比赛"开始"至"停"的口令期间，同时或先后都掉下了擂台。

双方同时倒地是指双方运动员在使用动作过程中均失重倒地，且分不出先后时，则判为同时倒地。

（3）用方法主动倒地，对方不得分

主动倒地在"得2分"条款中已经做了说明，这里主要是指使用主动倒地动作进攻对方，没有击倒对方，而自己能在3秒内顺势站立，对方不得分。

（4）抱缠时击中对方，不得分

抱缠是指双方运动员在身体接触状态下相互抓握、相互搂抱、四肢相互缠绕等现象。抱缠时即使双方互有击中得分部位，仍属不得分范畴。现场执裁时须注意以下几点：一是双方在将要抱缠而没实际产生抱缠时击中，可得分。二是在双方抱缠后脱离的瞬间击中，可得分。三是双方运动员贴身近战相互攻击击中，可得分。

（六）犯规与罚则

1. 技术犯规

（1）消极搂抱对方

消极搂抱是一种"消极战术"，利用规则"抱缠时击中对方，不得分"，达到不让对方获得"击中"效果的目的而采取"抱缠对方"的行为，是运动员主动搂抱对方不使用摔法，消极等待2秒裁判喊"停"的行为。出现消极搂抱一般有三个目的：一是一方体能不支或不利的情况下搂抱对方而无实际攻击动作，以获得喘息机会；二是一方攻击对方后搂抱对方，为了阻止对方反击而搂抱对手却无实际攻击动作；三是在对方攻击未完成时，为避免被击中，快速靠近搂抱对手，而无实际攻击动作。

当运动员出现消极搂抱行为时，台上裁判员喊"停"后，并给予该运动员消极提示一次，出现第二次，则判罚"技术犯规"，之后每出现一次，判罚一次。

（2）消极逃跑

消极逃跑是指一方运动员在比赛中，为了避开对方的攻击而采用的有意逃跑行为。其目的一般有四：一是技不如人，怯场逃跑；二是体能不及人，保存实力逃跑；三是得分暂时领先，为保住优势到结束避战逃跑。一旦出现这种行为，台上裁判员应喊"停"，并给予逃跑一方运动员"技术犯规"的处罚。

（3）处于不利状况时举手要求暂停

比赛中，运动员利用"举手可以要求暂停"规则，在自身处于体力不支、可能被击中、可能下台、可能被摔倒等不利状况时举手要求暂停，按照规则台上裁判员看到运动员举手要求暂停又不得不喊停，这样使另一方运动员失去了有利战机，这是不公平的。为了杜绝个别运动员利用规则，台上裁判员给予处于不利状况下要求暂停的运动员以技术犯规，劝告一次。当然台上裁判员要根据举手运动员的实际情况，辨别举手要求暂停的真伪，判断准确。

（4）有意拖延比赛时间

有意拖延比赛时间是指运动员在局间休息后不及时上场、倒地，或下台后有意不迅速起来，有意或借故整理护具、头发等。凡此类情况均视为"有意拖延比赛时间"，作为技术犯规处理。

（5）比赛中对裁判员有不礼貌的行为或不服从裁判

比赛中对裁判员有不礼貌的行为或不服从裁判的表现形式多样，包括教练和运动员的行为。具体表现有扔护具、踢器材、出言不逊、表情恶劣等，这些行为都违背体育道德精神，必须予以劝告，并责令其承认错误并予以纠正。

（6）上场不戴或吐落护齿，有意松脱护具

比赛时，需要强调的是运动员忘记戴护齿上场比赛，要给予劝告。被对方击打头部后或互摔中等客观原因造成的护齿丢落不予劝告，不属于有意吐落护齿。

有的运动员为了适应个人习惯，或者出于战术需要，想通过整理护具调整状态，故意将护具穿戴宽松，赛中造成护具脱落者，给予劝告处罚。

（7）不遵守规定的比赛礼节

规则对运动员的比赛礼节有专门规定，如果运动员故意不遵守比赛礼节必须给予劝告。但实际操作中，由于运动员比赛紧张忘记规定礼节，或对判定结果不满有抵触情绪不遵守礼节，但在裁判员示意引导下能改正并完成礼节的将不予处罚。

2. 侵人犯规

（1）在口令"开始"前或喊"停"后进攻对方

在口令"开始"前或喊"停"后进攻对方，这里强调的是进攻动作已经完成，不论是否产生击中效果，均属于侵人犯规。

（2）击中对方禁击部位

执裁须确认两点：一是确认击中，即进攻动作产生了击中效果。二是确认击中的是禁击部位，即击中了裆部、颈部、后脑。但凡是碰着、擦着或者击中效果不明显，达不到读秒等情况下，一般提示运动员注意。一旦确认击中禁击部位应判侵人犯规。

（3）以禁用方法击中对方

运动员运用禁用方法击中对方，应给予警告处罚。执裁须确认两点：一是确认运动员使用了禁用方法。二是使用禁用方法进攻产生了击中效果。

（4）故意致使对方的伤情加重

故意致使对方的伤情加重是指一方运动员在比赛过程中出现了开放性伤口，经医生临场处理后继续比赛，另一方运动员故意揉搓或磨蹭对方伤口的伤害行为，其目的是为了使对方因伤不能继续比赛。

比赛中比较常见的是在一方运动员鼻子出血或眉弓开裂情况下，另一方运动员利用搂抱过程中故意用拳套或掌跟去揉搓或用头部顶撞磨蹭对方的伤口，致使对方的伤口进一步恶化加重，这是一种违背武德和现代体育精神的行为，比赛中予以禁止，判其侵人犯规。

3. 罚则

（1）每出现一次技术犯规，劝告一次

当运动员出现违反"技术犯规"的任何一条，台上裁判员应给予劝告处罚。同一技术犯规多次出现，也只能是劝告处罚，不能因为再犯而加重处罚。

（2）每出现一次侵人犯规，警告一次

当运动员出现违反"侵人犯规"的任何一条，台上裁判员应给予警告处罚。需要注意的是，执裁中确认侵人犯规应及时处罚，但确认不清晰，或达不到侵人犯规时，不能折中给予劝告处罚，可以给予口头提示。

（3）侵人犯规达三次，取消该场比赛资格

取消该场比赛资格，即认定犯规方为本场负方，但侵人犯规运动员的该场前面所有获得的晋级名次均为有效。在单败淘汰赛中犯规方比赛赛程到此结束。如果是双败淘汰赛或循环赛，犯规方仍可以参加后面负轮或附加赛的比赛。

（4）故意伤人，取消其比赛资格，所有成绩无效

（5）使用违禁药物或局间休息时吸氧，取消比赛资格，所有成绩无效

故意伤人、使用违禁药物或局间休息时吸氧与侵人犯规达三次有本质区别，侵人犯规达三次只取消该场比赛资格，而故意伤人、使用违禁药物或局间休息时吸氧则取消比赛资格，在该赛事中所有成绩均无效。

（七）暂停比赛

1. 运动员倒地（主动倒地除外）或下台时

一方使用主动倒地动作而另一方未倒地的情况台上裁判员不用即刻喊停，因为主动倒地没有击倒对方，双方有3秒的时间进行相互进攻，到3秒，台上裁判员才会喊停。除主动倒地外运动员在比赛中出现任何的倒地或下台，台上裁判员要即刻喊停。

2. 运动员犯规受罚时

比赛中，运动员出现技术犯规或侵人犯规，必须立即喊停并进行处罚。

3. 运动员受伤时

比赛中，运动员无论因何原因受伤，从比赛安全出发，台上裁判员都要暂停比赛，必要时请医务人员进行处理。如果伤情不严重，可继续比赛；伤情若严重需大赛医务监督组提出意见，最后经裁判长决定是否继续比赛。

4. 运动员相互抱缠超过2秒而不能产生摔法效果时

运动员相互抱缠超过2秒而不能产生摔法效果时有两种情况：一是双方抱缠在一起，既不使用方法也没有分离超过2秒时。二是双方互摔达2秒时仍不能控制对方。

5. 运动员主动倒地超过3秒时

主动倒地超过3秒后喊停，判罚主动倒地者3秒未起立，对方得1分。

6. 运动员被指定进攻后达5秒仍不进攻时

台上裁判员发现一方或双方运动员消极比赛，在不需要暂停比赛的情况下指定某一方运动员进攻，但在指定进攻口令下达后到达5秒时仍不进攻，则必须喊停，判被指定进攻方消极5秒。

7. 运动员举手要求暂停时

比赛中，运动员有权举手要求暂停比赛，台上裁判员必须喊停，但运动员的举手要求暂停有主客观原因。如果是客观原因，台上裁判员喊停后进行处理，处理妥当后继续比赛。如果是主观原因，那么情况就比较复杂，这里就会出现是否处于不利情况下要求暂停，台上裁判员要根据实际情况确认举手要求暂停是否合理再做出处理，保证另一方运动员的公平竞赛。

8. 裁判长纠正错判、漏判时

比赛中，裁判长发现裁判员有明显错判、漏判时，必须及时鸣哨暂停比赛并予以纠正，台上裁判员听到鸣哨的同时必须喊停并准确地执行裁判长的判决。

9. 场上出现问题或险情时

比赛中可能出现一些意想不到的状况，如护具松脱、地面湿滑，特别是运动员的身体状况出现险情时，一方被重击后产生意识模糊失去自我保护能力，如果再接受连击会出现伤害危险，这时台上裁判员要及时发现并喊停。

10. 因灯光、场地、电子计分系统故障等客观原因影响比赛时

比赛中除了运动员、裁判员等出现问题时喊停，也可能会因为赛事承办方的器材、场地等出现临时故障而被迫暂停比赛。

三、武术散打比赛的胜负与名次评定

（一）胜负评定

1. 优势胜利评定

（1）比赛中，双方实力悬殊，台上裁判员征得裁判长同意，判技术强者为该场胜方。

实力悬殊是指双方运动员技能、体能的整体水平有较大差异，在比赛中主要表现为一方已没有进攻和防守的能力，胜负明显。裁判长征得总裁判长同意后，判技术强者为优势胜利。优势胜利的判决主要是为了保护弱方运动员的安全，避免在出现实力"一边倒"情况下的受伤事故。

（2）比赛中，被重击倒地不起达10秒（侵人犯规除外），或虽能站立但知觉失常，判对方为该场胜方。

判对方为该场胜方须符合两点：第一，重击的方法属合理击打动作，不是侵人

犯规。第二，被重击者被读10秒，该场比赛终止。一般情况下被重击者在读秒时有两种情况：一是读至8秒时还不能站立，继续读秒。二是读至8秒时能站立但知觉失常，继续读秒。知觉失常是指运动员在被重击之后，身体所表现出来的一种不正常的状态。具体表现为：站立重心不稳，步履蹒跚紊乱，不能平衡身体；面部表现痴呆，意识模糊，呼吸急促等。

（3）一场比赛中，被重击强制读秒达三次（侵人犯规除外），判对方为该场胜方。

第一，排除由于侵人犯规引起的读秒。第二，确认是合理击打引起的保护性强制读秒（即读秒后压点）。第三，强制读秒次数全场须累加计算。

（4）一局比赛中，双方运动员得分相差达12分时，判得分多者为该场胜方。

领先12分优势胜利是指在一局比赛中，一方运动员领先另一方运动员12分时，判得分多者为该场比赛胜方。对于领先12分的判定，在实行五人制边裁时，应至少获得4位边裁判员的判定；实行三人制边裁时，需要三位边裁判员的判定。

2. 每局胜负评定

（1）每局比赛结束时，依据边裁判员的评判结果，判定每局胜负。

每局胜负评定边裁判员用色别标志（色别灯、色别牌）表示评定结果，色别标志多者为胜方。

（2）一局比赛中，受重击被强制读秒2次（侵人犯规除外），对方为该局胜方。

需要注意的是此处强制读秒次数只针对本局累加计算，与其他局的强制读秒无关。受重击被强制读秒2次，无论本局已经进行了多长时间比赛，都要结束比赛，判另一方为该局胜方。

（3）一局比赛中，2次下台，对方为该局胜方。

下台次数累计是以局为单位，与其他局的下台次数无关。因此，每名运动员一局比赛中有一次下台机会，一旦出现第二次下台时，该局比赛即刻结束，判对方为该局胜方。

主动下台不符合此条款规定。主动下台是指一方运动员在比赛中因体力不支或被重击等情况，为达到更长时间休息，利用下台两次本局结束条款，而主动下台放弃本局比赛的行为。一旦出现这种行为，视为弃权，判对方为该场胜方。

（4）一局比赛中，双方出现平局时，按下列顺序判定胜负：

① 受警告少者为胜方。

② 受劝告少者为胜方。

③ 当天体重轻者为胜方。

如上述三种情况仍相同，则为平局。

边裁判员评判出现平局有三种情况（以5名边裁为例）：第一，5名边裁判员均判平局。第二，一名边裁判员判红方胜，一名边裁判员判蓝方胜，其余三名判平局。第三，两名边裁判员判红方胜，两名边裁判员判蓝方胜，一名边裁判员判平局。

3. 每场胜负评定

（1）一场比赛中，先胜两局者为该场胜方。

竞赛办法中采用"三局两胜制"，规定三局比赛中须胜两局，即2∶1获胜，或者是先胜两局，第三局不需要再进行，即2∶0获胜。

（2）比赛中，运动员出现伤病，经医务监督诊断不能继续比赛者，判对方为该场胜方。

比赛中由于运动员个人原因而出现伤病，如关节脱臼、面部开放性伤口，且伤口血流不止等伤病情况，经大赛医务监督人员检查确认，认为不得继续比赛，即使运动员本人坚持不放弃比赛，出于保护运动员应立即终止比赛（大赛医务监督组有决定权），判对方为该场胜方。

（3）比赛中，经医务监督确诊为诈伤者，判对方为该场胜方。

（4）因对方犯规而受伤，经医务监督检查确认不能继续比赛者，为该场胜方，但不得参加后面所有场次的比赛。

第（3）（4）款是针对一方运动员因对方犯规受伤而终止了比赛之后的胜负判定。第（3）款是指受伤方经大赛医务监督人员检查确认后伤病并没有达到"不能继续比赛"的程度，属于诈伤。判对方侵人犯规，再宣判其为该场比赛胜方。第（4）款是指受伤方经大赛医务监督人员检查确认伤病"不能继续比赛"。判对方侵人犯规，再宣判受伤方为该场比赛胜方，但受伤方因对方犯规而获胜不得参加该赛事后续的比赛。

（5）循环赛时，一场比赛中如获胜局数相同，则为平局。

循环赛不需要直接产生名次，所以可以按"平局"计分，即双方各为1∶1。

（6）淘汰赛时，一场比赛中如获胜局数相同，按下列顺序决定胜负：

① 受警告少者为胜方。

② 受劝告少者为胜方。

如仍相同，则加赛一局，以此类推。

淘汰赛每场比赛必须分出胜负，否则就无法编排下一轮赛程。因此，出现"平局"时，按照以上条款顺序直到能分出胜负为止。

（二）名次评定

1. 个人名次

（1）淘汰赛时，直接产生名次。

（2）循环赛时，积分多者名次列前，若两人或两人以上积分相同，按下列顺序排列名次：

① 负局数少者列前。

② 受警告少者列前。

③ 受劝告少者列前。

④ 体重轻者列前（以抽签体重为准）。

上述四种情况仍相同时，名次并列。

2. 团体名次

（1）名次计分。

① 各级别录取前八名时，分别按9、7、6、5、4、3、2、1的得分计算。

② 各级别录取前六名时，分别按7、5、4、3、2、1的得分计算。

（2）两个或两个以上的团体分数相同时，按下列顺序排列名次：

① 按个人获第1名多的队名次列前；如再相同，按个人获第2名多的队名次列前，依次类推。

② 受警告少的队名次列前。

③ 受劝告少的队名次列前。

如以上几种情况仍相同时，名次并列。

3. 团体比赛评分时的胜负判定

女子团体和男子团体最终比分如出现1∶1或2∶2时，按下列顺序判定胜方：

（1）该场团体比赛累计负局数少者为胜方。

（2）该场团体比赛累计受警告少者为胜方。

（3）该场团体比赛累计受劝告少者为胜方。

（4）该场团体比赛参赛运动员体重累计轻者为胜方。

第三节　武术散打竞赛裁判法

一、裁判岗位及职责

（一）总裁判长

（1）负责组织裁判人员学习竞赛规程和规则，研究裁判方法。

（2）检查落实场地、器材、比赛用具及称量体重、抽签、编排等有关竞赛的准备工作。

（3）根据竞赛规程、规则的要求，解决竞赛中的有关问题，但不能修改竞赛规程和规则。

（4）比赛中指导各裁判组的工作，根据需要可以调动裁判人员。

（5）每场比赛，运动员因弃权变动秩序，应及时通知竞赛监督委员会、仲裁委员会、裁判长、编排记录长和宣告员。

（6）裁判组出现有争议的问题，有权做出最后决定。

（7）负责检查裁判人员执行规则的情况。

（8）审核、签署和宣布比赛成绩。

（9）向组委会递交书面总结。

（二）副总裁判长

副总裁判长协助总裁判长工作，总裁判长缺席时，可代行总裁判长的职责。

（三）裁判长

（1）负责本组裁判员的学习和工作安排。

（2）比赛中监督、指导裁判员、计时员、记录员的工作。

（3）台上裁判员有明显错判、漏判时，鸣哨提示改正。

（4）根据场上运动员的情况和记录员的记录，处理优势胜利、下台、处罚、强制读秒等有关规定事宜。

（5）当比赛结果出现反判时，在宣布结果前征得总裁判长同意后可以改判。

（6）每局比赛结束后，宣告评判结果。

（7）每场比赛结束时，审核、签署比赛成绩。

（四）副裁判长

协助裁判长的工作，根据需要可以兼任其他裁判员的工作。

（五）台上裁判员

（1）检查场上运动员的护具，保证安全比赛。

（2）用口令和手势指挥运动员进行比赛。

（3）评判运动员倒地、下台、犯规、消极、读秒、临场治疗等有关事宜。

（4）宣布每场比赛结果。

（六）边裁判员

（1）根据规则评判运动员的得分。

（2）每局比赛结束后，根据裁判长信号，同时、迅速显示评判结果。

（3）客观回答台上裁判员对比赛情况的询问。

（4）每场比赛结束，在记分表上签名并保存，以备检查核实。

（七）记录员

（1）赛前认真填写每对运动员的记录表。

（2）参加称量体重并将每名运动员的体重填入每场比赛的记录表。

（3）根据台上裁判员的口令和手势，记录运动员警告、劝告、下台、消极搂抱、消极5秒、强制读秒的次数。

（4）记录边裁判员每局的评判结果，确定胜负后报告裁判长。

（八）计时员

（1）赛前检查铜锣、计时钟，核准秒表。

（2）负责比赛、暂停、读秒、局间休息的计时。

（3）在无电子计分系统的情况下，每局赛前10秒钟鸣哨通告，并在每局比赛结束鸣锣通告。

（九）编排记录长

（1）负责运动员资格审查，审核报名单。

（2）负责组织抽签，编排出场表。

（3）准备竞赛中所需要的表格，审查核实成绩、录取名次。

（4）登记和公布各场比赛成绩。

（5）统计和收集有关材料，汇编成绩册。

（十）编排记录员

根据编排记录长分配的任务进行工作。

（十一）检录长

（1）负责称量运动员体重。

（2）负责护具的准备与赛中管理。

（3）赛前20分钟负责召集运动员检录。

（4）检录时，如出现运动员不到或弃权等问题，及时报告总裁判长。

（5）按照规则的要求，检查运动员的服装和护具。

（6）负责获奖运动员的检录。

（十二）检录员

根据检录长分配的任务进行工作。

（十三）宣告员

（1）摘要介绍竞赛规程、规则和有关的宣传材料。

（2）介绍裁判员、运动员。

（3）宣告比赛结果。

（十四）医务监督

（1）审核运动员《体格检查证明》。

（2）负责赛前对运动员进行体检抽查。

（3）负责临场伤病的治疗与处理。

（4）负责因犯规造成运动员受伤情况的鉴定。

二、场上裁判口令与手势

（一）台上裁判员口令与手势

1. 抱拳礼

双腿并立，左掌右拳于胸前相抱，高与胸齐，手与胸之间距离为20～30厘米（图6-10、图6-11）。

抱拳礼

图6-10

图6-11

2. 上台

站立在擂台中央成侧平举，掌心朝上指向双方运动员（图6-12）。在发出指令的同时屈臂侧举成90°，掌心相对（图6-13）。

上台

3. 双方运动员行礼

双臂屈于腹前，左掌盖于右拳背之上，示意运动员（图6-14）。

双方运动员
行礼

图6-12

图6-13

图6-14

4. 第一局

面向裁判长席位，弓步，在发出"第一局"口令的同时，一手食指竖起，其余四指弯曲，直臂前举（图6-15）。

5. 第二局

面向裁判长席位，弓步，在发出"第二局"口令的同时，一手食指、中指竖起，其余三指弯曲，直臂前举（图6-16）。

6. 第三局

面向裁判长席位，弓步，在发出"第三局"口令的同时，一手拇指、食指、中指分开竖起，其余两指弯曲，直臂前举（图6-17）。

图6-15　　　　　　　　图6-16　　　　　　　　图6-17

7. 预备—开始

裁判站于双方运动员中间，弓步，在发出"预备"口令的同时，两臂伸直，双手掌心朝上指向双方运动员（图6-18）。在发出"开始"口令的同时，两手内合于胸腹前（图6-19）。

8. 停

在发出"停"的口令时变弓步，立掌，单臂伸向双方运动员中间（图6-20）。

图6-18　　　　　　　　图6-19　　　　　　　　图6-20

9. 消极5秒

一臂伸直，掌心朝上，指向消极一方，在发出"某方"口令的同时，另一臂上举，五指分开，掌心向前（图6-21）。

10. 读秒

面对运动员，屈臂握拳于体前，拳心朝前，从一手拇指至小指依次张开，间隔1秒（图6-22、图6-23）。

图6-21	图6-22	图6-23

11. 消极搂抱

一臂伸直，掌心朝上，指向消极一方运动员，然后双手环抱于体前（图6-24）。

12. 消极提示

一臂伸直，掌心朝上，指向消极一方运动员，然后双手环抱于体前，再伸出一手，手臂自然弯曲，食指伸直，其余四指弯曲，掌心向外（图6-25）。

13. 强制读8秒

面向裁判长席位，单臂伸出，拇指竖直，其余四指弯曲（图6-26）。

图6-24	图6-25	图6-26

14. 3秒

一臂伸直，掌心朝上指向某方运动员，在发出"某方"口令的同时，另一手拇指、食指、中指自然分开，其余两指弯曲，自腹前向外横摆于体侧（图6-27）。

15. 指定进攻

单臂伸向双方运动员中间，拇指伸直，其余四指弯曲，掌心朝下，在发出"某方"进攻口令的同时，向拇指方向横摆（图6-28）。

指定进攻

16. 倒地

一臂伸直，掌心朝上，指向倒地一方，在发出"某方"口令的同时，另一臂屈于体侧，掌心朝下（图6-29）。

倒地

图6-27   图6-28   图6-29

17. 倒地在先

一臂伸直，掌心朝上指向先倒地一方（图6-30），在发出"某方"口令的同时，两前臂在腹前交叉，掌心朝下（图6-31）。

倒地在先

18. 同时倒地

两臂体前平伸，后拉下按，掌心朝下（图6-32）。

图6-30   图6-31   图6-32

同时倒地

19. 一方下台

一臂伸直，掌心朝上，指向下台一方（图6-33），在发出"某方"口令的同时变弓步，另一手立掌，掌心朝前，向前平推（图6-34）。

一方下台

20. 双方下台

弓步，双手立掌，掌心朝前，向前平推伸直（图6-35）。而后屈臂上举于体前呈90°，掌心朝后，成并步直立（图6-36）。

图6-33　　　　　　图6-34　　　　　　图6-35　　　　　　图6-36

21. 踢裆

一臂伸直，掌心朝上，指向犯规运动员，在发出"某方"口令的同时，另一手掌心向内指向裆部（图6-37）。

22. 击后脑

一臂伸直，掌心朝上，指向犯规运动员，在发出"某方"口令的同时，另一手俯按后脑（图6-38）。

23. 肘犯规

双臂屈于胸前，在发出"某方"口令的同时，一手扶于另一手肘部（图6-39）。

图6-37　　　　　　　　图6-38　　　　　　　　图6-39

24. 膝犯规

提膝，在发出"某方"口令的同时，用手拍盖膝部（图6-40）。

25. 警告

一臂伸直，掌心朝上，指向犯规运动员，在发出"某方"口令的同时，另一手握拳屈于体前，拳心朝后（图6-41）。

26. 劝告

一臂伸直，掌心朝上，指向犯规运动员，在发出"犯规"口令的同时，另一手屈臂立于体前，掌心朝后（图6-42）。

图6-40　　　　　　　　图6-41　　　　　　　　图6-42

27. 取消比赛资格

两手握拳，在发出"某方"口令的同时，两前臂交叉于胸前（图6-43）。

28. 无效

两臂伸直，在腹前交叉摆动一次（图6-44～图6-46）。

图6-43　　　　图6-44　　　　　　　图6-45　　　　图6-46

29. 急救

面对大会医务席位，两手立掌，两前臂在胸前呈十字交叉状（图6-47）。

30. 休息

双手侧平举，掌心朝上，指向双方运动员休息处（图6-48）。

31. 交换站位

裁判站立在擂台中央，双臂伸直在腹前交叉（图6-49）。

第六章
武术散打竞赛组织编排、规则与裁判法

图6-47　　　　　　　　　图6-48　　　　　　　　　　　图6-49

32. 平局

裁判站于两名运动员中间，握两侧运动员手腕上举（图6-50）。

33. 获胜

裁判站于两名运动员中间，一手握获胜运动员手腕并上举（图6-51）。

图6-50　　　　　　　　　　　　　图6-51

（二）边裁判员手势

1. 下台或倒地

一手食指伸直向下，其余四指弯曲（图6-52）。

2. 没下台或没倒地

一手立掌，左、右摆动一次（图6-53）。

3. 没看清

双手掌心朝上，由体前向外屈肘平摆（图6-54）。

图6-52　　　　　　　　　图6-53　　　　　　　　　图6-54

第四节　武术散打商业赛事组织与管理

根据赛事的赛制、名称以及规模，武术散打商业赛事有职业赛、对抗赛和争霸赛。

武术散打职业赛事与职业化发展

职业赛是商业性较强的比赛，比赛由赞助商提供资金支持，以较强的宣传效果及较高的金钱回报作为吸引比赛选手的关键点，高回报的收入会吸引许多选手。赛制种类多样，比赛具有观赏性。目前典型赛事有中国武术散打俱乐部超级联赛、中国武术散打职业联赛等。

对抗赛类似于友谊赛，区别于锦标赛，是一种临时组成队伍进行的比赛，武术散打项目对抗赛的水平较高一些，不过商业味更浓一些。对抗赛一般一场定胜负，体现对抗性。典型赛事有中日对抗赛、中俄对抗赛等。

争霸赛主要体现出"争霸"，比赛中运动员不穿戴护胸、护腿、护头，观赏性极佳。整个赛事一般由初赛、擂主赛、争霸赛等赛程贯穿全年。典型赛事有世界超级散打王争霸赛、中国武术散打功夫王争霸赛等。

武术散打商业赛事是以市场需求为导向，通过市场化运作，以实现经济效益和社会效益为主要目的举办的，竞技水平较高的各级各类商业性武术搏击类赛事。举办一场商业赛事应该从以下几点进行组织与管理，进而保证武术散打商业赛事的良好运行与发展。

一、赛事的申办

武术散打商业赛事的申办要以城市为主导，赛事的申办不仅是城市办赛条件的考量，更是城市间综合实力的比拼。一个城市想要申办武术散打商业赛事的前提是要具有相应的办赛经验、资源、渠道以及能力，同时还要满足经济要素、人文要素、政治要素和推介要素的需求。

经济要素主要包括当地的相关产业发展水平、经济发展水平、城市容量以及赛事相关服务（衣、食、住、行）条件等各方面。人文要素指申办城市群众的文化涵养、城市发展的历史熏陶、当地的社会地理环境等因素。政治要素指当地政府对于体育赛事的重视程度及相关地方政策法规的制定等政策政治环境因素。推介要素主要包括与会相关的宣传能力与手段是否先进以及与赛事相关组织和人员的沟通是否流畅等要素。经济要素是赛事举办成功的基础，人文要素是赛事成功举办的必要条件，政治要素和推介要素是城市举办赛事的优势体现。申办赛事是赛事举办的起点，赛事的成功举办与影响程度受举办城市影响巨大，所以赛事在举办前一定要综合考量申办城市。

除考虑以上因素外，赛事命名应该符合以下规定：

（1）赛事命名要与举办地和武术散打商业赛事内容相一致。

（2）赛事命名应符合主办方赛事活动覆盖的行业领域和人群范围。

（3）赛事命名要区别于其他组织举办的武术散打商业赛事名称。

（4）赛事命名不得侵犯其他组织的合法权益。

（5）赛事命名的文字必须公正合法。

（6）赛事命名不应有宗教含义。

（7）赛事命名应按照国家政策、法规要求对赛事名称进行确定。

（8）赛事命名还应符合相关法律、法规和规章等其他规定。

政府事业单位、全国性社会组织主办或承办的国际性、全国性武术散打商业赛事可以使用"国际""全国"等字样或含义相同的词汇进行赛事命名，而其他武术搏击类赛事的命名不能出现上述词汇。

二、赛事的风险管理

武术散打商业赛事的主办方和承办方应当通力协作，做好细致的分工，建立组委会等相关的组织，为赛事的组建、服务、安全、宣传、后勤等工作提供相关保障。

主办方承担武术散打商业赛事筹备和组织工作，履行主办方责任。

承办方的主要职责是保障武术散打商业赛事的正常运行，在赛事举办过程中承办方须全面评估赛事的风险，并根据实际情况制定相关的安全预案，为保证赛事安全举办，承办方需全程监督各项具体措施的实施情况。

协办方的主要职责是为竞赛提供相关赛事产品或器具并对相关产品的质量和后期服务进行严格把关。

武术散打商业赛事风险的类型有人员风险、财务风险、器材风险、时间风险、信息风险等，在举办武术散打赛事前应提前制定相关风险以及潜在风险的干预措施，以降低赛事举办时风险带来的不良影响与损失。

三、赛事的财务管理

要充分了解赛事举办的成本与收入架构，做好赛事的筹资管理与财务控制，识别、评估财务风险并做好防控。为做好赛事的财务风险防控工作，应做好以下几点：

（1）树立正确的风险观念，提高防范财务风险的能力。

（2）建立完整的财产管理机制，保障财产的安全性。

（3）明确部门职责，正确处理赛事相关人员的利益关系。

（4）制定合理的财务决策方案。

（5）明确财务目标，编制现金流量预算。

（6）规范化管理赛事资金，提高使用效率。

（7）强化财务审计监督等。

四、赛事的人力资源管理

武术散打商业赛事的人员大致可分为四类，即武术散打商业赛事内部管理者，包括武术散打商业赛事的固有职务人员和志愿者，主要负责组织、管理体育赛事中的各项工作，以确保赛事如常进行；武术散打商业赛事外部合作者，包括投资商、赛会经纪人等，主要任务是协助赛事承办者完成相关工作，促进赛事圆满完成；武术散打商业赛事产品实现者，包括运动员、教练、裁判员，是赛事产品的一线生产者；赛事产品消费者，主要指现场观众，其参与观看赛事活动进行赛事消费。进行武术散打商业赛事，要做好各方人力的合理调配。这里主要介绍运动员、教练、裁判员参加商业赛事的条件。

运动员参加商业比赛需具备以下条件：

（1）符合赛事的参赛年龄要求。

（2）有不少于6年的项目系统训练时间。

（3）满足参加本项目的专业要求，如省级业余比赛取得前三名的成绩可参加当前赛事。

教练指导商业比赛，需具备下列条件之一：

（1）武术散打项目中级及以上职称的教练。

（2）具有5年及以上散打项目执教经验。

赛事裁判员资质需符合国家体育总局颁布的《体育竞赛裁判员管理办法》的相关规定。裁判员执裁武术散打项目应持有相关裁判证书。执裁武术散打商业比赛的裁判员需同时具备以下条件：

（1）武术散打项目裁判员需持有中国武术协会颁发或认可的裁判员证书。

（2）比赛的台上裁判员需具备独立的商业比赛执裁能力和丰富的实践经验。

五、赛事的营销管理

武术散打商业赛事的营销活动的目标包括战略目标、具体目标。制定切实可行的营销目标，做好市场的营销策略，按照计划开展赛事营销活动，在过程中实施宏观调控，并对赛事营销的过程与结果进行全面评估是实现最终目标的必经之路。

六、赛事的后勤管理

武术散打商业赛事的后勤管理包括赛事的接待服务、安全保卫及其他保障工作，是竞赛举办的重要保障。赛事的接待服务包括衣、食、住、行等服务。赛事的安全保卫工作应根据以往经验确定总体的安保方案和相应的问题处理措施，来确保竞赛工作高效有序进行。赛事其他保障工作包括赛事的水、电保障工作，医疗卫生保障工作，信息、通讯保障工作以及气象保障工作。赛事相关后勤管理人员应该根据计划进行工作，以确保赛事顺利进行。以下为赛事保障相关内容：

1. 医务监督及医疗急救

（1）根据比赛规模，应至少配有医务监督1名，配有急救医生1~2名，护士1~2名。医务监督及医疗急救人员不齐的情况下，须暂停比赛。

（2）根据比赛规模，现场应配备1~2辆有生命支持系统的救护车。没有救护车候场的情况下，须暂停比赛。

（3）现场应配备心脏除颤仪、轮式担架等急救医疗设施设备和相应药品，并就近设置医务室。

（4）根据比赛规模，赛前需要与当地公安部门、医疗部门和交通部门进行交涉，至少确定一家符合急救条件的医疗机构，开通"绿色通道"，确保大会如果出现紧急医疗事故能够及时进行处理。

赛事医务监督及医疗急救人员要求：参加武术散打商业赛事的所有医务人员需具备较为丰富的现场急救经验，对武术散打项目的特点有一定了解，并且相关医务人员需持有医疗卫生系统注册的且在有效期内的相关资格证书。

2. 运动员相关保护性措施

（1）运动员在比赛中因头部受重击而终止比赛者，停止比赛30天；因头部受重击出现休克被终止比赛者，停止比赛90天；一年内因头部受重击出现休克被终止比赛两次者，停止比赛一年。

（2）如出现上述情况，须安排运动员接受脑部CT检查。

（3）停赛日期自受伤之日起计算，由医务监督如实记录报备。

3. 食宿和交通保障

（1）住宿条件应具备安全、卫生、交通便利等相关条件，运动队与裁判尽可能不要安排在同一地点。

（2）保障食品采购、制作、发放的安全，保障赛会人员食品质量，切断食源性兴奋剂问题的发生渠道，保证大会顺利进行。

（3）鼓励安排专人负责运动队和裁判交通保障，保证出行安全。

4. 安全保障

配备相应的安保部门，维持比赛秩序，保证赛会安全与顺利进行。

七、赛事的沟通与信息技术管理

赛事组织是否高效取决于各部门之间、工作人员之间沟通是否到位，信息管理是否得当。所以参会部门及成员必须养成良好的沟通习惯，根据所得相关信息协调各部门和成员的工作；赛会须建立安全有效的武术散打赛事管理信息系统，对成绩、人员注册、总务信息、查询内容等涉及武术散打商业赛事任务领域里的各个方面的数据库进行综合管理。沟通与信息技术管理是保证赛事平稳进行的关键因素。

八、赛事的竞赛管理

武术散打商业赛事竞赛管理是指竞赛组织管理者为了有效地实现赛事的竞赛目标而对各级各类武术散打商业赛事的竞赛进行计划、组织与协调的过程。它包括赛事竞赛前期筹备、现场运行和赛后收尾等工作。竞赛管理以建立公开、公平、公正的竞争机制，为运动员提供展示竞技运动技术水平的平台，促进体育竞技水平的提高为最终目标。由于竞赛本身的特殊性和复杂性，竞赛管理的内容极其丰富，需要在具体的实施过程中具体化、精细化。

九、赛事的评估管理

对武术散打赛事进行合理的评估，能够使管理人员充分找出赛事的不充分条件和不足之处，保证相关问题能够适时得以解决，赛事评估涵盖赛事的"前、中、后"三个阶段；全面而又准确的赛事评估能够直观体现出赛事意义、价值及其状态，是整场赛事发展的"指南针"。

十、参赛运动员的管理

运动员参加武术散打商业比赛，需具有不少于6年的项目训练时间，能够充分认识相关风险，本着自愿的原则报名参加赛事，并签署与会修订的承诺书。运动员应具有竞赛相关的教练、医务人员等比赛保障团队。

1. 赛前准备

（1）学习赛会知识，明确竞赛规则与规程，充分了解补充事宜。

（2）根据竞赛日程，合理安排赛前饮食及训练计划，积极备战比赛。

（3）用科学的方法控制体重，熟悉赛场流程与器材，调整比赛心态。

（4）根据大会要求办理、补充参赛材料，避免不必要的麻烦。

（5）根据竞赛规则、规程准备参赛的文件、服装、比赛用具、医药品、日用品等。

（6）提前规划好行程，安排好住宿等事项。

2. 赛中要求

（1）根据要求提交比赛所需的文件和材料。

（2）根据安排按时报到，并领取比赛秩序册、参赛证件等比赛文件，认真阅读了解相关信息，如有疑义及时询问。

（3）遵守组委会统一安排，按规定用餐、乘车，按时参加相关会议、赛前训练、称重、检录、比赛、颁奖等活动。

（4）调整比赛期间的训练及饮食，控制好自身体重，保持良好的体能；积极备赛，把比赛状态调整到最佳；训练及比赛后及时进行放松、治疗、恢复。

（5）注意食品、补剂及药品的服用，避免违反国家有关兴奋剂的法规条例。

（6）及时关注成绩公告，合理安排赛间训练；若对比赛结果存在异议，在不干扰比赛正常进行的情况下，按照规定提出申诉。

（7）提高安全意识，保障赛会过程中人身、财产安全，不参加与赛会组织无关的活动。

3. 赛后注意事项

（1）赛后领取成绩手册及奖品，根据大会章程合理安排离会时间，并向相关人员进行报备。

（2）赛后做好对运动员身体评估的工作，调整身体状态，制定合理的膳食方案，积极做好身体放松，回归到常态化训练与学习中去。

（3）赛后应严格遵守以下保护性措施：运动员在比赛中因头部受重击而终止比赛者，停止比赛30天；因头部受重击出现休克被终止比赛者，停止比赛90天；一年内因头部受重击出现休克被终止比赛两次者，停止比赛一年。如运动员出现上述情况，须接受脑部CT检查。停赛日期自受伤之日起计算。

复习思考题：男子1号机位

复习思考题：男子4号机位

复习思考题：女子1号机位

复习思考题：女子4号机位

复习思考题：录像比赛评分结果（参考）

复习思考题

1. 武术散打竞赛组织工作包括哪些阶段？简述每个阶段的主要内容。

2. 情景题：举办一场武术散打商业赛事，需要考虑到哪些方面？

3. 请以边裁判员视角对两组比赛录像中运动员进行评分。录像请扫描二维码观看。

参考文献

1. 朱瑞琪. 武术散打技术理论与裁判［M］. 北京：人民体育出

版社，2015.

2. 崔建功. 武术散打运动教程［M］. 北京：北京体育大学出版社，2016.

3. 熊亚兵. 散打教学与训练导论［M］. 北京：北京体育大学出版社，2017.

4. 马勇志. 散打运动教程［M］. 北京：北京体育大学出版社，2018.

5. 陆红，王志勇. 运动竞赛学［M］. 2版. 北京：清华大学出版社，2005.

6. 廖培. 体育竞赛组织管理与编排［M］. 兰州：甘肃教育出版社，2016.

7. 史国生，邹国忠. 体育竞赛组织与管理［M］. 南京：南京师范大学出版社，2008.

8. 张孝平. 体育竞赛组织编排［M］. 北京：北京体育大学出版社，2008.

9. 朱壮志，白富帅. 当下中国武术散打职业化发展途径［J］. 南京体育学院学报（自然科学版），2010，9（04）：71-73.

10. 马磊. 我国散打锦标赛赛事组织管理研究［D］. 北京：北京体育大学，2011.

11. 许永. 我国武术散打职业赛事市场化的研究［D］. 武汉：武汉体育学院，2020.

12. 梁勤超，王洪坤，李源. 争霸的线索：武术散打赛事市场化与职业化发展研究［J］. 体育科学，2018，38（06）：91-96.

13. 梁勤超，朱瑞琪，李源. 中国武术散打赛事"争霸现象"批判与反思［J］. 山东体育学院学报，2018，34（05）：67-74.

14. 姜岸媛. 中国武术散打赛事的商业开发研究［D］. 武汉：武汉体育学院，2017.

15. 梁勤超，吴明冬，李源. 中国武术散打争霸赛事演进及问题审视［J］. 体育文化导刊，2018（08）：74-78.

第七章
武术散打运动损伤

本章导读

　　武术散打是以攻击对手身体有效部位为主要得分方式的格斗项目，由于其突出的对抗性特点，教师、教练及医务监督人员需要具备武术散打运动损伤的有关知识。因此本章主要介绍武术散打运动损伤的特点、产生原因和预防措施；武术散打运动中常见运动损伤，如擦伤、挫伤、指腕关节损伤；武术散打比赛中常见运动损伤如眉弓开裂、创伤性鼻出血、关节脱位等，以及它们的处理方法。

学习目标

1. 熟悉武术散打运动损伤的特点、产生原因及预防措施。
2. 熟悉武术散打运动中常见运动损伤产生的原因，并掌握相应的处理方法。
3. 熟悉武术散打比赛中常见运动损伤的产生原因，并掌握相应的处理方法。

第一节　武术散打运动损伤概述

武术散打是以击中规则允许的、对手身体上的得分部位或摔倒对手去获取更多分数，来赢得比赛的胜利，这体现了武术技击性的特点。武术散打激烈的对抗性以及对抗的特殊性不可避免地增加了对抗参与者受伤的潜在可能性。由于武术散打项目训练的科学化、专业化水平日益提高，以及运动员的技战术应用能力、体能储备以及抗击打等能力不断提高，武术散打比赛的强度以及对抗的激烈程度不断接近运动员的身体极限。这不仅促进了运动员防守能力的提高，使运动员在更强大的攻击下能更好地保护自己；同时也增强了运动员的攻击能力，使运动员的攻击更具破坏性。武术散打的攻击动作，无论踢打动作，还是抱摔动作，都具有一定的致伤可能性，轻微的损伤有擦伤、挫伤等，严重的损伤有关节脱位、骨折等。所以，在武术散打教学、训练和比赛中，要面对如何应对运动损伤的问题。

一、武术散打运动损伤的特点

（一）损伤的部位特点

在武术散打项目所发生的运动损伤中，个体不同，身体部位受伤的概率有所不同。有研究表明，武术散打项目运动损伤概率最大的部位是头面部，其次是腕部，其后是踝部。另外，小腿也较容易受损伤。

（二）损伤的类型特点

不同的体育运动项目，发生运动损伤的种类不一样，表现出一定的项目特点。有研究表明，武术散打运动损伤的种类较多，其中软组织挫裂伤比例最高，其次是关节韧带损伤，其后依次是肌肉损伤、关节损伤、关节脱位、骨折、创伤性骨膜炎、脑外伤等。

（三）损伤的轻重特点

按受伤情节轻重，运动损伤分为轻度损伤、中度损伤、重度损伤。不丧失运动能力的损伤为轻度损伤；丧失运动能力24小时以上，并需要去门诊治疗的损伤为中度损伤；需要长期治疗的损伤为重度损伤。有研究表明，从运动损伤的轻重程度上来说，武术散打运动损伤多属于轻度损伤和中度损伤。

（四）损伤的急缓特点

根据出现运动损伤的缓急情况，运动损伤分为急性损伤和慢性损伤。武术散打运动损伤多为急性损伤，急性损伤的发生率较高，而其中又以闭合性软组织损伤较为多见，其次为关节韧带损伤和肌肉拉伤。

二、武术散打运动损伤的产生原因

（一）参与者的安全意识不强

参与者的安全意识不强往往容易导致运动损伤，无论运动员，还是教练、裁判员，如果这些参与者没有足够的安全意识，会容易导致运动损伤的发生。

运动员在训练时如果麻痹大意、注意力涣散，很容易导致自己受伤或伤害对手。例如，前低鞭腿进攻对手的前腿内侧，如果攻防双方注意力不集中，进攻方攻击不到位，防守方防守方法错误，很容易出现踢裆情况，导致防守方裆部损伤。

教练如果责任心不强，对安全隐患的防范措施不到位、不恰当，平时对运动员的安全意识培养不够，更容易导致运动损伤的发生。

裁判如果执裁经验不足，缺乏安全意识，责任心不强，也会增加运动员受伤的风险。比赛时，当运动员没有按照规定穿戴相应的护具，如护齿、护裆，现场裁判未及时发现并给予纠正，很容易出现牙齿脱落、睾丸破裂等严重损伤。比赛时，当运动员出现违例、犯规或被重击时，裁判没有及时发出口令暂停比赛，也往往会导致运动损伤，如一方运动员被重击，而裁判没有及时暂停比赛，使该运动员再次被击打，这样往往会导致严重的运动损伤，甚至出现生命危险。

（二）自我防护能力不强

在武术散打运动中，运动员自我防护能力不强也是导致运动损伤的重要因素。自我防护能力不足体现在以下方面：① 训练时不能发现各种练习方法手段存在的安全隐患。② 不熟悉安全隐患的处理技巧。③ 自身运动水平低。表现在技术水平低，动作技术不熟练，力量、耐力、抗击打等水平低。技术动作不熟练，可能导致自己受伤，也可能伤害对手；腕关节、肘关节等周围肌肉力量不足，在攻击时往往导致这些关节受伤，自身抗击打能力不够，在别人进行攻击时，往往招架不住而受伤。

（三）准备活动不充分、不恰当

准备活动不充分主要体现在不做准备活动、准备活动不充分等方面。这种情况下进入正式训练、比赛，因为身体没有充分活动或身体局部没充分活动，容易导致运动损伤的发生。

准备活动不恰当主要体现在：缺乏专项准备活动，准备活动的量过大，静力牵伸练习过多，准备活动过早等。准备活动存在的这些问题可能成为出现运动损伤的隐患，如准备活动内容与训练内容结合不紧密、缺乏专项准备活动，往往让需要承担大运动量、高强度的身体部位没有充分活动；准备活动的量过大让运动员进入正式训练、比赛前就出现疲劳现象；时间过长的静力牵伸练习使肌肉过于放松；准备活动过早，运动员进入正式训练、比赛前身体已经冷却下来。

（四）技术动作存在错误

技术动作存在错误，也容易导致运动损伤，有时导致自己在训练中受伤，有时也会伤害别人。技术动作错误导致运动损伤在初学阶段发生较多，如做摆拳进攻时，腕关节不是外展而是内收，导致用攻击手臂的拳眼接触对方的身体，这往往会导致腕关节桡侧的韧带、肌肉等软组织受伤；如果攻击时肘关节过于伸直，这对肘关节前侧形成很大的冲击力，即反关节受力，这容易导致肘关节受伤。又如用鞭腿攻击时，攻击腿往往内旋不够，即扣膝不够，这样攻击时是用踝关节前面、足背靠内侧，容易导致踝关节前面靠内侧、足背靠内侧损伤。

（五）课堂安排不合理

课堂安排不合理体现在准备活动安排不合理、训练内容安排不合理、训练负荷安排不合理、方法手段安排不合理等方面。准备活动有关问题在前面已经单独描述了，这里不再赘述。就训练内容而言，技术练习与身体素质练习安排不合理，可能导致运动损伤的发生。身体素质训练负荷大时，运动员机体已经疲劳，再进行技术训练，不仅训练效果不好，而且容易受伤。耐力素质训练后，再进行速度、爆发性力量训练，也容易受伤。就训练负荷而言，过早地进行大运动量训练，容易导致运动损伤。训练强度安排不合理更容易出现运动损伤，典型的是对抗性训练强度安排不合理，如过早安排高强度条件下的对抗性练习，低水平运动员过早安排追求极限训练强度的对抗练习，体重差别较大的队员对抗，青少年运动员过早进行大强度的力量训练，都容易导致运动损伤。

（六）安全保护措施不充分

对于武术散打、泰拳、跆拳道、拳击、自由搏击等徒手格斗对抗项目，安全保护措施较为严格、全面。武术散打进行实战训练、正式比赛时，要求头戴护头，胸穿护胸，手戴拳套，脚穿护脚背等，还有护齿、护裆、护前臂、护脚背、护小腿、护大腿、缠手带等保护装备。在武术散打教学、训练中，如果安全保护措施做得不到位，容易发生运动损伤。

（七）违反竞赛规则或约定的规则

竞赛规则是比赛的重要文件，运动员、教练及裁判必须遵守竞赛规则。武术散打运动中以下几类犯规行为容易导致运动损伤：① 使用禁止使用的技术动作进行攻击，如使用肘、膝技术进行攻击，很容易使对手受伤。② 攻击了规则不允许攻击的身体部位。后脑、颈部和裆部是武术散打运动中禁止击打部位，这些部位是人体的要害部位，禁不起暴力攻击，被违规攻击后很容易受伤，甚至会造成严重伤害。除了比赛规则的约定，在平时的对抗训练中，为了强化某一技能，会采取条件实战形式进行练习，对攻击方法、攻击部位等临时进行特殊的限定，如果一方运动员不严格遵守约定的规则，就容易导致另一方伤害。

（八）医务监督缺位

在现代竞技体育体系中，医务监督的作用不可或缺。在武术散打教学、训练中，医务监督的缺位主要表现为：① 对运动员受伤的检测不及时、不到位。例如，运动员身体某些部位受伤了，可能比较严重，暂时不适合参加训练，由于医务监督的缺位，运动员受伤的情况及是否适合继续训练的建议不能及时反馈给教练或运动员，运动员带伤参加训练，导致伤情加剧。② 对运动疲劳监测不到位，运动员长时间运动可能引起身体能力严重透支，各项身体机能明显下降，出现极度疲劳，暂时不适合继续参加训练或比赛，但由于医务监督未能及时发现，导致运动员出现过度训练而发生运动损伤。

（九）场地、器材等不合格

在武术散打教学、训练中，如果场地、器材质量不合格或过于陈旧老化，不能起到应有的保护作用，如护胸、护头过于单薄、缺乏弹性等，被击打时缓冲效果差，容易引起损伤；手靶、脚靶的靶面或沙袋表面出现凹凸情况、硬软不均匀等问题，容易导致拳面、脚背受伤；场地铺设的保护垫质量不好，如太软或太硬，垫子间有凹陷等，以及场地光线昏暗或刺眼，墙壁缺乏保护层、玻璃没做好防碎等，也都会导致损伤。

（十）课堂纪律松懈

课堂纪律松懈表现为课堂秩序混乱，随意性大，参与者我行我素，教师或教练的意图未能或未完全得到贯彻。相对来说武术散打教学、训练具有一定的暴力性，如果课堂纪律松懈，没有处理好、控制好它的暴力性，就会带来很多危机，并导致运动损伤。在武术散打教学、训练课堂中，运动员如果无意或有意运用这些暴力，就会容易造成伤害。例如，课堂上两个运动员发生矛盾动手打架了，两个武术散打运动员打架相对来说更具伤害性。又如，课堂里水平相差较大的两个运动员进行对抗练习，假如水平高的一方不控制自己的攻击力度，就可能给水平低的一方带来伤害。在武术散打训练中，会使用器械。如果控制不好器械，也会给运动员带来伤害。例如，进行负重深蹲练习时，由于身体疲劳等原因，运动员突然支撑不了这种负荷，如果没按要求做好保护，就会被杠铃压倒在地，这种情况非常危险。

三、武术散打运动损伤的预防措施

（一）提高参与者的安全意识

1. 提高教练的安全意识

教练要不断积累教学、训练经验，清楚了解技术动作、练习形式以及训练方法手段等存在的安全隐患，掌握预防各种安全隐患的措施。如果教练能认真落实各种安全防护措施，及时发现并解决教学、训练时存在的安全问题，不断培养学生的安全意识，提高学生的自我保护能力，就能大大降低运动损伤发生的可能性。

2. 提高裁判的安全意识

裁判具有良好的安全意识，提高分析各种可能增加运动损伤风险的能力。裁判对比赛中可能出现的运动损伤有预见性估计，能第一时间正确处理运动损伤，口令果断、手势规范，能减少运动损伤的发生或减轻运动损伤的后果。

3. 提高运动员的安全意识

运动员是教学、训练的主体，提高安全意识对减少运动损伤具有重要意义。运动员要把减少运动损伤时刻记在心间，预判练习中可能存在的安全隐患并及时排除，在做好自我保护的同时，还要保护好配对练习或正式对抗的对手。

（二）提高自我防护能力

提高自我防护能力主要表现在：① 对可能出现运动损伤的预判能力，包括对做某一动作、进行某一练习、实施某一任务等可能存在的安全隐患的预判。② 了解武术散打教学、训练常用的练习方法和手段、活动形式等存在的安全隐患，并懂得处理安全隐患的方法和技巧。③ 提高自身技术和身体素质，精湛的技术动作、较强的身体素质有利于减少运动损伤的发生。

（三）做好准备活动

训练课前准备活动必须做到充分、全面、合理，准备活动内容一般包括慢跑、关节操、轻松游戏、柔韧性练习等。准备活动的目的是提高中枢神经系统的兴奋性，特别是克服自主神经的惰性。准备活动不能只重视躯干和四肢的大肌肉，而忽视较小关节和肌肉的活动。天气过冷或过热时，容易出现情绪过度抑制或兴奋，导致准备活动不充分或过量，容易发生运动损伤。

在准备活动中还应注意，若同一次训练课中安排了不同的训练内容或不同的训练方法和手段，应该做一些针对性较强的准备活动。例如，训练内容安排了打靶、沙包训练，准备活动内容应安排压脚背、活动腕关节和肩肘关节等内容。又如，在进行双人条件实战或实战前，先对头部、腹部等抗击打较薄弱的部位进行较重的拍击。

（四）改进技术动作

不断改进、提升技术动作不仅可以提高攻击的质量如速度、力量，还可以提升防守的效果，使防守更快、更准，也能减少运动损伤。改进技术动作，要遵循技术动作学习的规律，掌握动作细节，包括动作方法、动作要领、运动路线、发力方法、注意事项、攻击部位等。对于技术动作，不仅要学会，还要通过训练不断熟练，精益求精，形成动作定型，即使到了高水平阶段，也要重视基本技术的改进。

（五）合理安排教学、训练课堂

在武术散打教学、训练中，要遵循教育教学规律、人体生长发育规律、运动技术技能形成规律等，科学合理安排教学、训练课堂中所涉及的各要素，尽量减少课堂中的运动损伤。就准备活动来说，要求运动量和运动强度合适，时间要适中，基本内容要具有针对性、与后续训练时间的安排要合理等。课堂的准备部分、基本部分和结束部分的时间分配要合理；技术训练、身体素质训练要安排合理，一般先进行技术练习，再进行身体素质训练，以身体素质训练为主的课，应先进行速度素质练习、爆发力练习，再进行耐力素质练习。要把握好整堂课的运动负荷，对于每一项练习，要合理安排训练量、训练强度及间歇时间等方面，不能出现过度训练。在武术散打教学、训练中，对抗性训练内容的安排非常重要，要科学、合理地安排对抗性训练的时间、方式、分量等内容，对于初学者，不能过早过多地进行对抗性练习。

（六）强化安全保护措施

强化安全保护措施对于减少运动损伤具有重要作用。在武术散打教学、训练中，要准备足够的武术散打专门护具；运动员要掌握护具的穿戴方法和技巧，在平时训练时，尤其是对抗训练时，要穿戴好护具，对于容易受伤的身体部位如手腕、足背、面部要进行重点保护。

（七）严格遵守竞赛规则或约定

为了减少因犯规而导致的运动损伤，就要严格遵守规则。首先，要认真学习武术散打竞赛规则，掌握规则是遵守规则的前提。其次，在教学、训练中形成遵守竞赛规则的习惯。最后，教练要重视培养运动员遵守竞赛规则。另外，在平时进行条件实战训练时，对于临时约定的规则，对抗练习的双方运动员一定要弄明白、弄清楚。

（八）重视医务监督

重视医务监督主要体现在：① 对运动员应定期进行体格检查，包括参训前健康调查或检查以及训练期间身体机能状况实时监督。② 参加重大比赛前后要进行身体检查和复查，对身体检查不合格者，则不允许参赛。③ 伤病初愈的队员须征得医生同意方可进行训练。④ 身体有不良反应时，要认真分析原因，并采取必要的保护措施，严格掌握运动量，不练习高难度动作。

在训练期间，应重视对运动员身体机能状态进行实时监督。通过测定反映身体机能的生理生化指标，了解运动员身体对训练负荷的适应性以及训练后的身体机能恢复情况，确保在较适宜的运动负荷和体力充沛的情况下训练，避免运动损伤的出现。

（九）强化场地、器材的管理

如果场地不好或不平，场地上有铁钉、碎玻璃，场地过硬、过滑、过薄；器械安装不良或不安装器械，器械有裂缝或生锈，器械年久失修，器械安放位置不合理；服装不合适；缺乏保护设备；场地照明条件差，场地气温过高或过低，等等，这些原因都可能导致运动损伤。

进行武术散打训练或比赛时，场地应该有软垫，软垫上铺有盖单，四周应该有保护软垫，使用的护具应该符合比赛标准。

（十）强化课堂纪律

在组织武术散打教学与训练时，必须有严格的训练纪律，并且要求每个运动员严格遵守。武术散打训练方法手段多种多样，不论个人形式如空击、打沙包等，还是双人配合形式如打靶、条件实战、实战等，身体承受的运动强度处在高位状态时，任何不按要求的行动都可能会造成伤害。

第二节　常见武术散打运动损伤

一、擦伤

擦伤是指钝性致伤物与皮肤表皮层之间进行摩擦而造成的以表皮剥脱为主要症

状的损伤，又称表皮剥脱，是皮肤表面受伤，是开放性损伤中最轻的一类创伤。擦伤除伤及皮肤表层之外，也可能伤及真皮层。擦伤可单独存在，也可能与挫伤、挫裂伤等并存。

在武术散打教学、训练及比赛中，出现擦伤是较为常见的现象。用拳、腿击打身体，很容易擦伤被击打者的皮肤；不戴拳套、护脚背等保护设备，用赤拳、赤脚击打拳靶、脚靶、沙包等器材时，也很容易擦伤拳面、足背等身体部位；在许多倒地动作中，皮肤与皮革、泡沫垫等摩擦也会导致擦伤，如一方用腿攻击，被另一方接腿后，高高摔倒在地，这时容易导致与保护垫直接接触的身体部位的皮肤擦伤；做前倒、后倒、鱼跃抢背等滚翻动作时，落地动作不正确、不熟练往往导致擦伤发生。

擦伤后，最好先用生理盐水冲洗消毒，然后外敷凡士林油，并用纱布加压包扎，如无感染，两周后即可痊愈。轻微擦伤，可以用2%的红汞水或1%～2%的甲紫液涂抹，可不用包扎。

二、挫伤

挫伤是指由钝器作用造成以皮内或（和）皮下及软组织出血为主要特征的闭合性损伤。挫伤的实质是软组织内较小的静脉或小动脉破裂出血，血液主要在皮下疏松结缔组织和脂肪层内。挫伤一般有疼痛感（一般持续24小时）、肿胀及出血等症状。一般挫伤后，出血逐渐吸收，皮肤表面有时会出现皮肤瘀斑。挫伤是闭合性伤口，一般不会产生感染。严重的挫伤，尤其是小腿或肘关节的严重挫伤，有时妨碍血液循环，引起局部肌肉的缺血性挛缩。早期症状主要是肢体末端青紫肿胀、麻木、发凉、运动障碍。

在武术散打教学、训练及比赛中，出现挫伤也是较为常见的现象。用拳、腿击打身体，用力过猛很容易挫伤被击打者的身体。如果攻击者是用赤足背攻击对方小腿、前臂等较坚硬的地方，自己的足背也容易出现挫伤；在双方接触性攻防练习中，不小心被对手的肘部、膝部攻击，被攻击的部位也容易出现挫伤；在许多倒地动作中，如一方用腿攻击，被另一方接腿后，高高摔倒在地，这时容易导致与保护垫直接接触的身体部位的皮肤挫伤；做前倒、后倒、鱼跃抢背等滚翻动作时，落地动作不正确、不熟练往往导致受力部位的挫伤发生。

伴有严重休克的损伤，如睾丸挫伤、腹部挫伤，急救处理时首先要处理休克，然后将伤员安放在适当的地方进行休息。睾丸挫伤应以三角带吊起裆部，进行仰卧姿势，局部冰敷。上臂及手的挫伤可利用绷带悬吊患肢使之休息；下肢挫伤则静卧床上，同时进行冷敷加压包扎，有利于减少出血、肿胀；股四头肌及小腿部严重的挫伤，多伴有严重的出血，应严密观察。

三、指腕关节损伤

手腕受伤是武术散打运动较为常见的运动损伤之一，腕部损伤主要是手腕部的桡腕关节、腕骨间关节、腕掌关节、掌指关节、指间关节等周边的肌肉、韧带等软组织损伤，受伤的主要形式是扭伤、挫伤。在武术散打运动中，由于手臂的灵活性，其既是主要的进攻武器，用于各种进攻技术方法中，如冲拳、掼拳、抄拳、转身后鞭拳，同时又是重要的防守工具，用于各种防守技术方法中，如拍挡、挂挡、抄抱。在频繁的攻防对抗中，作为拳法攻防前锋的手腕部，往往容易出现运动损伤。

武术散打竞赛规则规定，用上肢作为攻击手段攻击对手时，只限于拳头接触对手身体才能得分，手臂（肘部除外）击打对手则不予给分，所以武术散打对抗比赛用上肢攻击时，大多数时候力量最后汇集于拳面上，尤其是汇集于第二、三掌指关节及近节指骨上，只有转身后鞭拳攻击时力量汇集于拳轮上。由于在用拳法攻击时，拳头需要承受全身协调发力汇集过来的综合力量，这种力量较大，如果出现动作不正确、自身力量不够、拳头攥握不紧等情况，或者对手被攻击部位出现变化，往往造成手部关节、肌肉、韧带等出现损伤。轻微的损伤为皮肤擦伤，较严重的损伤是手部各关节周围的韧带扭挫伤，严重的损伤就是掌骨、指骨骨折及三角软骨损伤。

腕关节的灵活性较好，但稳定性薄弱。腕关节结构较为复杂，使用较为频繁，可以适应各种运动动作和手的多种复杂功能，也常因各种动作错误或用力不当而导致扭伤、挫伤，严重时甚至出现脱位或骨折。在武术散打运动中，技术动作错误或用力不当时，往往导致腕关节损伤。利用冲拳、掼拳、抄拳等拳法攻击时，腕关节往往要承受巨大的冲击力，若攻击动作不对，或攻击力量过猛或腕关节周边的肌肉力量不足等，都可能导致腕关节损伤；使用掼拳攻击时，腕关节没外展而致使拳眼接触对手身体、靶、沙袋等，往往会导致腕关节桡侧副韧带受伤；在完成前倒、鱼跃抢背等跌扑动作时，用手掌、手背触地，致使腕关节过度背伸或掌屈，引起腕部韧带、筋膜的扭伤、挫伤，甚至撕裂、脱位等。

腕部损伤情况较轻时，一般腕部酸痛无力；损伤情况较重时，会出现肿胀疼痛，功能障碍；发生挫伤时，一般肿胀较厉害，可见皮下有瘀斑。腕部伤情较轻、压痛不明显时，可用按、摩、揉、捏等手法轻缓按摩腕部，再拿住受伤手腕的拇指及第一掌骨左右摇晃3~6次，拔伸其余四指，使筋急、痉挛得以松弛，然后屈伸手腕，理顺经络。腕部伤情严重时，应用贴合腕部的纸板或铝板等固定装置将腕部固定在功能位（图7-1），视病情可在约3周后拆掉固定装置，或改用纱布、绷带、胶布、护腕或肌贴等进行保护。

图7-1 腕部严重损伤时的固定

视频：腕部严重损伤时的固定

在武术散打运动中，手部常见的运动损伤是掌指关节侧副韧带损伤，尤其是第二、三掌指关节侧副韧带的损伤。受伤后掌指关节肿胀，疼痛剧烈；掌指关节做伸、屈、内收、外展活动时受限；掌指关节侧方有明显压痛，以一侧较明显；如出现掌指关节侧副韧带断裂时，侧方活动范围比正常大，关节不稳定。当出现掌指关节侧副韧带断裂时，首先要"制动"，即防止其活动。如果是第一掌指关节侧副韧带出现断裂，用石膏托或纸板等固定装置将掌指关节固定于功能位，如果是第二至第五掌指关节侧副韧带出现断裂，可将伤指与靠近伤侧的手指，用胶布环绕数圈固定在一起。以第二掌指关节侧副韧带损伤为例，包扎固定时与第三掌指关节捆绑在一起（图7-2），可以轻度地做屈伸掌指关节的功能锻炼，切忌做侧方的运动，固定3~4个星期。

图7-2 第二掌指关节侧副韧带损伤的固定

视频：第二掌指关节侧副韧带损伤的固定

四、踝关节和足部损伤

在武术散打运动中，腿部既是主要的进攻武器，用于各种进攻技术方法中，如鞭腿、踹腿、蹬腿，同时它又是重要的防守工具，用于各种防守技术方法中，如提膝、收腿、阻截。在频繁的攻防对抗中，作为腿法攻防前锋的足踝部，往往容易出现运动损伤。

在武术散打运动中，用腿法进行攻击时，用于攻击的身体部位有两个：一是足底，如蹬腿、踹腿、后摆腿等攻击技术，就是以足底为攻击手段；二是足背（客观地说，是以踝关节为中心的足背上端和小腿下端构成的曲面），如鞭腿、勾踢腿，就是以足背为攻击手段。用足底作为攻击手段时，由于足底的脂肪、肌肉等软组织较厚，攻击时缓冲效果好，一般造成足底肌肉、筋膜等部位受伤的可能性较小。用脚背作为攻击手段攻击时，由于脚背的肌肉、韧带等软组织较少，而腿法攻击的力量相对于拳法又会大很多，所以，用足背作为攻击手段较容易使足踝受伤。在运用足背作为攻击手段容易受伤的原因主要有：① 击中时，自己攻击腿的足背接触面不对，正确的部位应为以攻击腿的踝关节为中心的足背正上方近踝端和小腿近踝端构成的曲面，由于动作错误或不到位，往往实际接触面只是小腿，或只是足背，或足背内侧，甚至只是脚趾，这样很容易造成运动损伤。② 击中时，击中的是对手坚硬的身体部位，尤其是又坚又硬的身体部位，如小腿的前部内侧面、肘尖及膝关节，这样也很容易使自己受伤。轻微的损伤有擦伤、软组织的挫伤等，较严重的损伤有踝关节周围的韧带扭挫伤、肌肉拉伤等，严重的损伤有足踝部出现关节脱位、骨折等。

视频：第二趾间关节侧副韧带损伤的固定

踝关节腓侧相关韧带损伤、跖趾关节损伤、趾间关节损伤是武术散打运动踝关节及足部损伤中较常见的类型之一，主要发生原因是攻击时用足背前部或脚趾部接触对方身体，导致足背前部、脚趾部受力过大，踝关节前部韧带过度牵拉。还有一个原因是攻击者的足背击中对手坚硬部位，导致挫伤。足部较常见的损伤是跖趾关节、趾间关节周围的韧带发生扭伤，第一跖趾关节侧副韧带出现扭挫伤较为常见。踝关节常见的损伤是踝关节腓侧副韧带损伤、肌肉挫伤。趾间关节受伤后可以参照指间关节受伤后的处理方法。以第二趾间关节侧副韧带损伤为例，包扎固定时与第一掌趾关节捆绑在一起（图7-3），踝关节受伤后可以参照腕关节受伤后的处理方法（图7-4），受伤严重时避免使用患肢行走，可以用担架或搭他人肩以单腿跳步行走，以免患肢受力而加重伤势。

视频：踝关节严重损伤时的固定

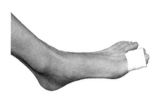

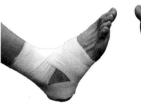

图7-3　第二趾间关节侧副韧带损伤的固定　　图7-4　踝关节严重损伤时的固定

五、膝关节损伤

在武术散打运动中，膝关节内侧副韧带损伤、外侧副韧带损伤、前后交叉韧带损伤较为常见，这些损伤主要由外翻力、内翻力所引起，作用于小腿外侧的外翻力容易导致内侧副韧带等损伤，作用于膝关节内侧的内翻力容易导致外侧副韧带损伤。按照武术散打竞赛规则及技术要求，膝关节虽然击中后不予给分，但也不算犯规，实战姿势要求两脚前后站立，多数人采用正架实战姿势。在实战对抗时，膝关节经常遭受前、后低鞭腿的击打。以双方均采用正架为例，左膝内侧容易遭受对手前低鞭腿的击打，左膝外侧容易遭受对手后低鞭腿的击打，容易导致膝关节受到内翻力（对手前低鞭腿提供）和外翻力（对手后低鞭腿提供）的攻击而受伤。当膝关节处于或近似于完全伸直状态站立时，腿、膝关节外侧遭受后低鞭腿击打，使被击打的膝关节内侧的胫骨和股骨间的距离被拉长，也使内侧副韧带紧张，当打击力太大时，软组织就会受损，首先内侧副韧带和关节囊滑膜层被撕裂，其次前交叉韧带受损，还可能伴随内侧半月板受损。如果被击打时膝关节几乎完全伸直，后交叉韧带可能代替或随同前交叉韧带一起被撕裂。同样道理，小腿上段内侧被前低鞭腿产生的击打力（内翻力）击打时，损伤结果与外翻力所引起的损伤相似，但损伤部位与其相反，这种力的作用机制使外侧副韧带、内侧关节囊以及交叉韧带受伤。

根据韧带受伤程度，膝关节内侧副韧带受伤分为部分损伤、完全损伤及联合损伤。在遭受外翻力后，受伤后的膝关节内侧突然出现剧烈疼痛，关节强迫于屈曲位置，腘绳肌出现保护性痉挛，几乎不能活动，只能勉强用足尖行走。轻、中度内侧副韧带损伤，如果没有造成关节内结构损伤，一般不会引起膝关节肿胀，经过简单固定可以继续训练或比赛；严重的内侧副韧带损伤，会造成内侧副韧带深层损伤，特别是伴有半月板损伤、交叉韧带损伤或关节骨折，膝关节会出现关节肿胀、积血，功能障碍更加明显。对于膝关节内侧副韧带部分性损伤，损伤早期主要防止损伤加重、固定、止痛。局部立即进行氯乙烷麻醉、降温或冷敷，松软敷料、弹性绷带加压包扎固定（图7-5），抬高受伤肢体，尽量减轻肿胀。72小时后进行局部外敷或用中药外敷，并开始股四头肌功能训练。3个星期后在局部支持带或支具辅助下撑拐杖行走并进行关节活

图7-5 膝关节内侧副韧带损伤的固定

视频：膝关节内侧副韧带损伤的固定

动度训练。9个星期后去掉支具或拐杖进行屈伸活动，逐渐进行抗阻锻炼。一般3个月后恢复正常活动。对于膝关节内侧副韧带完全性损伤及复合性损伤，需要进行相应的手术修复，手术后按照有关康复程序进行康复训练。

根据韧带受伤程度，膝关节外侧副韧带损伤分为部分损伤、完全损伤及联合结构损伤。在遭受内翻力后，膝关节外侧局限性疼痛、肿胀，如果没损伤到关节囊、半月板、交叉韧带，一般不会出现关节积液。关节外侧的压痛点对判断损伤部位有重要参考意义。内翻应力试验（膝关节伸直位及屈曲30°位）外侧间隙张开呈阳性。如果存在联合结构损伤（伴有关节囊、交叉韧带及外侧肌肉损伤），则膝关节内翻异常活动增大，抽屉试验呈阳性，甚至出现膝关节后外侧不稳定现象。对于单纯外侧副韧带部分损伤，可以保守治疗，采用支持带、石膏或支具固定3~6周（图7-6），股四头肌等长收缩，下肢功能康复训练等办法。对于外侧副韧带完全性损伤及联合结构损伤，需要进行手术治疗。

视频：膝关节外侧副韧带损伤的固定

图7-6　膝关节外侧副韧带固定

六、眉弓开裂

武术散打中经常出现眉弓开裂，其主要是指附在眉弓上面的皮肤等软组织在被头、肘等坚硬部位撞击或被拳、腿打击后出现撕裂的开放性损伤。在武术散打运动中，头面部是拳法、腿法经常攻击的地方，所以击中眉弓的概率也很大；在攻防对抗中，双方运动员常常进入抱缠状态，出现抱缠情况2秒内，裁判不会暂停比赛，允许相互攻击，这时运动员都喜欢把自己的头部贴在对手头部上，以避免被攻击，这样经常导致眉弓撞到对手头面部甚至头顶而导致破裂；肘、膝技术在武术散打中不允许使用，但是对抗双方在贴身对抗时，肘部、膝部等坚硬部位误伤到眉弓也会引起其周边软组织破裂。

在武术散打教学、训练、比赛中，出现眉骨开裂，就要进行急救，急救的第一步就是止血，然后进行包扎。

眉弓部由颞浅动脉供血，眉弓开裂时，止血的方法有指压颞浅动脉止血法、直接压迫止血法、加压包扎伤口止血法。

指压颞浅动脉止血法，就是在受伤眉弓一侧的耳朵前，一只手的拇指对准下颌关节压迫颞浅动脉，另一只手固定伤员头部（图7-7）。指压颞浅动脉止血法可以结合直接压迫止血法、加压包扎伤口止血法同时进行。

直接压迫止血法，就是用无菌纱布直接压迫受伤的眉弓处（图7-8），压迫时间大概需10分钟，没有无菌纱布时，可以用消毒卫生巾、餐巾等代替。

视频：眉弓开裂时指压颞浅动脉止血法

视频：眉弓开裂时直接压迫止血法

图7-7　指压颞浅动脉止血法

图7-8　直接压迫止血法

加压包扎伤口止血法，就是先用无菌纱布覆盖在受伤眉弓上、压迫伤口，再用三角巾或绷带用力包扎裹紧（图7-9）。同样，没有无菌纱布时，可以用消毒卫生巾、餐巾纸等代替。

视频：眉弓开裂时加压包扎伤口止血法

图7-9　加压包扎伤口止血法

七、鼻出血

在武术散打运动中鼻出血主要指创伤性鼻出血，主要是由拳法、腿法等技术击打或头部、肘部、膝部、肩部等坚硬部位撞击等机械性损伤而导致的鼻出血。在武术散打运动中，头面部是拳法、腿法，尤其是拳法的高频率攻击区，鼻子属于非禁击部位，在平时对抗训练和正式比赛中，鼻子被击打的可能性较大，如果鼻中隔血管区或其附近受到外力打击时，绝大多数会发生创伤性鼻出血，一般两侧出血的情况较多，出血量视被击打的力度及自身鼻部周围软组织的承受能力而定。如果鼻部被击打的力度较大，鼻部周边的肌肉、血管等软组织被破坏严重，那么出血量较多，甚至伴有软骨、鼻骨骨折发生。如果被击打者属于易出血性鼻子，那么被打击后出血也较多。

鼻损伤后，鼻孔一侧或两侧流血、疼痛、肿胀，有时局部有瘀斑。如果救治不及时，流血过多，或过度紧张而流血不止时，由于失血过多，患者会出现面色苍白、冷汗淋漓、手脚发凉，心跳加快，血压急剧下降，最后陷入休克的危险。

鼻被击打出血后，现场急救时，采取压迫法止血，用拇指、食指捏住鼻翼2~5分钟，可以止血（图7-10）；同时冷敷额头部，并反复更换。一般出血，可用消毒棉球浸上1%麻黄素液或1%肾上腺素液（有收缩血管作用）塞入鼻腔中，过一会儿即可止血。对于反复出血或出血很多时，须清洁鼻腔积血，找到出血的确切位置，然后用已消毒的凡士林纱布填压在出血部位进行压迫止血。

图7-10　鼻出血时压迫止血法

见频：鼻出血时压迫止血法

八、关节脱位

（一）肩关节脱位

在武术散打运动中，经常有倒地动作包括主动倒地、被动倒地，这些动作会导致肩关节脱位损伤。

肩关节脱位会出现肩关节疼痛、肿胀及功能障碍症状；伤后上臂固定于外展内旋位，肩部由钝圆形变平，肩峰特突出，呈"方肩畸形"；肩峰下凹陷，关节盂空虚，关节呈弹性固定；患者如手部放在对侧肩上，则上臂不能紧贴胸壁，如先将手臂贴在胸壁，则患手不能触及对侧肩部。

根据肩关节受伤后表现出来的症状，确定脱位，应尽快复位，复位前注意检查有无并发症。肩关节脱位如在初期治疗不当，会发生习惯性脱位。复位的方法很多，根据需要采用不同的方法。

1. 足蹬法

视频：肩关节脱位足蹬复位法

患者仰卧，术者位于患侧，双手握住患肢腕部，足跟置于患侧腋窝；两手用稳定持续的力量牵引，牵引中足跟向外推挤肱骨头；同时旋转，内收上臂即可复位，复位时可听到较大的响声。

2. 科氏法

视频：肩关节脱位科氏复位法

一手握住患肢腕部，使之屈肘到90°，让肱二头肌松弛，另一手握住肘部，持续牵引，稍外展，逐渐将上臂外旋；然后内收让肘部沿胸壁接近中线，再内旋上臂，这时即可复位，并可听到响声。

这种方法在肌肉松弛的情况下进行才容易成功，切忌用力过猛，防止肱骨颈部因受到过大的扭转力量而发生骨折。

3. 牵引推拿法

让患者仰卧，第一个助手用布单套住胸廓向健肢一侧牵拉；第二个助手用布单通过腋下套住患肢向外上方牵拉；第三个助手握住患肢手腕部向下牵引并做外旋内收，三个助手同时徐徐持续牵引；术者用手在患肢腋下将肱骨头向外推送以复位。

视频：肩关节脱位牵引推拿复位法

将前脱位后的肩关节复位后，让患肢处在内收内旋位置，腋部放置棉垫，再用绷带、三角巾等将患肢固定于胸部前面（图7-11），一般3个星期后，让关节囊及其周边的软组织逐渐愈合后，才能开始肩部运动，康复训练主要是恢复肩关节的活动度，不能过早地使患臂用力。康复训练较晚可能导致该关节部分正常功能丧失，同时康复训练要做好肩关节周围肌肉力量训练，防止形成习惯性脱位。

图7-11 肩关节前脱位复位后固定

视频：肩关节前脱位复位后的固定

（二）肘关节脱位

在武术散打比赛中常发生肘关节脱位。比如跌倒时上肢伸直，手掌撑地，地面反作用向上传导到尺骨、桡骨，尺骨鹰嘴突出发挥了杠杆作用，使尺骨、桡骨近端向肱骨远端的后方脱位。肘后直接遭受外力打击或肘部在屈曲位时撞击地面等直接暴力，致使尺骨鹰嘴骨折和尺骨近端向前脱位。

肘关节脱位后，肘关节有疼痛、肿胀现象，畸形，出现正常活动障碍；后脱位时，肘呈半屈曲位，肘窝处可以触及肱骨远端，肘后可看见且可以触摸到尺骨鹰嘴明显向后突出，"肘后三角关系"发生改变。前脱位时，肘关节呈伸直位，前臂移向前方，"肘后三角关系"也发生改变。

视频：肘关节脱位膝肘复位法

肘关节脱位后，一般手法复位均可成功。复位时，患者取坐位，患肢局部或臂丛麻醉，损伤时间在30分钟以内也可不麻醉，牵引前臂，后脱位时向后压上臂，前脱位时向前推顶上臂即可，复位时可听到响声。如复位，关节活动和骨性标志即恢复正常，如果一人操作，可用膝肘复位法或椅背复位法。

视频：肘关节脱位椅背复位法

复位后，用石膏或夹板将肘固定于屈90°位，再用绷带、三角巾等将患肢固定于胸部前面（图7-12），3个星期后去除固定装置，逐渐进行主动的功能康复训练，要防止被动牵拉，以免引起骨化性肌炎。

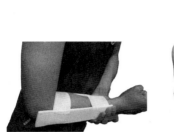

图7-12　肘关节脱位复位后的固定

九、裆部损伤

在武术散打运动中，裆部是禁击部位，但常常会出现一些腿法进攻时击中裆部的现象，常见的情况是一方用低鞭腿进攻对方大腿内侧，攻击动作不准确或对手防守移动导致攻击位置不准确，而误伤对手的裆部；还有踹腿、蹬腿、转身后蹬腿攻击位置过低，也会误伤裆部。由于男性生殖器的结构特点，往往更容易被击中。尽管比赛时要求运动员穿戴护裆进行保护，但被击中后还是会导致一定的损伤，有时会出现严重的损伤，受伤的主要器官是阴囊、睾丸和阴茎。

阴囊损伤后伤处出现疼痛，疼痛向上放射到腹部，会引起腹肌紧张甚至痉挛，损伤局部出现阴囊肿胀、皮肤瘀斑，局部压痛很明显，睾丸界限不清晰或明显肿大、质硬。

睾丸外伤分为挫伤、血肿及破裂三种类型。睾丸损伤时患者会立即出现明显的疼痛，常伴有恶心、呕吐，甚至晕厥，严重时出现肿胀、瘀血和畸形等。阴囊损伤常常伴随睾丸损伤及阴囊部外伤，一旦出现阴囊血肿，应首先考虑到也可能是睾丸损伤。睾丸包裹于阴囊里面，血肿、疼痛等通过物理检查常常难以判断是否有损伤。

阴茎损伤主要有阴茎挫伤、阴茎脱位、阴茎皮肤撕脱伤等。阴茎挫伤临床表现为阴茎皮肤肿胀，皮下少量出血及大小不等的瘀斑；阴茎脱位时组织损伤严重，局部血肿明显。

裆部出现阴囊损伤、睾丸损伤和阴茎损伤时需进行现场急救。伤情不严重时，可以采用患者自己托住裆部向上跳的办法进行缓解（图7-13），或采用别人抱住伤者腰部，患者自己托住裆部向上跳的办法进行缓解（图7-14）；伤情较严重时，要采取冷敷、镇静、止痛、止血、阴囊抬高等措施，让患者取仰卧位，保持屈膝屈髋体位直到疼痛减轻，冷敷受伤部位，冷敷时不用挤压损伤区。如果进行上述处理20分钟后疼痛无法缓解，睾丸缩入腹腔或出现血尿或蛋白尿，应立即送医院处理。

视频：裆部损伤时自行上跳缓解疼痛

视频：裆部损伤时别人抱起上跳缓解疼痛

图7-13　自行上跳缓解疼痛

图7-14　别人抱起上跳缓解疼痛

十、创伤性休克

　　休克是人体遭受体内各种强烈刺激后所出现的严重全身性综合征。患者在临床上表现以急性周围循环衰竭为主要特征，有效循环血量急剧减少是复杂综合征中的主要问题。由于有效循环血量绝对或相对的大量减少，使组织器官缺血、缺氧而引发一系列代谢紊乱、恶性循环，进而导致多器官功能衰竭，如不及时进行处理，就会导致死亡发生。

（一）武术散打中导致休克的损伤

1. 脑震荡

　　大脑神经细胞和神经纤维受到震荡后引起一时性功能障碍，短时间意识丧失，一般不久即可恢复。在武术散打运动中，头部被重击、被摔时头部着地等很可能导致休克，常见的是颌骨被重击而休克。

发生脑震荡后，意识丧失（昏迷），呼吸表浅，脉搏稍缓，肌肉松弛，瞳孔稍大但对称，神经反射或消失，常忘记当时受伤的情景，伴有头晕、头痛、恶心或呕吐等症状。

出现脑震荡的现场处理：让患者安静、平卧（不可坐起或站立），头部冷敷，注意保暖。对昏迷者可掐人中穴，也可针灸人中穴、合谷穴等穴位。对呼吸不畅者可进行人工呼吸。如症状较重，呼吸不畅时间较长，瞳孔放散不对称，血压下降，脉搏缓慢，应马上送医院治疗。

视频：脑震荡的现场急救

2. 脊髓损伤

脊柱可分为颈椎、胸椎、腰椎以及尾椎（包括骶椎和尾椎），脊柱的任何损伤都可能伤及脊髓及其神经根，这可以导致身体某些部位出现暂时或永久性感觉丧失或者麻木。在武术散打运动中，用力击打或突然施贴身摔等动作，容易导致脊髓受伤。脊髓受伤有扭伤、骨折、挫伤和拉伤等。鞭腿、踹腿等腿法击中头颈部，运动员倒地时脊柱被硬物撞击等，常常可能导致颈椎骨折或挫伤；抱腿过胸摔中被摔方的头部着地挤压脊柱导致颈椎骨折、挫伤和脱位；摔法中突然用力、摔沙人练习中突然发劲等都可能导致脊髓骨折、扭伤和拉伤。

出现脊柱损伤时，脚趾、足部、手指或手感觉麻木，无法活动脚趾或手指，患者两手力量相差明显，脊椎附近肌肉痉挛，也可能出现呼吸困难。

如果出现身体活动障碍、力量明显减弱情况，或者怀疑有脊柱骨折时，派人找医务人员进行急救，固定伤员的头部和脊柱，对意识丧失的运动员，注意检查呼吸和心跳，必要时进行人工呼吸，抑制过度换气，需要时处理休克，有流血时进行止血，并及时送医院就医。

3. 腹部、腹腔神经被重击损伤

武术散打运动中，腹部很容易被踹腿、蹬腿及转身后蹬腿等腿法重击，出现暂时性休克，若受伤后意识清楚，经过短暂休息后，能很快恢复则可以继续比赛，如仍有不适感觉则送医院进行治疗。

4. 颈部被重击损伤

在武术散打运动中，颈部属于禁击部位，但也常常出现颈部被重拳或重腿击中、颈动脉受震或颈部软组织受挫伤而出现休克的现象。颈部受伤后，可出现颈部疼痛，有负重感，转动不灵，局部肿胀、压痛、肌肉痉挛，亦可见瘀斑。

现场急救时，用颈托先固定颈部（图7-15），然后送医院检查，排除颈部骨折、脱位或椎间盘突出后，可以采用点穴法、揉捻法、滚法、提捏法、推按法、捻散法、旋转复位法等轻手法进行处理。这些手法对颈部挫伤，效果良好，具有消散瘀血、理顺筋络、松弛肌肉、减轻疼痛的功效。要注意使用手法的轻重，一般以患者能够耐受为度，不可手法过重，以免加重损伤。

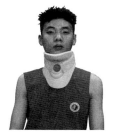

图7-15　颈部重击时颈托固定

视频：颈部重击时颈托固定

（二）武术散打运动中休克的一般处理

1. 安静休息

应迅速使患者平卧位，安静休息，并给予亲切的问候，消除患者的顾虑。最好不要采用头低脚高的"休克位"。因为头低脚高将使颅内压升高，静脉回流受阻，此外，也使横膈上升造成呼吸困难和缺氧，甚至加重休克。

2. 饮水

酌情给适当盐水，或其他饮料如姜汤、热茶，以减轻口渴。

3. 保暖和防暑

有条件时应换掉潮湿的运动服，以防因潮湿散热过快。在温暖、安静的室内休息，但室温不要过高，保持在25℃上下即可。

4. 维持呼吸功能，保持呼吸畅通

对有呼吸功能障碍的患者，首先弄清其原因和性质，及时排除呼吸功能障碍。对昏迷的颅脑损伤，颈椎骨折脱臼并脊髓损伤的患者，都要清除呼吸道的血块及分泌物，必要时放通气导管。

5. 镇静和止痛

根据情况口服或肌内注射镇静剂、止痛药，可减轻中枢神经系统的应激性，加强大脑皮质的保护性抑制，起镇静作用。

6. 伤部的包扎和固定

开放性损伤的患者，应立即用无菌敷料或现场能得到的毛巾等棉织品消毒后进行包扎。对骨折患者应进行必要的急救固定。

7. 止血

一切外出血都应在急救早期处理，用加压包扎法或止血带止血；在有条件的情况下可以结扎或缝合止血。对于内出血，由于无法早期止血，应尽早送到医院尽快治疗，通过手术纠正休克。

复习思考题

1. 试述武术散打运动损伤产生的特点、产生原因以及预防措施。

2. 试述指压颞浅动脉止血法。

3. 试述武术散打中导致休克的常见损伤。

4. 试述武术散打比赛、训练中出现休克的一般处理方法。

参考文献

1. 全国体育院校教材委员会. 中国武术教程（下册）[M]. 北京：人民体育出版社，2004：82.

2. 朱瑞琪，王华锋，张明连. 武术散打教程[M]. 北京：北京体育大学出版社，2012.

3. 张钢林，黄涛，李新建. 我国优秀武术散打运动员膝关节损伤调查与分析[J]. 北京体育大学学报，2010，33（06）：51-53.

4. 黄涛. 运动损伤的治疗与康复[M]. 北京：北京体育大学出版社，2010.

5. 亓建洪. 运动创伤学[M]. 北京：人民军医出版社，2008.

6. [瑞典] P. A. F. H.伦斯特伦. 运动损伤预防与治疗的临床实践[M]. 王安利，译审. 北京：人民体育出版社，2006.

7. [挪威] Roald Bahr，[挪威] Lars Engebretsen. 运动损伤的预防[M]. 王正珍，主译. 北京：人民卫生出版社，2011.

第八章
武术散打科学研究

本章导读

    武术散打科学研究属于体育科学研究的一个细分领域。一般而言，武术散打科学研究具备体育科学研究的一些共性。从专项特点而言，又具有独特的科学研究方法和规律。本章从武术散打科学研究概述谈起，论及武术散打科学研究的任务、趋势、分类和方法；探讨武术散打科学研究中如何选题，包括选题的意义、确立选题的原则、选题的来源、选题的误区等；阐述武术散打科学研究论文的撰写以及学位论文的答辩要求；阐明道德修养和学术规范在科学研究中需要遵守的准则。

学习目标

1. 培养科学意识和基本的科学素养。
2. 掌握科学研究的基本程序和方法。
3. 了解科研论文撰写和学位论文答辩的流程、要求。
4. 养成良好的科学研究道德修养，能有意识地按照学术规范参与学术活动。

第一节　武术散打科学研究概述

武术散打运动是人类体育活动的一种，武术散打科学研究属于体育科学的一个领域。它是以武术散打运动为研究对象，按照体育科学研究的范式，运用科学的研究方法，有目的地探索武术散打运动规律，指导武术散打科学、健康、可持续发展。

一、武术散打科学研究的任务

武术散打科学研究的任务在于解决武术散打运动发展中出现的各种问题，这些问题既有武术散打运动开展、规划等宏观层面的问题，也有解决武术散打运动员训练、比赛中遇到的微观层面问题；既有丰富武术散打学科体系的理论问题，也有帮助教练、运动员、管理人员具体工作的实践问题。总的来说，武术散打科学研究的任务具体有以下几个方面：

（1）规划解决武术散打融入世界搏击运动大格局所面临的问题，从竞技形态、推广策略、技战术体系等方面探讨武术散打全球化发展策略，汲取世界不同地区搏击运动发展的经验，解决武术散打在国际化、市场化、职业化、产业化、大众化发展中遇到的问题。

（2）研究武术散打在体育强国、健康中国、教育强国等国家战略中的积极作用，创新武术散打健康发展的体制机制。

（3）阐明武术散打的技击规律，传承、创新中华民族特色的技击思想，丰富中华武术技战术实践宝库。

（4）揭示武术散打运动员竞技能力的发展规律，运用生理学、营养学、医学等不同学科手段，针对选材、训练、参赛、恢复等不同发展阶段，寻求促进武术散打运动员竞技能力的提升和保持途径。

（5）解释武术散打比赛的制胜规律，把握武术散打的运动学特征，并指导武术散打运动训练、竞赛实践。

（6）探讨武术散打对不同群体的教育功能和健身作用，探索有利于可持续发展的校园武术散打运动开展模式，促进青少年身心健康发展，培养青少年群体中对传统文化的认同感。

上述六个方面的具体任务可以视为武术散打科学研究的基本领域，在每个领域中都包括更为复杂细致的研究问题。

二、武术散打科学研究的趋势

（一）武术散打理论体系不断丰富

武术散打延续我国古代的散手、手搏、相搏等民间武艺，自1979年在北京体育学院、武汉体育学院和浙江省开始试点而走向创新性发展的现代化道路，经过40多年的发展，武术散打运动由一项古老的人类格斗技艺演变为高度现代化、竞技化、国际化的体育运动项目，在国内、国际都获得了瞩目的成就，从单纯的运动技术发展为包含竞技、教育、娱乐、经济等不同内涵的体育运动综合体，其内涵更加丰富，外延也更加广阔。为满足项目本身迅速发展的需求，武术散打科学研究也不断推进，理论体系不断丰富。

1. 民族传统体育学学科制度的完善推动了武术散打理论的丰富

在我国现行的学科制度下，民族传统体育学属于体育学的二级学科，下设的武术与民族传统体育专业包含武术散打、武术套路、传统体育养生和民族民间体育4个方向。依托学科和专业建设，武术散打在人才培养、课程设置、教学体系构建、科学研究等方面形成了较为稳定的学科基础，推动了武术散打理论建设不断提高。

2. 武术散打实践创新与理论创新

改革开放40多年来，我国武术事业得到了空前发展，武术散打实践也在不断的改革、调适和创新过程中逐渐走向成熟。理论创新建立在实践创新的基础上，实践创新也需要理论创新作为指导，武术散打理论创新与实践创新相得益彰，自1983年首篇涉及武术散打研究的学术论文发表以来，在40多年的发展历程中，武术散打理论体系的建设围绕竞技体育、体育教育、全民健身等不同实践领域，面对新形势、新问题、新环境，不断把握武术散打实践的规律性，创造出了一套新的理论知识体系，并不断丰富和完善。

（二）武术散打科学研究整体层面由宏观迈向中观、微观

武术散打宏观研究是根据国际、国内政治、社会、经济、体育等外部需求和武

术散打如何更好地适应外部环境发展的内在需求而进行的全局性、总体性研究。据统计，在武术散打运动开始发端、不断完善的前30年（1979—2009年），武术散打宏观研究在整体研究中占据了和技战术研究相当的比重，特别是关于武术散打在入奥、职业化、进校园等方面的研究较多。在近10多年来，武术散打运动发展呈现出逐渐成熟、趋于稳定的发展态势，相关科学研究趋向中观、微观，发展战略、策略研究趋向可操作化，理论和实践联系更加紧密，研究手段、方法更加多样，所研究的问题也更加精细。

（三）武术散打专项训练理论趋于完善

武术散打在试验之初其目标是朝着现代化竞技体育方向创新发展，从1993年第7届全运会成为正式比赛项目的1块金牌到2001年第9届全运会增至6块金牌，武术散打在我国竞技体育的最高殿堂——全运会中的比重越来越大，也必然受到了各省市区的高度重视。国际武术散打赛事方面，在1992年第二届世界武术锦标赛列为正式比赛项目，1998年列入曼谷亚运会正式比赛项目，2002年举办了首届世界武术散打世界杯。另外，"散打王""功夫王""中国功夫-美国拳击"等比赛也在国际、国内产生了很大影响。运动成绩是竞技比赛的核心，比赛场上运动成绩的取得取决于运动员竞技能力的表现，而训练效率的提升是有效提高运动员竞技能力的必要途径，因此在武术散打竞技比赛迅速发展的前提下，其专项训练理论也不断得到完善。

1. 技战术研究占据核心地位

根据项群理论，按照竞技能力的主导因素划分，武术散打属于技战能主导类的格斗对抗性项目，因此关于武术散打技战术研究占据了总研究的三成以上，是所有研究类别中最多的。对武术散打技战术研究逐渐由技战术统计发展到了使用高科技的可穿戴设备、图像视频处理软件等先进手段，研究的实用价值不断增强。

2. 运动训练过程控制倍受重视

运动训练过程是运动训练活动在时间维度上的表现，是运动训练活动进行的步骤和程序。[①]一段时间的运动训练过程通常围绕一个阶段训练目标进行，当今武术

---

① 田麦久，刘大庆. 运动训练学［M］. 北京：人民体育出版社，2012：73.

散打比赛呈现赛事密、周期短、强度大等特点，因此对于不同时间段的训练过程控制尤为重要，相关研究在专项训练理论中的比重仅次于技战术研究。

3. 心理、体能研究不断发展

体能是运动员竞技能力的硬件基础，心理能力是软件基础。武术散打运动的特点需要运动员具备出色、全面的体能，同时也需要具备把握和调整心理过程的心理能力，这样才能在比赛中正常发挥出自身竞技水平。由于武术散打技战术体系不断成熟、运动员竞技水平日益高超以及武术散打赛事的影响力越来越大，导致比赛的激烈程度大幅上升，使运动员心理和体能对比赛结果的影响作用显得更为重要，因此相关研究不断深入，成果较多。

另外，运动生理学、运动生物力学、运动生物化学、体育工程学、竞技参赛学、运动康复学等学科的最新研究成果以及人工智能、大数据、云计算等先进科学技术也不断地应用在武术散打运动选材、疲劳恢复、竞技过程管理等方面，武术散打科学研究积极汲取这些方面的研究成果，更加充实和丰富了武术散打理论体系。

（四）竞赛规则的重要作用受到重视

规则引导着运动项目的发展方向，对于武术散打而言，其规则影响着比赛的激烈性、刺激性、观赏性以及运动员竞技水平的发挥和比赛中运动损伤的发生。1982年，在连续三年散手表演赛试验的实践基础上，原国家体委组织专家制定出了第一部《武术散手竞赛规则（试用稿）》，首部规则的问世标志着"把一个依致伤、致残、致命决胜负的格斗项目变成依得分多少决胜负的体育项目，即靠定性方法转变成靠定量方法决胜负的比赛项目[1]"。此后至1998年规则的改动经历了五个阶段，每次规则的改动都是散打竞技发展方向的指导，而每次新规则的实践，又为规则的完善和运动的发展提供了借鉴。[2]后又改动至2004版和2011版，特别是2011版规则的实施对散打运动三大技术的影响全面而深刻，改变了"唯摔获胜"

---

[1] 姜传银. 我国武术散打的发展历程及对策 [J] 上海体育学院学报，2010，34（05）：54-57.

[2] 马学智. 规则的改动对散打运动的影响 [J] 北京体育大学学报，2000（03）：413-415.

的技术弊端，优化了武术散打三大技术结构，重视了拳、腿技术的使用。[①]比赛结果的评定行为由竞赛规则、评定手段和裁判员的道德与业务水平三个因素组成，其中竞赛规则是裁判员执法的依据，对运动成绩的影响至关重要。竞赛规则对散打运动具有超前引导作用，教练、运动员要"吃透"规则才能把握项目的发展方向，据此组织训练活动才能事半功倍，因此竞赛规则的重要性不断地被科研人员所重视。

三、科学研究的分类

一般来说，科学研究分类的原因是由于人类认知能力的有限性与知识的无限性之间的矛盾所导致的，是人类为了便于认识客观世界而有意为之，分类有利于科学研究的精细化、专门化、连续性和标准化，通常会按照不同的目的和标准进行划分。体育科研的类型是指根据体育科学研究活动过程所具有的矛盾特殊性而划分为不同的种类。[②]由于分类的依据、方法、角度的不同，对体育科学研究的分类表述也多种多样。武术散打是体育科学的一个细分领域，对武术散打科学研究的分类也与体育科学研究分类相同，有按照自然科学、社会科学、人文科学、交叉学科的宏观分类；有按照研究目的而分的基础研究、应用研究和开发推广研究，有依据研究层次而分的描述研究、关系研究和实验研究，还有依据研究范式分为定性与定量研究[③]等不同类属的分类。为便于读者学习，本教材使用文献计量学的方法对中国知网、万方等数据库收录的武术散打运动科研学术论文（含会议论文、期刊论文、学位论文）进行了统计，并依据统计结果从研究主题的角度进行了分类。

（一）武术散打运动发展战略研究

武术散打是中华传统武术的创造性展示，是按照竞技体育模式发展起来的现代竞技体育项目。作为一项民族传统体育运动，如何获得国际体育世界的广泛认同？如何与国际竞技体育接轨？如何成为一项高度职业化、能产生良好的社会效

---

① 周若夫，周小青，张冬琴，等. 规则改动对散打运动的影响——以2004和2011年版的规则为例 [J] 武术研究，2018，3（09）：39-41，46.

② 周登嵩. 体育科研概论 [M] 北京：北京体育大学出版社，2001：12.

③ 郑旗. 体育科学研究方法 [M] 北京：人民体育出版社，2007：14.

益和经济效益的竞赛项目？这些议题关乎着武术散打运动发展的未来，一直是研究的重点。

（二）武术散打运动训练研究

运动训练是竞技体育活动的重要组成部分，是为了提高运动员的竞技能力和运动成绩，专门组织的有计划的体育活动。[①]运动训练研究是武术散打运动科学研究的重头戏，可分为武术散打运动员竞技能力研究（含体能、技能、战术能力、心理能力和知识能力五方面，其中技战术是核心）、武术散打运动竞赛规则与裁判法研究、武术散打运动员选材研究、武术散打运动员竞技参赛研究、武术散打运动训练过程监控研究等内容。

（三）学校武术散打运动研究

"武术散打进校园"一直以来都是武术散打运动普及与提高、体教融合、提升青少年素质教育等战略的重要抓手之一，因此学校武术散打研究也备受重视，主要包括不同学段、不同级别的武术散打运动的教学研究、课程体系开发研究，对青少年身心健康干预研究，学校武术散打竞赛研究等。

（四）武术散打运动医学研究

作为格斗对抗项目，武术散打运动员受伤的概率较大，而且随着运动员竞技水平的不断提高，比赛更加激烈，运动员在训练、比赛中发生运动损伤的频次和严重程度都呈上升趋势。因此，武术散打运动损伤与疲劳的预防、治疗、恢复、康复性训练等方面的研究就非常重要。

（五）其他研究

武术散打运动科学研究还包括场地设施（如电子护具设计研发）、体育管理、体育产业、与境外武技的比较研究、传统武术哲学思想等研究。

---

① 田麦久，刘大庆. 运动训练学［M］北京：人民体育出版社，2012：13.

四、武术散打科学研究方法

研究方法是为达到预定研究目的、解决所研究问题使用的办法。武术散打运动科学研究方法是遵循科学研究的程序和步骤，有组织、有计划、有目的地研究武术散打运动现象，揭示武术散打运动客观规律时所采用的研究工具、手段、途径和方式。科学方法有一些重要特征，包括可控制性、可操作性、可证伪性、可重复性和可争辩性[1]，要科学地解释武术散打运动中的现象、关系、原因，所采取的研究方法就必须具备这些特征，才能得出科学可信的研究结果。

（一）文献法

文献是指人类通过文字、图形、符号、声频、视频或计算机技术等手段，将信息记录在一定的物质载体上用作存储或者传播信息的工具[2]。文献法又称文献资料法、文献调研法，简言之是对文献进行研究，是通过对已有研究成果进行分析、比较、梳理、归纳，以掌握所研究问题的研究基础或现状，从而发现新的问题进一步进行研究的方法。

文献法一般包括提出假设、研究设计、搜集文献、整理文献和进行文献综述等五个基本环节，通过文献计量和社会网络分析工具，深入挖掘与文献文本相关的各类指标及其关系，如作者合作关系、词频统计，是定量与定性相结合的方法，常用分析工具有 Pajek、SPSS、CiteSpace、Gephi、Ucinet、Biocomb 等。

示例：《我国武术散打科研发展的阶段划分及阶段性特征——从中文体育核心论文角度》[3]一文对1983—2009年发表在我国中文核心期刊上的武术散打运动科研论文进行了整理分析，就是典型的文献研究。

---

① 张力为. 体育科学研究方法［M］北京：高等教育出版社，2002：2.

② 王健，曲鲁平，于建成等. 体育科学研究－方法与进展［M］天津：天津科学技术出版社，2016：42.

③ 毛爱华，赵光圣. 我国武术散打科研发展的阶段划分及阶段性特征——从中文体育核心论文角度［J］首都体育学院学报，2011，23（03）：217-220，228.

（二）实验法

实验方法和数学方法被称为现代科学研究的两大支柱，实验法是指实验者通过控制一个变量（自变量），以观察和分析对另一个变量（因变量）的影响效果。在武术散打科学研究中使用实验法的目的主要是通过对因果关系的研究，检验某种训练方法、理论、假设的实际效果。

1. 实验法的分类

按照不同的分类标准，实验法有不同的类别。依据研究目的可分为探索性实验、验证性实验；依据实验内容可分为训练实验、教学实验、心理实验等；依据实验场所可分为现场实验、实验室实验；依据实验设计的层次，可分为前实验、真实验、准实验；依据实验中自变量的多少，可分为单因素实验、多因素实验等。

2. 实验设计

（1）实验设计的基本原则

① 重复性原则。从理论上讲，实验结果应当被重复才是可信的。在实验过程中，实验者通过多次重复试验，以消除样本之间差异、实验环境等因素带来的使用误差，不断提高实验的可靠程度。

② 对照性原则。对照性原则是在实验过程中，对接受实验因素影响和非处理因素之间的差异进行比较，观察实验因素的效果。实验设计中常采用组间、组内设计进行对照，组间对照是一个或一组被试只接受一种自变量水平的实验处理，不同组接受不同自变量水平的实验处理；组内对照是指一个或一组被试接受所有自变量水平的实验处理。

③ 可控性原则。可控性原则是在实验过程中要尽量对各种实验条件进行简化、纯化，突出实验因素的效果，消除有可能影响实验效果的其他因素。

（2）实验设计的基本步骤

① 实验准备。在实验准备阶段要制订实验计划、设计实验、准备实验所需物质条件。

② 实验实施。选取样本并科学分组，按照实验计划，严格控制实验过程，仔细记录各项实验数据。

③ 实验处理。整理分析实验数据并撰写实验报告。

（3）实验设计程序[①]

① 根据研究假设和控制被试变量的要求采用组内设计或组间设计。

② 根据自变量的个数确定单因素设计或多因素设计。

③ 根据自变量的水平个数确定两组设计或多组设计。

④ 根据控制被试变量的方法确定配对组设计或独立组设计。

⑤ 根据统计学原理确定相应的假设检验方法。

⑥ 根据实验要求确定实验材料和测量因变量的指标。

（三）调查法

调查法主要用于社会科学研究，也称作社会调查、抽样调查、调查研究等，是在科学研究规范的指导下，采用观察、问卷、访谈、个案研究、测验等调查方式，搜集所研究问题的资料，从而认识社会现象、描述发展状况和预测发展趋势的一种研究方法。

1. 问卷调查法

问卷调查法也称问卷法，是体育社会科学研究中常用的调查研究方法，是研究者根据研究目的，以书面形式提出若干固定问题，对被调查者进行控制式的测量，从而获得对研究问题的量度，以加深对其问题认识的一种调查方法。[②]问卷调查法包括抽样、问卷、统计三个阶段，其中问卷是核心，包括问卷的设计、信度与效度检验、发放与回收等环节。

（1）问卷的设计

一份完整的问卷包括问卷标题、封面信、答题指南、问题与答案等部分。

（2）信度与效度检验

信度是指测验的可靠程度，表现为测验结果的一贯性、一致性、再现性和稳定性。从理论上讲，信度达到1.00时是绝对可靠的测验，但几乎难以实现，因为从个体的行为样本得到的信息，基本都存在测验误差，因此信度是相对的，是可靠程

---

① 袁登华. 教育实验设计的程序化思路［J］. 教育研究与实验，1990（01）：60-65.

② 王健，李思民. 体育科学研究：专题与案例［M］. 天津：天津科学技术出版社，2015：103.

度大与小的问题。信度检验的方法有重测信度、复本信度、分半信度、同质性信度、评分者信度等，上述示例问卷采用了固定群体一个月后重测信度的检验方法，得出 $r = 0.84$，$p < 0.01$ 的结论，证明问卷具有可信性。

效度指测验在测量某项指标时的准确程度，效度越高，代表测验结果越能反映所测对象的真正特征。效度分为内容效度、实证效度和构想效度三类，上述示例问卷采用编制专家调查表的方式，请相关专家对本问卷的内容效度进行检验。

（3）问卷的发放与回收

问卷的发放与回收关涉问卷的回收率，回收率是表示样本代表性的重要指标，也就是有效问卷与发放问卷的比率，如果回收率低于50%，则无法代表样本真实情况，也就无法客观反映所研究问题。一般采用邮寄、调查员现场发放并回收、问卷软件调查等方式。

2. 德尔菲法

德尔菲法指就某些问题依靠专家的知识经验和判断能力，采用系统的逻辑方法和匿名的问卷形式请专家分别对事物进行评价、预测和判断，从而获得客观可靠的意见和信息的方法。德尔菲法的特点有：匿名性，专家填写不受外界干扰；多轮次调查，一般要求三轮；定量性，对专家的回答进行统计学处理，以反映出专家意见的集中和离散程度。

3. 访谈法

访谈法也是体育社会科学研究常用的方法，在武术散打运动科学研究中，对运动员、教练、教师、管理人员等进行访谈，可以获得直接的调查资料。访谈法通常用面对面交谈或电话的方式进行，可对问题进行深入、广泛的研究，具有更高的灵活性和更高的回收率。

（1）结构访谈

结构访谈又称标准化访谈，是按照统一设计的受访者纳入标准，访谈提纲与问卷，问题与提问方式，回答与记录方式等要求进行的较为正式的访谈。结构访谈调查质量较高，能面对被调查对象，可以有效控制调查过程，使获得的调查资料更加准确和可靠。

（2）非结构访谈

非结构访谈也称非标准化访谈，指按照一个粗略的访谈提纲进行访谈，访谈者可以根据实际情况灵活调整访谈策略。非结构访谈法可以发挥访谈者和受访者的主动性，能避免结构访谈问题设计的缺陷，访谈者可以针对某个问题进行深入追问。

（四）技战术统计法

技战术统计法是通过观察、摄影、计算机技术等方式对训练和比赛中的技战术指标进行统计分析，通过建立动作模式、诊断技战术使用情况、制定技战术使用方案达到为教学、训练、比赛提供依据的目的。武术散打运动是以技术能力和战术能力为主导的竞技项目，因此技战术统计法经常被教练和科研人员所使用。

1. 武术散打运动技术特征的统计

以人体解剖学、运动生物力学等科学原理为依据，对武术散打运动拳法、腿法、摔法的技术特征进行分析，运用肌电、3D动画、红外动作捕捉系统、图像识别等技术对运动员的动作进行精确测量和计算，可以揭示技术动作的有效运用时机、发力原理等技术标准化的科学规律。

2. 武术散打比赛的技战术统计

比赛技战术统计是运用具体数据反映比赛中技战术各方面、各环节及其作为体系的各组成部分之间的数量关系和特征的一种认识活动，是对比赛活动进行系统调查的一种研究方法。[①]比赛技战术统计具有客观、真实、及时的特点，能深刻揭示项目制胜规律、技战术发展趋势，并且能反映出双方运动员在比赛中的技战术运用情况，可作为依据提出有针对性的训练措施和比赛策略。

第二节　武术散打科学研究选题的确立

确定选题是科学研究的第一步，是在对大量研究资料、信息进行深入分析的基础上，发现尚未解决和尚未认识的问题并确定为研究的主攻方向。武术散打运动科学研究选题制约着研究全过程，体现了研究者的问题意识、创新能力和科学素养。

---

① 张力为. 体育科学研究方法［M］. 北京：高等教育出版社，2002：329.

一、选题的意义

（一）确定了研究的方向

一般来说，科学研究是一个研究领域不断细分的过程，科研选题首先选的是一个研究方向，而非具体的题目。从武术散打运动发展历程看，在项目设计之初的科学研究选题较为宏观，而随着项目的不断成熟和竞技体系的建立以及人们对于武术散打运动客观规律认识的不断深入，按照科学的分类对武术散打运动的科学研究逐渐细分出了自然科学、社会科学、人文科学等不同研究领域，各领域又细分出了不同的研究方向。因此，选题的首要意义在于确定研究方向。研究方向不但是马上要进行研究的课题，对于研究者而言，应该久久为功，作为一个长期研究关注的重点，任何研究只有保持连续性并达到一定程度的积累，才有可能在这一方向上有所突破。

（二）决定了研究的价值

武术散打运动科学研究的价值在于认识尚未认识的规律、解决尚未解决的问题，促进武术散打运动理论和实践的科学发展。从这个角度而言，选题的意义重大，选题质量决定了研究成果的质量，决定了研究的价值。选题是一个科学决策的过程，研究者在选题之前要了解武术散打运动发展的实践情况，并对既往相关领域的研究进行深入分析，在研究前做好理论和实践两方面的研究储备，才能避免重复研究、无效研究。好的选题会对研究过程具有一定的预测性，引领着研究的目标指向真理的方向。只有选择了有意义的研究课题，才能使研究具有一定价值。

（三）规划了研究的过程

选题除了选定研究方向、确定研究题目，还对研究的过程进行总体规划，也就是制订解决问题的计划，以指导和规定研究的路线并统领研究过程的各个环节。武术散打运动科学研究具有很强的时效性，因此研究计划非常重要，关系着课题能否顺利开展研究工作，能否如期完成研究任务。比如针对亚运会武术散打比赛的主要竞争对手竞技水平的研究，如果不能按时完成，就很难起到为备战亚运会提供依据的研究目的。

二、确立选题的原则

（一）科学性

武术散打运动是源自中国古代技击术的一项现代体育运动，是集中华传统武术和现代体育竞技于一身的人体格斗艺术，也是现代体育文化融合发展的范例。由于缺乏文字记载和科学解释，有的传统武术现象被"以讹传讹"，披上了神秘的外衣，成为一些"伪大师"欺骗大众的工具，导致武术一度被"污名化"，严重影响了武术事业的健康发展，因此科学性原则对于武术运动科学研究选题极其重要，在选题时应注意以下几点：第一，武术散打运动科学研究选题要以人体生理科学的理论和方法论作为指导。第二，选题要纳入体育科学研究的范畴之内。第三，选题要代表武术散打运动的本质特征，尊重项目发展的客观规律。

（二）创新性

创新是武术散打运动的生命力，在新时代推动武术散打运动高质量发展需要理论和实践不断创新。作为一个运动项目，只有在技战术体系、竞技体系、训练方法等方面不断更新，才能立足竞争激烈的国际体坛；作为一门学科或一个研究领域，必须在方法论、基础理论、研究范式等方面不断创新，才能支撑实践的可持续性。选题的创新性决定了课题对以往研究的突破，第一，研究者要有批判性的思维，不盲从盲信、敢于提出有理有据的质疑，敢于纠正前人研究的错误或补充既有研究的不足。第二，创新性的课题是在前人研究的基础上提出的，创新要脚踏实地，不能好高骛远，更不能为了刻意追求创新性而提出一些不切实际的想法。第三，创新性的科学研究追求的是发明新技术，提出新观点、新理论和新思想。武术散打运动科学研究课题的选择，要着眼实用价值和学术价值的创新，突破现有的发展局限，推动武术散打运动的创造性发展和创新性转化，向大众化、科技化、国际化方向发展。

（三）可行性

一个课题是否具有可行性，需要从课题本身和研究者的主客观条件两方面来论证。第一，要论证所选定的课题是否是科学问题，是否符合武术散打运动科学研究的实际情况，题目过大还是过小，难度如何？如果研究范围过大，涉及的学科多、难度大，则实现预期目标的可能性就小。第二，从研究者的主观条件论证，如研究者的科研能力、知识储备、研究经验等。从事武术散打运动科学研究，必须具备一定的武术散打运动实践与理论知识储备，掌握一定的体育科学研究方法，从力所能及的小题目做起，逐渐积累解决问题的经验。另外，研究应具备课题所需的物质条件，如科研经费、实验仪器设备、科研场所。例如，研究武术散打运动员的疲劳与恢复，就必须有血液分析设备；研究武术散打运动技术中的鞭腿技术，就要有运动图像处理软件。因此，选题只有具备了可行性，科学研究才能"落地"。

三、选题的来源

（一）在武术散打运动的实践需求中选题

武术散打运动是国际、国内的正式竞技体育项目，也是学校体育的主要内容之一，更是受欢迎的全民健身项目之一。武术散打运动科学研究的主要任务就是解决实践中遇到的问题，如《我国优秀散打运动员心理技能与失败应对策略研究》一文，就是作者作为高水平武术散打队主教练在长期带队实践中发现的研究课题，以解决优秀散打运动员心理技能与失败应对问题为研究目标。武术散打运动科学研究课题来源于武术散打实践活动使研究具有很强的针对性，有利于提升课题研究的实践价值，这就要求研究者在实践中擅于观察和思考，不断总结和追问，积极提出问题。

（二）在已有研究成果中发现问题

武术散打运动经过40余年的发展，已经成为体育学科的重要组成部分和一个相对成熟的、独立的研究领域，积累了丰富的研究成果。科学研究具有延续性的特征，对前人研究成果的分析、归纳、批判、纠正和突破是科学研究的常规活动，从已有的研究成果中发现研究可以继续研究的方面是选择课题的常用方法。科学研究成果一般通过学术论文、著作等科学文献进行发布，对文献的梳理可以了解某一问题的研究脉络、寻找可能的突破之处，可以借鉴作者的研究思路，学习不同的研究方法，更能避免重复研究，在研究时少走弯路。

（三）在科技发展前沿和学科交叉中选题

当前科学技术的飞速发展为体育科学注入了腾飞的能量，大数据、量子计算、物联网、人工智能等新兴科技正在悄然改变着体育生态。武术散打运动也在此背景下发生变化，如新型智能电子护具的研发、可穿戴设备对训练负荷的实时监控、虚拟现实技术在模拟仿真训练中的使用等都深刻影响武术散打运动的发展。高新技术渗透着人们生活的方方面面，也为武术散打运动科学研究提供了广阔的选题空间。

学科间的交叉融合是科学发展到一定程度的必然规律，对于武术散打运动而言，除上述新兴科技之外，还要注重与教育学、心理学、生理学、管理学等相关学科的交叉融合，在不同学科边缘交汇之处产生的大量留白为武术散打运动科学研究提供了无限可能性。

（四）在个人兴趣及学习、工作经验中选题

研究者的个人兴趣和学习、工作经验也可为选题提供参考。作为武术与民族传统体育专业的学生，很多人都训练多年，也经常参与教练工作，对武术散打运动的教学、训练充满浓厚的兴趣。在经过大学阶段的专业学习后，对以往的教学、训练经验进行反思，在反思中印证理论和经验的一致性而产生疑问，并查阅相关文献资料或向专家咨询，如果经论证是"真问题"，便可开展研究。

四、确立选题的程序

（一）确定研究方向

客观世界中有着无限的知识等待发掘，根据不同的知识类属，科学细分为不同的研究领域称之为学科，而限于能力，研究者只能集中精力去认识学科中的某一部分。武术散打学科领域中有不同的研究方向，对于武术散打运动研究者而言，选题的第一步就是根据自身的主客观条件选定研究方向。

（二）拟定研究题目

研究方向确定后，应当广泛收集研究资料并进行归纳整理，以了解本方向的研究现状，系统学习前人的研究成果，从中把握研究发展的趋势，寻找自己研究的视角，确定研究对象、研究目标、研究范围，选定适用的研究方法，然后初步拟定研究题目。

（三）制定研究方案

选题的第三步是确定研究方案，也就是解决研究思路的问题，提出研究的具体计划。研究方案对总体研究过程进行规划，是研究过程的总纲目，使整个研究过程有章可循，体现了研究者对所研究问题的整体构思，具体包括研究框架、研究内容、研究重点和难点、研究进度、预期成果等。

（四）可行性论证

研究计划拟订后，要根据选择课题的准则对课题是否可行进行论证，对于学位论文而言，通常采用开题报告的形式。一般要召开开题报告会，采用专家评定的方式对开题报告书或项目申请书进行评审，通过研究者对"本课题研究什么、为什么进行研究、怎样进行研究、会获得什么样的结果、研究者是否可以实现该项研究工作[1]"的汇报，专家进行综合判断并提出进一步完善的建议。可行性论证是广泛征求意见的过程，可以使课题选择更加科学合理，能从专家的角度对课题进行把关，为后续研究奠定基础。

（五）确定研究题目

在可行性论证之后，根据征求意见反馈的情况，对课题研究设计进行修改或调整，完善预定计划的不足之处，确定研究题目。研究题目的表述要力求简洁、准确、严谨、具体，能清晰地表达课题研究的主题、对象、范围和任务。

五、选题的误区

（一）选题过大

作为刚开始尝试武术散打科学研究的本科生，选题过大是常见的问题，由于研究经验的欠缺，对于课题内涵和外延的把握还不能得心应手，容易产生贪大求全的心理。选题大，研究内容就相应增多，如果研究者的驾驭能力无法胜任，研究任务

---

[1] 董奇，申继亮. 心理与教育研究法［M］. 杭州：浙江教育出版社，2005：82-84.

就无法完成。如《我国武术散打运动进校园的调查研究》，这一课题的研究主题是研究武术散打运动在学校中的推广情况，但题目中包括了"我国"和"校园"两个范围较大的限定词，"我国"使调查范围为全国所有地区，非一般的人力财力可以实现，而校园又有大、中、小、幼等不同层次。就本科论文而言，显然选题过大，难以实现。如果把题目调整为《武术散打运动进小学的调查研究——以海淀区为例》就可以把范围缩小，具备可行性。

（二）重复研究

重复研究是研究者在选择研究方向后，由于未进行充分的文献资料调研，不了解选定课题的研究现状，对已有研究成果掌握不够，盲目追逐热点，甚至是未经严格论证的主观决策，选择了已有定论的问题进行研究，违背了创新性的选题原则。如《武术散打运动员常见的运动损伤及对策》《高校武术散打运动损伤的成因及预防研究》《探骊武术散打运动损伤特点及预防手段》，这三篇论文都是以武术散打运动损伤为研究主题，但无论高校运动员还是专业运动员，区别只是训练、比赛的强度不同，发生运动损伤的情况和预防手段没有本质上的区别，因此都属于重复研究。同样的研究主题，《针药治疗武术散打运动所致急性关节扭伤疗效》一文针对一种具体的武术散打运动常见损伤——急性关节扭伤，运用实验法对实验组采取了中医治疗手段——针灸，得出了针药疗效优于常规治疗方法的研究结果，这样的研究就具有明显的实践价值和创新性。

（三）题目不当

课题的题目应当使用规范、简洁明了的语言进行描述，好的题目能使人一目了然地了解研究主题，一般包括课题的研究对象、目的、方法、范围等。题目表述不当主要有以下几种情况：一是表述笼统，如《关于武术散打运动技术学习的研究》，武术散打运动技术学习发生在学校武术散打课教学之中，也发生在职业运动员的日常训练中，这样的表述模糊，不知道具体研究对象是什么，也不确定研究的界限在哪里，可加以限定改为《武术散打选项课学生技术学习研究》。二是题目语法问题，如《我国优秀武术散打运动员的心理训练与散打比赛成绩的相关性及提升策略研究》，可修改为《我国优秀武术散打运动员心理训练研究》。

（四）变量太多

变量太多的问题一般出现在使用实验法进行研究的课题中，如果研究设定的变量增加，变量间的交互作用也会相应增加，实验结果将呈倍数增长，导致研究难度变大。

第三节　武术散打科研论文的撰写与答辩

科研论文也称作学术论文，是以语言文字的形式表达的科学研究成果，科研论文通过不同的形式和平台进行报道或发表，如学位论文、期刊论文、会议论文，以便于积累和共享科学知识，丰富科学宝库。

一、科研论文的撰写

科研成果的知识产权仅限于对知识增长的贡献和通过评价、承认获得的优先权。一旦知识成果公布于众，便为科学共同体和社会公众所共享。[1]因此，武术散打运动科研论文和其他科学研究成果一样，都应具有开放、共享、交流的特性，这就要求科研论文的撰写要符合国际科学界通用的标准，遵守约定俗成的撰写惯例、体例。

（一）科研论文撰写的惯例

1. 科研论文要具备科学性

科学性是科研论文的第一要求，科研论文在发表之后，要接受科学界全面的鉴定和评判。任何科研论文特别是在自然科学领域，如果研究结果不能被重复检

---

[1]　中国科学院. 科研活动道德规范读本（试用本）[M]. 北京：科学出版社，2009：76.

验，使用伪造数据、材料等手段进行造假就不具备科学性，就是违背科学精神的"伪科学"。

2. 科研论文要具备规范性

科研论文的规范性主要表现在论文的结构、内容和表现手段上，学位授予单位的学位论文要求，以及一些期刊的投稿要求等都详细列举了科研论文规范。如《北京体育大学学报》的投稿须知中就对稿件的格式、名词术语、参考文献、图表、计量单位使用等进行了规定。

3. 科研论文要具备可读性

论文的可读性是指科研论文读起来要便于信息传播，论文报道的目的是将研究者的科研成果进行发布，获得学界认可，所以可读性是从读者角度而言的。一篇论文经过作者的严密论证，得出了科学结论并形成研究成果，以科研论文的形式进行表达，但必须让编辑、同行、读者读得懂才有可能被传播。因此，科研论文应尽量使用简洁明了的语言，行文通顺流畅，论据充分、论证有力，具备可读性。

（二）科研论文的写作体例

不同的学术期刊、学位授予单位对科研论文的体例有不同的要求，但一般而言，科研论文由以下九部分组成：题目、署名及单位、摘要、关键词、引言、正文、结论、致谢、参考文献。其中，前四部分要求有相应的英文翻译。

本科生毕业论文写作规范

二、科研论文的答辩

根据《中华人民共和国学位法草案（征求意见稿）》第十五条规定：在高等学校接受本科教育的学生或者通过国家规定的其他方式完成本科教育的受教育者，通过规定的思想政治理论课、基础理论课和专业课等课程考核并取得规定的学分，通过学位论文（毕业设计或者其他毕业实践环节）审查，遵守学术道德和学术规范，达到本科生毕业要求和下述水平的，可以授予学士学位：

（一）掌握本门学科或者专业领域的基础理论、专门知识和基本技能；

（二）初步具有从事科学研究工作或者承担专业工作的能力。

另据《中华人民共和国学位条例暂行实施办法》等文件规定，学位授予单位应设学位评定委员会，并组织有关学科的学位论文答辩委员会，对申请学位者的学位论文进行审查与答辩。

（一）答辩的目的

学位论文答辩是大学本科阶段学习的最后一个考核环节，是以学位申请者报告、评委提问、申请者回答的方式来进行的学术评价过程。

1. 了解研究过程

答辩中，评委要对申请者研究问题的提出、研究技术路线、研究方法的使用、实验设计等研究环节进行详尽的了解，通过研究过程判断研究工作是否达到毕业要求。

2. 检验知识掌握程度

主要检验申请者对武术与民族传统体育专业的基础理论知识、武术散打运动技术与技能以及相关学科知识的掌握与运用情况。

3. 检验论文的创新度

通过论文答辩检验申请者对前人研究成果的掌握程度，和在此基础上达到的创新度。

4. 帮助修正问题

通过论文答辩指出申请者研究中存在的问题，并提出有针对性的建议帮助其修正原有研究的不足，以帮助其提升科研水平。

（二）答辩的过程

1. 答辩前的准备工作

论文答辩是一项严肃的学术活动，学位申请者应当在各方面做好充足的准备，具体工作如下：

（1）熟悉答辩规则。

（2）准备答辩所需物品。

（3）撰写答辩稿、制作PPT。

（4）模拟答辩。

2. 答辩的程序

（1）答辩委员会主席介绍答辩委员会成员及答辩规则。

（2）申请者进行报告。

（3）提问及回答。

（4）答辩委员会主席总结、宣布答辩成绩。

3. 答辩后的工作

答辩结束后，申请者应对评委提出的评阅建议进行认真的梳理和思考，并对论文进行修改，修改后送交指导教师进行审阅，确认完全修正后再提交。另外，答辩的结束并不意味着研究的结束，申请者应当对所研究问题持续关注，不断提升研究能力和研究成果的水平。

第四节　武术散打科学研究道德修养与学术规范

一、科学研究道德修养

（一）科学道德及其重要性

1. 科学道德

老子云："道生之，德畜之，物形之，势成之。是以万物莫不尊道而贵德。道之尊，德之贵，夫莫之命而常自然。"道德是一种社会意识形态，是人们共同生活及其行为的准则和规范。各行各业都有专门的职业道德，习武之人要有武德，体育赛场上要遵守体育道德。教育事业以立德树人为根本任务，要德育为先、五育并举。作为武术散打运动科研工作者，要严格遵守科学道德。科学道德是由科学研究工作者组成的科学共同体为保证科学事业健康发展而形成的行为准则和道德规范，包括求真、求实、理性、创新等国际科学界公认的内容。科学道德的形成及其约束机制的建立，有力地促进了科学事业的繁荣发展，是科学造福人类的保障。

2. 科学道德建设的重要性

20世纪80年代以来，世界上许多国家都出现了各种形式的科学技术不端行为，特别是一些严重违反科研道德的学术不端重大事件时有发生，在社会上引起很大反响。科研道德和学风问题成为国际科技界乃至整个国际社会共同关注的重要问题。^①2014年1月，日本学者小保方晴子在《自然》杂志发表两篇诺奖级别的论文，声称发现了成年动物体细胞克隆的全新方法，但后来被认定造假遭《自然》杂志撤稿，成为当年国际科学界的最大丑闻，由此引发了全球学术造假大声讨。科技创新已经成为当今人类社会发展的核心驱动力，但相对于科学技术的迅猛发展，科学道德制度及机制建设还不够健全，一些通过科研不端、学术失范来获取经济、社会利益的行为时有发生，这些行为严重损害了科学的声誉，也给全社会道德水平造成了严重的伤害，因此加强科学道德建设对于保障科学事业的健康有序发展，推动人类文明的不断进步极其重要。

（二）科研人员应具备的科学研究道德修养

1. 科学精神修养

科学精神是在科学发展中形成的思维方式、价值取向、行为规范，是科学工作者应有的意志、信念、气质、品质、责任感、使命感的总和，是人类理性精神的集中体现，是科学赖以生存发展的精神动力和精神源泉。^②尊重客观事实、追求真理是基本的科学精神，在武术散打运动科学研究中同样需要科研工作者提高科学精神修养，以创新融合、守正创新、求真务实的态度去寻求武术散打运动发展的科学规律，坚持不懈地推动中华武术的科学化发展。

2. 人文精神修养

人文精神是指蕴含于人文社会科学学科中的对人类生存的意义和价值的关怀，是在人文认识活动中形成的一系列价值观念和态度。^③相对于科学精神的客观、理性而言，人文精神更重视对人性、人的主体地位和价值尊严的关注，二者是互补关系。武术散打运动是人的运动，武术散打运动科学研究要以人为核心，在科学研究的过程中，加强人文精神修养，做到求真与求善相结合。

---

① 路甬祥. 完善科研道德规范，促进科技健康发展［M］//中国科学院. 科研活动道德规范读本（试用本）. 北京：科学出版社，2009：序.

② 中国科学院. 科研活动道德规范读本（试用本）［M］. 北京：科学出版社，2009：3.

③ 韩文甫，赵红光，成月季. 现代化进程中科学精神与人文精神的融合［J］. 河南社会科学，2002（02）：73-75.

3. 科学伦理修养

科学技术的迅猛发展给人类带来了便捷、财富和文明，同时也产生人化文明与自然文明之间的矛盾，导致了生态破坏、环境污染、科技霸权等伦理问题。科学是一把双刃剑，科学伦理则是为限制科学向负极化发展而产生的。现代科学伦理精神内含三个维度：认知维度、臻善维度和审美维度，是科学活动主体对当代科学的发展、人—社会—自然系统伦理问题的反思，进而对科学研究及其成果的合理应用以及自身的行为规范，又是科学主体对真善美的追求。[①]武术散打运动是一项格斗艺术，但技击是其本质，暴力是其特性，对暴力的限制和利用正是武术散打运动作为一项现代体育竞技项目发展的永恒矛盾。因此，武术散打运动科研工作者应当加强科学伦理修养，借鉴现代科学精神，发扬中华武术的人文精神，进而寻求武术散打运动中国特色、世界共享的全球化发展路径。

二、科学研究学术规范

1. 学术规范

2020年12月24日，教育部印发的《本科毕业论文（设计）抽检办法（试行）》规定，自2021年1月1日起，本科毕业论文抽检每年进行一次，抽检对象为上一学年度授予学士学位的论文，抽检比例原则上应不低于2%，重点考查本科生基本学术规范和基本学术素养。学术规范是学术共同体共同制定、共同遵守的有利于学术成果的生产、积累、交流的学术活动自律准则。不同国家和地区的学术共同体都制定了相应的学术规范，基本包括以下几个方面：

（1）研究程序规范。学术研究是系统化过程，从选题确定到研究方案的制定和实施，每一个环节都要严谨，力求方法科学得当、记录完整、论证过程严谨。

（2）学术引用规范。科学研究创新是建立在前人研究基础上进行的，因此要尊重他人的研究工作，遵守学术引用规范：① 引用他人的成果要严格按照引文规范注明出处。② 引用的目的是为了佐证自己的观点，使论据更加充实。③ 引用要

---

① 陈爱华. 科学与人文的契合　科学伦理精神历史生成［M］. 长春：吉林
人民出版社，2003：209.

完整、准确，不能断章取义、曲改原意。

（3）学术成果规范。学术成果规范应体现研究过程的严谨性、研究方法的适用性和研究结论的可靠性，是研究者研究工作和研究水平的展示。学术成果应当注重理论价值、实践价值和学术价值，体现科学性、创新性，避免重复研究，坚决杜绝各种形式的造假现象。学术成果发表应遵守《中华人民共和国著作权法》《中华人民共和国专利法》等相关法律，实事求是、追求质量。

（4）学术批评规范。学术批评也称学术争鸣，是学术活动中的一个重要组成部分，是指学术界不同观点之间的交流和碰撞。民主、平等、互相尊重是学术批评的重要法则，应该以实事求是的态度，以追求真理为目标，以充分的证据使人信服。批评者应正当行使学术批评的权利，并承担相应的责任。被批评者有反批评的权利，但不得压制或报复批评者。

2. 学术失范

学术失范又称学术不端，通常是指在学术活动中有意识地违背科学道德和学术规范的行为。对于学术失范问题的治理，需要学术共同体的严格自律，也需要整个社会的监督和国家的政策引导。2007年，《中国科学院关于加强科研行为规范建设的意见》将科学不端行为概括为下述六个方面：

（1）在研究和学术领域内有意做出虚假陈述。

（2）损害他人著作权。

（3）违反职业道德，利用他人重要的学术认识、假设、学说或者研究计划。

（4）研究成果发表或出版中的不端行为。

（5）故意干扰或妨碍他人的研究活动。

（6）在科研活动中违背社会道德。

2016年6月16日，教育部颁布了《高等学校预防与处理学术不端行为办法》（教育部令第40号），是教育部首次以部门规章的形式对高等学校预防与处理学术不端行为做出规定，其中下列情况被认定为学术不端：

（1）剽窃、抄袭、侵占他人学术成果。

（2）篡改他人研究成果。

（3）伪造科研数据、资料、文献、注释，或者捏造事实、编造虚假研究成果。

（4）未参加研究或创作而在研究成果、学术论文上署名，未经他人许可而不当使用他人署名，虚构合作者共同署名，或者多人共同完成研究而在成果中未注明他人工作、贡献。

（5）在申报课题、成果、奖励和职务评审评定、申请学位等过程中提供虚假学术信息。

（6）买卖论文、由他人代写或者为他人代写论文。

（7）其他根据高等学校或者有关学术组织、相关科研管理机构制定的规则，属于学术不端的行为。

复习思考题

1. 试述武术散打运动科学研究趋势。

2. 设计一份调查问卷。

3. 试述如何选题。

4. 试述科研人员应具备的科学研究道德修养。

5. 常见的学术不端现象有哪些?

参考文献

1. 田麦久，刘大庆. 运动训练学［M］. 北京：人民体育出版社，2012.

2. 姜传银. 我国武术散打的发展历程及对策［J］. 上海体育学院学报，2010，34（05）：54-57.

3. 马学智. 规则的改动对散打运动的影响［J］. 北京体育大学学报，2000（03）：413-415.

4. 周若夫，周小青，张冬琴，等. 规则改动对散打运动的影响——以2004和2011年版的规则为例［J］. 武术研究，2018，3（09）：39-41，46.

5. 周登嵩. 体育科研概论［M］. 北京：北京体育大学出版社，2001.

6. 郑旗. 体育科学研究方法［M］. 北京：人民体育出版社，2007.

第八章
武术散打科学研究

7. 张力为. 体育科学研究方法 [M]. 北京：高等教育出版社，2002.

8. 王健，曲鲁平，于建成，等. 体育科学研究——方法与进展 [M]. 天津：天津科学技术出版社，2016.

9. 毛爱华，赵光圣. 我国武术散打科研发展的阶段划分及阶段性特征——从中文体育核心论文角度 [J]. 首都体育学院学报，2011，23（03）：217-220，228.

10. 茹自宽. 功能性力量训练对优化男子散打运动员鞭腿技术动作的实验研究 [D]. 北京：北京体育大学，2019.

11. 王健，李思民. 体育科学研究：专题与案例 [M]. 天津：天津科学技术出版社，2015：103.

12. 陈竺. 北京市高等院校武术散打课程开展状况的调查研究 [D]. 北京：北京体育大学，2012.

13. 张成明. 武术散打优秀男子运动员拳腿优势侧技术动作的研究 [D]. 北京：北京体育大学，2018.

14. 董奇，申继亮. 心理与教育研究法 [M]. 杭州：浙江教育出版社，2005.

15. 孙超，居媛媛. 针药治疗武术散打运动所致急性关节扭伤疗效 [J]. 现代预防医学，2011，38（10）：1890-1891.

16. 中国科学院. 科研活动道德规范读本（试用本）[M]. 北京：科学出版社，2009.

17. 韩文甫，赵红光，成月季. 现代化进程中科学精神与人文精神的融合 [J]. 河南社会科学，2002（02）：73-75.

18. 曾冬梅，邱耕田. 走向融合：新时代科学精神与人文精神的发展趋势 [J]. 学术界，2002（05）：60-68.

19. 陈爱华. 科学与人文的契合 科学伦理精神历史生成 [M]. 长春：吉林人民出版社，2003.

20. 教育部.《本科毕业论文（设计）抽检办法（试行）》的通知 [EB/OL].（2021-01-04）. http://www.moe.gov.cn/srcsite/A11/s7057/202101/t20210107_509019.html.

21. 教育部.《高等学校哲学社会科学研究学术规范（试行）》［EB/OL］.（2004-08-16）. http://www.moe.gov.cn/srcsite/A13/moe_2557/s3103/200408/t20040816_80540.html.

22. 教育部.《高等学校预防与处理学术不端行为办法》［EB/OL］.（2016-06-16）. http://www.moe.gov.cn/srcsite/A02/s5911/moe_621/201607/t20160718_272156.html.

第八章
武术散打科学研究

读者意见反馈

为收集对教材的意见建议，进一步完善教材编写并做好服务工作，读者可将对本教材的意见建议通过如下渠道反馈至我社。

咨询电话 400-810-0598

反馈邮箱 gjdzfwb@pub.hep.cn

通信地址 北京市朝阳区惠新东街4号富盛大厦1座
　　　　　高等教育出版社总编辑办公室

邮政编码 100029

防伪查询说明

用户购书后刮开封底防伪涂层，使用手机微信等软件扫描二维码，会跳转至防伪查询网页，获得所购图书详细信息。

防伪客服电话 （010）58582300

图书在版编目（ＣＩＰ）数据

武术散打教程 / 国家体育总局科教司组编；马学智
主编. ── 北京：高等教育出版社，2023.5
ISBN 978-7-04-059343-3

Ⅰ．①武… Ⅱ．①国… ②马… Ⅲ．①散打（武术）-
中国-教材 Ⅳ．①G852.4

中国版本图书馆CIP数据核字(2022)第158154号

武术散打教程
Wushu Sanda Jiaocheng

策划编辑　易星辛		出版发行　高等教育出版社	
责任编辑　易星辛		社　　址　北京市西城区德外大街4号	
封面设计　易斯翔		邮政编码　100120	
版式设计　杜微言		印　　刷　北京印刷集团有限责任公司	
责任绘图　于　博		开　　本　787mm×1092mm　1/16	
责任校对　窦丽娜		印　　张　21	
责任印制　韩　刚		字　　数　360千字	

购书热线　010-58581118
咨询电话　400-810-0598
网　　址　http://www.hep.edu.cn
　　　　　http://www.hep.com.cn
网上订购　http://www.hepmall.com.cn
　　　　　http://www.hepmall.com
　　　　　http://www.hepmall.cn
版　　次　2023 年 5 月第 1 版
印　　次　2023 年 5 月第 1 次印刷
定　　价　45.00 元